I0714927

往事經年流水夢

Reminiscence of Fleeting Times

出 品 人 / 洪君植

作　　者 / 胡　桃

责任編輯 / 谢榕津　湯爽

裝帧設計 / 成紫薇

出版發行 / 美國龍出版社

Long Publishing Co.

www.ai60.com

網絡銷售 / 亞馬遜 (美國)www.amazon.com

巴諾書店（美國)www.barnesandnoble.com

國際書號 /978-1-953903-06-8

出版日期 /2022 年 8 月　　　定價 /USD19.99

美國龍出版社 Long Publishing Co.

Printed in USA

往事經年流水夢

胡 桃　著

美國龍出版社

目　錄

自序

這本文集收錄了我近幾年撰寫的 19 篇非虛構紀實文章，其中 14 篇刊登在台灣《傳記文學》期刊上。

我的非虛構寫作始於 2011 年。當時，我開始在美國的兩家中文博客網站上連載了關於我母親以及我外婆的身世，受到了極大的歡迎，每篇都有上萬的閱讀量。我因此受到了鼓舞，便將這些文章整理成書，取名《上海浮生若夢》，於 2017 年在美國首版發行。

2017 年，我寫的一篇紀念我爺爺胡叔異的文章被台灣的著名非虛構期刊《傳記文學》收錄在 12 月的期刊中，讓我驚喜萬分。從此，我便踏上了撰寫家族非虛構文章的旅途，定期向《傳記文學》投稿。

其實，在 2011 年前，我並不了解我父親的家族往事。2011 年開始在美國的兩家中文網上寫博客後，美國中文電視台做了一檔關於我曾祖父，江南大儒胡石予的節目，採訪了在同一個中文網上寫博客的三位「推薦博主」，即我叔叔胡思升、我姐姐胡榕以及我三位胡石予的後代。採訪是在胡思升的公寓進行，我第一次看到了我叔叔珍藏的曾祖父照片和他著名的手抄詩集之一《秋風詩卷》，深受觸動。為此，我寫了第一篇紀念胡石予的文章，開始了我的尋根之旅，從 2018 年開始，陸續撰寫並刊發了一系列的關於我家族中的傳奇人物。

我一直認為自己是一個老靈魂，喜歡探索往事中的人和事，在歷史的灰塵中打撈吸引我、感動我的故事碎片。我從小出生長大在北京，常常喜歡在故宮與頤和園中流連忘返，讓思緒飄向千百年前的朝代，想像著曾經生活在這裡的古人們的前情軼事。那時，我並不了解自己家族的歷史，也從未想過有一天我會撰寫他們的故事。到了美國許多年之後，在一個偶然的機會中，我才了解我家族的過往，開始熱衷於把了解的故事寫出來。我感覺這就是冥冥之中的命運，你永遠不知道是誰掌握你的人生，更不知道人生的使然往往是暗藏的玄機，引領著你走向一個無法預測的未來。

2018 年 12 月，我與失聯了二十幾年的高中好友周曉輝奇妙的聯絡上了。我才得知，她先生張啟禎的父親就是曾經寫過康同壁回憶文章的張滄江先生。張滄江先生在上世紀五六十年代作為康同壁的秘書，代康同壁處理文案多年，全程參與了康同壁主持整理、編印康有為遺稿的工作，對康有為和康同壁母女可謂了解甚深。張滄江先生去世後，整理康同壁手稿的責任就落在了他的兩位公子張啟禎、張啟礽身上。就是這样一個契機，我從曉輝那裡了解到康同壁的往事，寫了兩篇康同壁的文章，刊發在 2019 年的《傳記文學》上。雖然我只寫了兩篇的康同壁，但對她那個時期的調查和研究讓我對她了解甚多，知道了一個歷史上的重要人物在年輕時代的心路歷程。

非虛構寫作的難度往往超過虛構，尤其在撰寫歷史往事方面。不僅需要根據真實人物的經歷進行主題篩選，還需要核對相關歷史事件、時間線、以及各種細節進行修改和補充。我寫第一部傳記文學《浮生上海》時，就花了近乎三年的時間。除了寫作之外，還要查詢整理所有 1920 年到 1949 年上海時期的照片和資料，為的就是能夠對我寫的人物所生活的時代背景有一個具體的了解。我是一個有著圖片記憶的人，喜歡看圖說話。即使不能經歷當時的場景，也要感受時代的真實圖像所帶來的各種意想不到的觸動。

從 2011 年開始，我寫過大量的非虛構內容，但這部書收集的僅僅為我在《傳記文學》，以及其他中文媒體發表過的文章。

感謝生活賦予我的各種人生經歷，靈魂在生命中給予我的靈感與觸動。回眸家族往事經年，雖然時光的流水帶走了我的祖輩，埋葬了他們的記憶，但靈魂的牽引以我所看不見的那隻手，引導著我的人生，用我的文字將他們一一紀錄在案。雖然，他們的生命歷程以及存在的意義遠遠超越這些文字的描述，但這本文集作為一粒時光膠囊，終將為他們的人生在歷史的洪流中留下幾許微小的痕跡。

纽约桃花

2022 年 6 月紐約

民國上海教育家，我的祖父胡叔異

我一生只見過我祖父一面，那是他在 1965 年從上海到北京來看望他的兩個在北京工作的大兒子與二兒子，就是我父親胡思旅和我大叔胡思升。

我那時隨在對外文委工作的父母住在北京遂安伯胡同里的一個四合院裡，我們家住在第二道院的偏院裡。那個偏院位於主院的側面，有一個天井似的磚石鋪成的空地，邊上住著一家人，通過天井就是我們家住的小後院，是一條狹長的過道，裡面有側著的房子以及和過道盡頭的一間很小的光線很暗的房間，據我媽說，我和姐姐從小就跟保姆住在過道盡頭的房間裡，我父母住在過道的第一個側房裡。

我記得我祖父來遂安伯家的時候，二歲多的我正坐在在馬桶上，我的祖父就和我的父母用上海話聊天。我仰著頭看著他們幾個如森林般高聳的大人，完全不懂他們在說什麼，只是記得我的祖父穿著一身灰色的干部服，神態嚴肅。我有點怕他，心裡面別彆扭扭的，覺得我父母似乎只忙著跟那個老頭說話，完全不管已經不甚耐煩的我了。

那是我對我祖父胡叔異唯一的記憶。

後來，我聽我母親說起過我這個奇葩的爺爺，才知道他居然還留學過紐約哥倫比亞大學，出過好幾本書，在上海過著美式生活，連白襯衫都是從美國郵購，而不是在上海本地買，我對這個爺爺馬上就有了直觀的印象。後來從我姑姑那裡得到了他早年在上海與我父親、叔叔、姑姑一家人的照片，忽然覺得我父親與他長得很像，心裡面就又多了層親切。

胡叔異是我的曾祖父，被稱為“江南三大儒”的胡石予的第三個兒子，1899 年出生，乳名壽楦，學名昌才，字叔異。他在崑山蓬郎鎮的當地小學畢業後，考進蘇州江蘇省第一師範。當時政府規定，凡讀師範免學費與膳食費，但畢業後必須在小學擔任教師一年。胡叔異任教兩年，掙到學費後便於 1918 年又考入南京高等師範學校，簡稱南高師。1921 年政府批准在南高師的基礎上成立了第一所國立大學，即東南大學，胡叔異便繼續在東南大學攻讀教育系，一年後獲得學士學位，畢業後在東大實驗小學教學。當時全國各大學沒有幾個設置教育系的，因此，胡叔異成為了東南大學的第一批教育系畢業生。

經朋友介紹，胡叔異搬到上海擔任了上海商務印書館附設尚公小學的校長一職。商務印書館是中國第一家開辦的現代出版社，所出的中小學教課書均為全國學校的統一教材。胡叔異擔任了商務印書館小學教科書編輯主任，審核所有的小學課本的編選工作。因此，當時的很多教科書末頁都印著編輯主任胡叔異這幾個字。也就是在那個時候，胡叔異開始在當時中國最有名的刊物，商務印書館 1907 年創辦的《東方雜誌》上發表教育論文，成為教育專家。

“胡叔異是民國時期重要的兒童教育家，他在小學教科書等兒童讀物的編纂方面頗有建樹；同時，他主張堅持兒童本位的教育理念，在兒童讀物的編纂理論研究上也有很深的造詣。回顧歷史，胡叔異在兒童讀物編纂思想上做出了諸多貢獻，這些貢獻在當時及至現代都有很好的借鑒價值。”《胡叔異兒童讀物編纂思想述略》如此評論道。

根據蘇州圖書館的史料記載：1927 年（即民國 16 年），胡叔異出任蘇州中學師範科主任，後調任江蘇省立第一師範附屬小學校長。民國 20 年後，先後任上海教育局第三科科長、專員，暨南大學教育學教授等職。其時，曾奉上海教育局之命，率一代表團赴日本考察教育。回國後著有

《東流考察記》《論英美德日兒童教育》兩書。嗣後，從事報紙編輯工作，曾任上海新聞報教育欄、申報教育欄編輯，兒童晨報、商務印書館小學教科書編輯主任等職，並為葉聖陶主持的開明書店撰寫了《學生生活》一書。民國 24 年 (1935 年) 創辦私立國華中學，任董事長。抗戰爆發，上海淪陷後，胡叔異應云南省教育廳龔廳長的聘任，離開上海到昆明省立昆實驗華小學擔任校長一職。1940 年，胡叔異去重慶任國民黨政府教育部兒童教育科科長。抗戰勝利後的 1945 年，胡叔異隨國民政府教育部歐美教育考察團到美國考察，隨後，他進入紐約的哥倫比亞大學攻讀了教育學碩士學位。1947 年，胡叔異學成歸國，出任上海市教育局專門委員會委員，翌年，調任上海新陸師範學校校長。

1948 年，胡叔異將在美國考察的文章編寫成書，出版了《戰後西遊記》，記載了他在西方各國的見聞。其中，他專門講述了紐約在四十年代中叶的各種風情，今天讀來都覺得很有韻味。也許，我父親胡思旅生

胡叔異一家攝於上海 1930 年代（後排中為我父親胡思旅）。

前一直對紐約情有獨鍾，就是看了這本《戰後西遊記》而對紐約印象深刻吧。

成為了著名的教育家，出了多本暢銷書後，胡叔異開始過著上海中上產階級的生活。他先住蒲柏坊，繼住福壽坊，後住來安坊。他用金條在來安坊頂下來兩幢日式弄堂小樓，除了自住之外，還出租做二房東，過的風生水起。他那時算是上海教育界名人，買了一輛美國車，穿著打扮都是美式海派，喜歡跳舞，騎馬，打網球。

雖然，胡叔異在事業上如日中天，但是在個人婚姻上卻不如意。胡叔異對他的太太，也就是我奶奶黃秀芳一直不甚滿意。我奶奶是無錫人，從蠶桑女校畢業後在江海美專也讀過書。胡叔異與黃秀芳不是自由戀愛，是由他的父親，也就是我的曾祖父胡石予定下來的親事。曾祖父通過介紹人見了黃秀芳一面之後，覺得女方雖然相貌平平，但知書達禮，是個做妻子的材料，因此就自作主張給兒子頂、订了親。訂親之後，胡叔異與黃秀芳書信來往不久就直接結婚了。等到婚禮後，胡叔異見到黃秀芳本人頗為失望，覺得兩人並不般配。雖然兩人婚後相敬如賓，客客氣氣，給人的印像是一家和睦，但是胡叔異心裡對自己的配偶與婚姻牢騷滿腹，私下與他的弟弟胡昌治抱怨，認為他的婚姻是自己一生中最大的遺憾。

帶著這樣的心境來看待自己的婚姻，胡叔異對自己的太太怎麼也看不順眼，覺得她配不上他這樣的一個高級知識分子。胡太太是一個生性節儉之人，對物質財富看的比什麼都重要，因此經濟大權一手在握，經常搶購減價產品，囤積了大量戰時奇缺的生活用品。面對著這樣一個在精神文化上無法提升的太太，胡叔異開始將目光投降其他漂亮時髦的女性，但表面上仍然維持著他的這個看似和睦溫暖的家庭。胡太太一連生了五個孩子（三個男孩，兩個女孩）後，便把全部心思放在撫育孩子上面。我的父親因為上高中時候患了肺結核，原本是不治之症，但是他媽媽無微不至地照看著，使得他的肺結核在沒有抗生素的前提下竟然慢慢好了起來。

我曾經聽說，胡叔異與黃秀芳的婚姻在胡叔異尚在重慶任國民政府教育部小學教育科科長的時候似乎就出現了問題。當時，還在上海淪陷區的我奶奶聽說先生在重慶有了情人，馬上帶著還在襁褓中的小兒子親赴重慶挽救婚姻。把其他的四個孩子留在了上海。然而，後來據胡叔異的小兒子，我在上海的小叔叔說，這一切都不是真的。真實的情況是，二戰時期上海淪陷後，日本人想要我爺爺出來在汪偽政府做事，而我爺爺與當時上海大部分的知識分子都一樣堅決不願意當漢奸。為了躲避日本人的要挾，我爺爺帶著我奶奶，懷抱還在襁褓中的我小叔叔一起離開了上海，經香港越南，轉輾到了雲南，最後從雲南到達了重慶。此後不久，因為我奶奶極其想念她的孩子們，於是，我爺爺便託他弟弟胡昌志利用上海地下黨的關係將我父親以及他的大弟和大妹，也就是我大叔和大姑輾轉送往重慶與父母会合，把年紀尚幼，不能出遠門旅行的我的小姑扔在上海親戚家中。直到抗戰勝利後，胡叔異舉家從重慶搬回了上海，一家人才終於全部團聚。正是因為這個原因，我奶奶發誓再也不能讓骨肉分離。1949 年上海解放前，我祖父拿到政府給他的兩張去台灣的船票，讓他帶著太太先去台灣。但遭到了我奶奶的堅決反對，她說，除非給她七張船票，她可以帶著所有的孩子一起走。據我小叔說，當時在滬江大學上大三的我父親的美國老師也想帶著他和另外一個同學一起前往美國深造，也被我奶奶一口回絕了。我奶奶說她不願意再讓一家人七零八落，無論如何也希望一大家人在上海守在一起。

上海解放後，胡叔異因為與國民黨要人潘公展的關係受到了牽連。潘公展早年畢業於上海聖約翰大學外語系，曾是著名的上海各大報刊雜誌撰稿人，也是柳亞子南社的成員。他曾經擔任《申報》主編，加入國民黨後於 1932 年擔任了上海教育局局長。潘公展是堅定不移的國民黨黨員，一度出任國民黨中央宣傳部副部長和國名黨黨報《中央日報》總主筆。1949 年 5 月上海解放前，潘公展逃亡香港轉道去了美國，在陳立夫創辦的《華美日報》做社長及主編二十餘年。

胡叔異當時在上海教育局任科長和專員的時候，才華得到同樣是文人起家的潘公展的賞識。雖然胡叔異與潘公展因為上下級的關係而熟悉，但在政治上他與潘公展卻完全不認同。潘公展是蔣介石政權的擁護者，而我的祖父胡叔異卻是一個知識分子，對政黨並不感興趣。加上，胡叔異的弟弟胡昌治當時是上海地下黨的特工，由周恩來領導的南方局派遣在上海幫助潘漢年做事，因此，胡叔異一直暗中幫自己的兄弟為上海地下黨出錢出力。

因為與潘公展的關係，胡叔異在上海解放後被定為內控分子，控制使用。他先是被分配在上海敬業中學當老師。後來又調到上海市師範學院實驗室當主任。1955 年，原上海地下黨的領導潘漢年被秘密抓捕，所有當年上海地下黨的成員都受到牽連。我爺爺的弟弟胡昌治因為也曾在潘漢年手下工作而被抄家後押送到福建農場勞改。胡叔異因為這些緣故，也被抄了兩次家。

我奶奶於五十年代末期因中风去世，胡叔異便又連續娶了兩房太太，但最後都因離婚告終。他的第二個太太把我奶奶勤儉持家而留下的各種金銀財寶和積蓄清洗劫一空後，提出跟胡叔異離婚。第三個太太更是邪門，除了每個月要求胡叔異拿錢養家之外，並不跟胡叔異住在一起。經歷了這兩次令人鬱悶的婚姻，讓在各種政治運動中也一直被邊緣化的胡叔異心情苦悶不說，身體也越來越不好，終於在文革時期的 1971 年患癌症去世。去世之前，我爺爺一直與我的小姑住在一起，總算沒有老所無依。

回顧我祖父胡叔異的一生，經歷了民國時候的璀璨，曾任上海多家學校的校長，與滬江大學校長劉湛恩同為上海教育界名流，出席上海的各種國際教育會議；前後寫了五本關於兒童教育的著作和考察見聞，為中國的兒童教育奠定了基礎。就是這樣一個在事業上頗有成就的教育家後來的人生道路居然因為政治因素以及個人生活而變得身心徬徨無助，孑然一身，我想這是我祖父當年做夢都不曾預料到的。

查閱胡叔異的資料的時候，我在網上看到他的《戰後西遊記》的影印本。其中有兩章寫的就是紐約的見聞：“紐約的地下城”與“紐約的靜”。我驚訝於胡叔異 1947 年的文筆，流暢細膩，具有通透的觀察力。就在這同一個城市，我們祖孫兩人相隔著 70 年的幾個完全不同的世紀，穿越了時光的隧道，在文字上走到一起。人生非常奇妙，如同命運的迷局，你根本想不到在哪一個拐角，哪一個轉彎，你會與歷史擦肩，與往昔相遇。同樣的一個紐約，地標性建築物和街道佈局幾乎沒有多少改變，胡叔異所描述的洛克菲勒大樓與中央火車站下的地下城還在，紐約的繁華氣場依舊，某些掩映在石子路和磚房公寓的小街道依然寂靜，如同他 70 年前的描述。而上海已經翻天覆地，全然沒有了三、四十年代的感覺，除了著名的地標性老樓房，似乎找尋不到胡叔異時代留下的蛛絲馬跡。

奇妙的是，人生有多少無法解釋的巧合，胡叔異大約沒有想到他的孫女們，他兩個兒子和一個女兒的孩子居然都住在他曾經妙筆生花描述過的紐約。他一定無法想像我跟他一樣喜歡紐約的各種地標性建築，在紐約車水馬龍的街頭眺望過遠處大道盡頭的高樓大廈，為紐約的某種獨有的特質而感到新奇。即便我住在這里二十九年，我仍然對紐約這個城市充滿了新鮮的感覺。看到我祖父關於紐約的文字，我的心依然會像花一樣釋放出驚喜的燦爛。

（原載台灣《傳記文學》2017 年第 12 期）

民國遊記《戰後西遊記》背後的歷史

《戰後西遊記》是民國三十七年(1948 年) 正中書局出版的一本遊記，作者是民國教育家胡叔異。目前，這本 1948 年出版的原版書在中國南京大學，美國國會圖書館，以及美國常青藤大學如耶魯大學，普林斯頓大學、康乃爾大學等大學圖書館裡都有收藏保存。

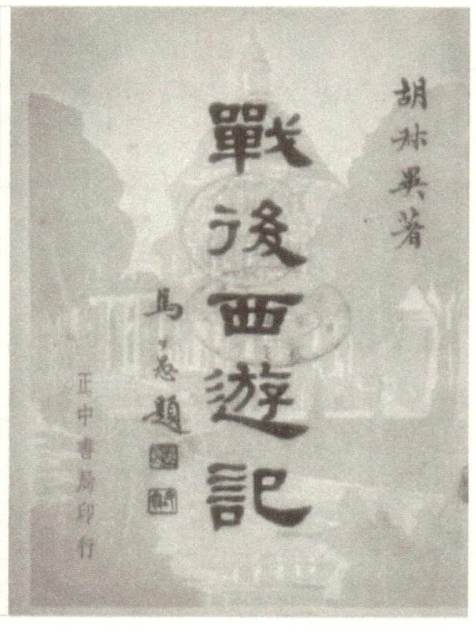

1946 年在美國的的胡叔異以及正中書局 1948 年出版的《戰後西遊記》。

《戰後西遊記》的書名也有典故。抗戰爆發，上海淪陷後，日本人要胡叔異出來為他們扶植的偽政府教育局工作，胡叔異不願意做賣國賊，便帶著太太和襁褓中的小兒子悄悄離開上海，前往國民政府所在的重慶。他們經香港、越南、昆明等地，輾轉到大後方的重慶陪都，在國民政府教育部門工作，撰寫了一系列的教育文章。經香港、越南、昆明等地，輾轉到大後方重慶陪都，在國民政府教育部門工作，撰寫了一系列的教育文章。抗戰勝利後的 1945 年，他任教育部欧美教育考察团团员赴英美考察。在美國考察時，胡叔異進入美國哥倫比亞大學攻讀教育碩士並取得學位。期間，胡叔異將自己在英美考察的經歷紀錄下來，撰寫了多篇遊記形式的散文發表在上海的報紙雜誌上。正如他自己所言：”首次出國，本是奉命考察教育，想不到英美社會供給我許多新奇材料，一年多的遊歷，甚至有十年也寫不完的回憶，各種五花八門，蓄積在腦中的印象，極願意介紹在國人的面前，因此除了寫述考察教育的專論之外，更引起我寫述本書的動機，並承各報章雜誌的編輯先生們，邀我寫述英美的觀感，陸續在新聞報的新園林，中報的春秋，旅行雜誌及京滬周刊上發表，其中較有系統的是每日刊載在新園林的“戰後西遊記”。

1948 年，胡叔異的好友，正中書局總編輯吳俊升敦促胡叔异將散見上海各報刊雜誌上的文章匯總，出版了《戰後西遊記》。吳俊升親自作序。序言中，吳俊升除了對胡叔異的文筆大加讚賞外，還特別提到胡叔異通過實地觀察美國的人文生活，捕捉到了美國二戰後獨特的精神氣質，實為“難能可貴”，在各色歐美遊記中堪稱“首屈一指”。吳俊升甚至把此書與《西遊記》相提並論道：余讀此新西遊記，深覺趣味橫生，引人入勝，其文學價值殆可與舊說部西遊記述擬；而一則紀實事，一則馳還鄉，論證實際貢獻，則新遊記猶勝舊說自海通以來，國人槖筆遊英美，觀風問俗，歸而有所述作者，何慮千百數。而其觀察深刻，描述生動，使讀者讀其書，想像其境其事，彷彿如置身英倫三島與新大陸者，則以胡先生此作為首屈一指，此可樂為稱道者也。

胡叔異當時是頗有名氣的兒童教育家，曾從師教育家陳鶴琴，畢業於國立東南大學教育學院(後又改稱為國立中央大學，南京大學)，一生從事教育工作，曾任暨南大學教授，上海《新聞報》和《申報》教育專欄的編輯，還創立了上海國華中學，並擔任董事長一職。1945 年去歐美考察教育，後入美國哥倫比亞大學攻讀教育學，歸國後任上海教育局專門委員會委員。上海曾是民國時期兒童教育書籍的翻譯，編譯和出版的中心，因此，胡叔異作為民國時期重要的兒童教育專家，在小學教科書等兒童讀物的編纂方面頗有建樹。他堅持兒童本位的教育理念，在兒童讀物的編纂理論研究上也有很深的研究。他除了在全國各地的兒童教育研究刊物上不斷發表關於教育的文章，還出版了一部分的兒童教育的書籍如《兒童的新生活》《國民學校教師手冊》以及《英美德日四國兒童教育》等著述。

《戰後西遊記》的吳序作者吳俊升也是民國時期的一位重要教育家。吳俊升 1920 年考入南京高等師範學校（1921 年更換國立東南大學），於 1928 年赴法國巴黎大學留學，1931 年獲教育哲學博士學位。回國後歷任國立北京大學教育系教授兼系主任，安徽省教育廳主任秘書，國民政府教育部高等教育司司長，國立中央大學教育學院教授，台灣中華民國教育部次長等職。吳俊升畢生致力教育，曾求學於美國著名哲學家和教育家杜威(John Dewey)麾下，對杜威教育思想頗有研究並深受其影響，有“中國杜威”之稱。他在巴黎大學的博士論文即為《杜威教育學說》，而當杜威被巴黎大學授予榮譽博士學位以後，吳俊升又曾編撰了《約翰·杜威教授年譜》等書。

吳俊升與胡叔異兩人同為大學校友，都曾在民國政府教育部工作任過職，吳俊升時任教育部高等教育司司長，而胡叔異則任兒童教育科科長。1945年，兩人先後隨教育部歐美教育考察團前往美國考察時，曾攜手同遊。因此，當吳俊升擔任總編輯的正中書局出版胡叔異的《戰後西遊記》時，胡請吳俊升寫序自然理所當然。不幸的是，胡與吳二人如此難得的友情隨著 1949 年的到來而嘎然而止。當時，兩個人對未來的走向做出了不同的判斷和選擇，影響了彼此以後的人生。吳俊升隨搬正中書局搬遷台灣，在台灣教育部工作，退休後移居美國，於 2000 年以 99 歲的高齡過世。而胡叔異則因為家庭原因選擇留在上海，在例次的政治運動中受到不斷的衝擊，終於 1971 年文革中期去世，不過 68 歲。兩個曾同為上海學者、教育家的老朋友，留給後人的合作紀錄只有這本《戰後西遊記》。我常想，

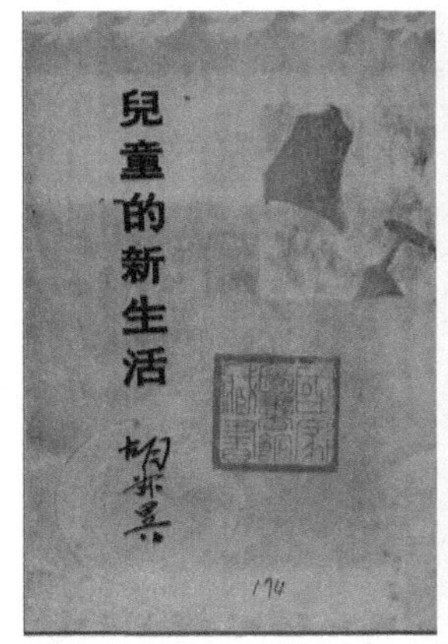

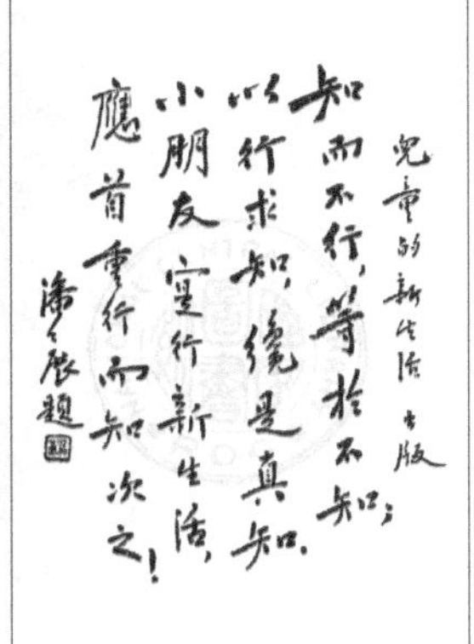

正中書局 1934 年出版的《兒童的新生活》，中為作者胡叔異，右為潘公展為本書題的字。

假如胡叔異做出與吳俊升相同的選擇，那麼他可能會繼續從事他所熱愛的教育事業，撰寫出版教育書籍，他的後半生將學以致用，呈現出完全不一樣的結局。

胡叔異一輩子生活在上海，與生活在北京的我們家來往不多，因此不管是他生前還是死後，我對這個爺爺一點都不熟悉。雖然後期，我也聽說了一些他的過往，但是我對他想法的了解還是通過這本《戰後西遊記》一書中的文章。他的個性和感情通過他的文字傳遞給我，儘管中間隔著好幾個世紀，我還是能夠意識到他曾經經歷過的人生賦予他的思想，以及他對紐約和上海的感受與感情。文如其人，通過他的感性文字，我了解了 1949 年前生活在上海的爺爺，一個與家人的描述相差甚遠的海派知識分子。

前兩年，根據我母親的回憶和描述，以及他弟弟胡昌治的手稿，我曾經寫過一篇關於他的往事記錄發表在台灣《傳記文學》上。這篇文章被胡叔異的小兒子，我的小叔叔胡思頤看到後非常不滿，他覺得我對爺

胡叔異一家攝於上海 1930 年代（左一為我父親胡思旅）。

爺的某些生平經歷的了解有誤，要求在以後的著述中予以更正。因此，在這篇文章中，我覺得要重新簡述一下胡叔異作為一個教育家在 1949 年前後的人生軌跡，還給他一個公正的敘述。

胡叔異繼承了他父親，江南大儒胡石予的教育家衣缽，在清朝宣統年建立、並於 1948 年停刊的著名《教育雜誌》上連續發表了近二十篇關於美國教育教材以及中小學教育的專著，成為了一名兒童教育專家。

在三，四十年代的上海，胡叔異就開始對自己的五個孩子的教育採用了他一向推崇的西方教育方式，對孩子們溫文爾雅，耐心啟發和誘導，從來都不曾因為他們的各種錯誤而發過脾氣，從而，給了他孩子們一個很寬鬆自由的成長空間，也養成他們比較溫和謙良的個性。回頭看來，他的孩子們的這種個性在以後的政治運動中拯救了他們，這一點也是他不曾預知的。從這一點來說，他的小兒子至今對他父親的教育方式讚賞有加。

1949 年，在國民政府部門任職的胡叔異也收到了兩張前往台灣的船票，但是被他的太太拒絕了，其原因要回溯到抗日戰爭時期。上海淪陷後，胡叔異為了拒絕日本偽政府人對他的威逼利誘，帶著太太，懷着尚在襁褓中的小兒子，轉而過香港，越南和雲南，前往國民政府所在的重慶。當時，為了能夠順利抵達目的地，他們不得不把其他的四個孩子留在上海。後來，他們託人安排十四歲的大儿子（我父親）帶著兩個弟妹偷偷離開上海前往重慶相聚。因為我的小姑姑年紀尚幼，無法跟著哥哥姐姐們一起偷渡，抗戰結束後，胡叔異還在美國讀書，我奶奶便帶著全家離開重慶青木關重新回到上海，見到分別多年的小姑姑。因為分別時我小姑年紀尚幼，分別得又太久，我小姑已經認不得母親，各兄弟姐妹也因為家庭不斷的動蕩和分離造成彼此之間以及與父母之間的疏離。對於視她的孩子為珍寶的我奶奶而言，骨肉的分離給她留下了內心的創痛，她發誓再無論如何再也不讓自己的一家人分開。因此，當她知道胡叔異只有兩張船票前往台灣的時候，她拒絕離開。據我小叔說，當時，我父親在上海滬江大學讀三年級，他的美國老師高樂民曾經到家裡拜訪，向奶奶提出可以把我父親帶去美國深造。我奶奶當時就以“除非你有 7 張飛機票”為由，斷然拒絕了高樂民的提議。

1949 年後，在五十年代一系列運動包括三反五反運動中，胡叔異也不斷遭受衝擊。因為他曾經在國民政府教育系統工作過，尤其在擔任上海新陸師範學校校長期間，被懷疑向國民黨告密學校的地下黨（後經查告密者為學校教務長）等原因，被幾次抄家。胡叔異不僅失去了校長的工作，還差點被打成現行反革命。後來，胡叔異的妻子，我的奶奶突發腦溢血去世。絕望之下，胡叔異焚燒了大量的舊照和書畫。在那些舊照中，有穿著軍裝的民國政府大總統蔣中正給胡叔異親筆題字的照片，上面寫著：叔異同志，蔣中正惠正。其中還有胡叔異與潘公展等國民政府教育部要員的合影及信函，以及他的父親、墨梅大家胡石予所畫的梅花圖等水墨畫。焚燒時，因為火大煙濃，當時與胡叔異同住小女兒，就是我的小姑姑發現了，趕緊當場搶下來幾張家庭合影。不然的話，胡叔異家族成員的過往形象就將蕩然無存。

大環境的巨變導致胡叔異個人生存小環境的變化。太太去世後，胡叔異兩次娶妻，希望能過一個安寧的晚年。然而這兩次婚姻均以失敗告終，如同他曾經風華正茂的事業，隨著時代的變遷消失無遺。

胡叔異在世的時候，曾於五十年代几次来北京看望他的两个儿子，即我的父亲和我的大叔。他已經不再像民國時期西服革履，而是與大家同樣的藍制服，掩蓋住了他曾經的儒雅和瀟灑。新時代的無產階級已經不再需要他的西式教育，他在民國的身分、知識，甚至做人的價值已經不復存在，沒有人再知道他曾經是民國知名的教育家，哥倫比亞的教育碩士，編輯出版過數十本教育書籍。照片上，除了他臉上的一幅眼鏡依舊外，他的眼神的滄桑以及臉上的無奈都透露出他對新時代的失落。我不知道，他心裏是不是後悔當初沒有接受去台灣的機票，甚至沒有按照自己的意願帶著全家前往美國。他心裏明白，他太太一直希望維持的家早已四分五裂，孩子們都按照組織上的安排走上各自命運的旅途。

儘管失去了相濡以沫的太太，以及上海住了多年的洋房，但是胡叔異保住了自己的一條命，從被追查的現行反革命的邊緣上放了下來，成為了上海師範學院的的一名普通老師。1972 年文革尚未結束，上海仍然處於一片政治風暴的淒風苦雨之中，胡叔異在上海去世，終結了他曾經被譽為上海教育家的一生。當初，正中書局出版的《戰後西遊記》時，胡叔異曾計劃將他的歐美之行寫成上下兩冊，沒想到，1949 年的到來讓不得不經歷了思想改造政治運動中的胡叔異再也沒有機會完成他當初的夙願。

如今，世界已經因為科技的發展而徹底改變，全球旅行變成了大部分中產階級的生活常態。然而，在七十多年前的上海，它卻仍然是大部分國人的夢想。當時，雖然很多知識分子都遠渡重洋去美國留學，但真正著書描述歐美社會以及生活方式的人士卻寥寥無幾。可以說，自清朝張德彝那浮光掠影的《歐美環遊記》以來，《戰後西遊記》是第一本實地微觀考察英美社會和人文的遊記。在這本書裡，胡叔異細膩入微地描寫了一個上海知識分子眼中的二戰後的英美兩國，以及紐約這座世界大都市與上海那個遠東第一城市的差距。在 1948 年的上海，《戰後西遊記》成為一本讓國人近距離觀看歐美人文和生活百態的私人遊記。更重要的是，這本書除了描述作者在戰後的歐美之所見所聞，還為民國歷史研究提供了鮮為人知，或者已被淡忘的史料。比如，胡叔異將二戰時的重慶與倫敦做了比較時寫道：二次世界大戰，全世界都知道的盟國二大“霧都”當時被敵人轟炸，這就是指倫敦和我們的戰時首都重慶。當時重慶被日機狂炸，因為多霧多山多防空洞，損失並不重大，就此震動了西戰場“霧都”的軍政首長，倫敦的參謀部特別派了軍工專家，飛到東戰場的“霧都”重慶來，實地考察我們的防空洞的設置。在這次二次世界大戰中，能吸引英國軍事家空降到重慶來請教我們的軍事工程設備，也可以說是絕無僅有的事，這就是與“天時”相同，中英文湊巧都有一個“霧都”的天然保衛。

《戰後西遊記》在上海《新聞報》的“新園林”專欄上連載以來，獲得了廣大讀者的喜愛。從胡叔異這樣一個上海教育家的視角上來看，他最初在抗戰勝利後，因公派去歐美進行教育考察，觀察到英美社會的各種新奇事物，引發了這本書的誕生。胡叔異在這本書裡首次向中國讀者介紹了許多新鮮事物，比如美國國會圖書館。在這篇文章中，他當年參觀的國會圖書館的描述，對於今天的國內讀者來說，很多仍然是新奇的。胡叔異寫道：國會圖書館的建築，在十九世紀末葉，公認是成就上的一件傑作。在他的底下有地道，逢到國會議事堂開會，議員們需要參考書的時候，只要通行地道，到了圖書館中，一索即得。……國會圖書館像國會議事堂一樣，富含藝術的意味。我在倦遊的歸途中，回味著一切，好像剛吃過橄欖的樣子。胡叔異詳細介紹了國會圖書館豐厚的中文藏書，當時，他絕對無法預想，幾年後，他的這本由正中書局出版的《戰後西遊記》居然也被收錄在美國國會圖書館以及美國幾所常青藤大學圖書館裡，保存直到今天。雖然他已作古，但他的後代卻從他留下的這本書中，了解到他在 1945 年參觀國會圖書館時的喜悅心情。

值得一提的是，當初邀請胡叔異在滬上兩大名報之一的《新聞報》（另一家為《申報》）副刊新園林上發表遊記的副刊主編嚴獨鶴先生也是上海的知名報人。当初没有严独鹤的约稿，恐怕也没有这本游记。对此，胡叔異在開篇的《蜉寂靜旅行者》中提到：我的世界旅行，開始於民國三十年初夏，正當盟國勝利開始，所以在加尓喀答，倫敦，紐約和華盛頓等各大都會，我曾參加過駐外使節的勝利慶祝大會，可算在旅行小史上最值得紀念的一件事。今春回到一別十年的上海，承老友獨鶴處方為新園林寫一些海外聞見，因就當時旅行記錄中，想到什麼就寫什麼，既沒有一定的程序，也不拘謹物體的大小……

嚴獨鶴比胡叔異大四岁，同為上海《星社》會員。說起胡叔異與嚴獨鶴的老友情，還要提到當時被譽為報界「補白大王」的鄭逸梅。鄭逸梅是胡叔異的父親胡石予的學生，曾多次撰文懷念中學時代的老師胡石予，如《名師門下》《先師胡石予先生》《胡石予事略》《先師胡石予之畫梅》等。鄭逸梅與胡叔異以師兄弟相稱。而鄭逸梅與嚴獨鶴則是交往甚深的好友。胡叔異原本就與嚴獨鶴是朋友，因鄭逸梅的這層特殊的家人般關係，也與嚴獨鶴成了無話不談的知音。在 1949 年這個歷史節點上，嚴獨鶴與胡叔異一樣選擇留在上海。解放後，他籌辦了上海新聞圖書館，並擔任了上海圖書館副館長。不幸的是，嚴獨鶴於文革正如火如荼的 1968 年在壓抑的政治環境中因病得不到相應的治療而去世，比我的爺爺胡叔異提前了三年。

繼 1948 年的繁體豎排之後，紐約新世紀出版社再版了《戰後西遊記》的簡體版和影印版合集，讓胡叔異的遺作在 21 世紀得以重見天日，使對民國歷史文化有興趣的讀者了解一下上個世紀四十年代末期一個上海知識分子對英美社會的"觀人於微"的記錄。當年，胡叔異的《戰後西遊記》並沒有寫完，最後一篇《從洛杉磯到舊金山》給人的感覺像是突然而止，免不了讓人有未完成的感覺。其實，胡叔異確實是想繼續撰寫完成這本書，按照他的預期出版上下兩冊。雖然，他的願望因時局的改變而最終無法實現，但現在，經過我和出版人洪君植的策劃，他七十一年前出版的著作終於在紐約再版，算是替他還了 1948 年曾有過的宿願。

（原載台灣《傳記文學》2021 年 4 期）

我的曾祖父，江南大儒胡石予

胡石予攝於上海王開照相館，1926 年。

2013 年的初夏，我從上海驅車前往崑山的蓬朗鎮，就是我曾祖父胡石予出生的蓬閬。那是一個南方典型的陰雨天，車窗外，毛毛細雨形成一片淡淡的霧氣瀰漫在南方的天空，將一切都變得若隱若現。到了蓬朗鎮找了很久，才在蓬朗鎮的派出所和居委會的大院後面找到了胡石予故居。那時，故居正在修繕，院子裡碎磚歲瓦、滿地狼藉。我在不大的院子裡面轉來轉去，尋找著過往歲月留下的痕跡。在淅淅瀝瀝的江南細雨中，我站在正在修復的故居前面，想像著曾祖父在此生活的時光。那天，我還沿著狹窄的木質樓梯爬上搖搖欲墜的二層樓，環顧著家徒四壁的老房子，以及落滿灰塵的幾把老家具。時光彷彿靜止，讓我在寂靜的雨聲中追溯著曾祖父的往昔歲月。那次的探訪讓我切身感受到祖輩在此生活時候的點點滴滴，以及這塊江南老鎮帶給他們的文化根源。

關於蓬朗鎮以及我的曾祖父，我從小長大從未聽我父母說起過。父親 1986 年去世後很多年，我才第一次聽到我母親提起過我父親的家世。她告訴我說，我父親胡思旅的祖父胡石予（胡蘊），曾經是歷史上有名的文人。胡石予生了四子二女，大兒子在三十九歲那年就因病去世，第三個兒子就是我的爺爺胡叔異，最小的兒子就是我的叔公胡昌志。

我父親胡思旅活著的時候，從未提及過他們家族的歷史，彷彿一切根本都不存在似的。他甚至從未談起過他的父親胡叔異，民國時期的上海教育家。回想起來，也難怪父親，因為他在歷屆政治運動中因為各種原因受到審查，使得他從來不願意提及過往的一切，包括他家族的歷史以及背後的文化淵源。隨著時光的流逝，往事都在家人們的腦海中淡漠了，沒有人再提起過。

到了美國多年之後，我開始在美國中文電視台的中文網上開博寫文，不久成為被推薦的熱門博主。殊不知，我的叔叔，即我父親的大弟胡思升與我姐姐胡榕也早已在上面寫博，雖然，三人寫的內容完全不同，但都受到熱捧。為此，中文電視台在我叔叔家對我們胡家三人進行了採訪。就在那次採訪中，我第一次從我的叔叔口中聽到了我的曾祖父胡石予的片段往事，看到了胡石予的舊本《秋風詩卷》，才知道他老人家是清末民初南社著名詩人、畫家、教育家，曾經與錢名山、高吹萬並譽為“江南三大儒”。

在強大的的好奇心和探究心驅使下，我開始在網上查閱所有關於我曾祖父的過往歷史，並根據這些歷史撰寫了一篇紀念我曾祖父的小文《紀念我的曾祖父胡石予》。正是這篇小文讓我與曾祖父的故居的工作人員和研究人員聯繫上了。他們給我寄來了故居的老照片，以及他們撰寫的關於曾祖父的文章。我父親的小妹妹，也就是我的小姑給我寄來了我叔公胡昌治撰寫的胡石予的生平回憶。因此，也讓我更多地了解了我曾祖父的故事。2013 年我回國時，特地前往胡石予在崑山的故居探訪，希望通過親眼看一看他生活過的地方，對他有一個全方位的認識。

從所有家族的資料和外來的歷史上來看，曾祖父胡石予的一生也相當坎坷。他單名蘊，後字介生，號石予。所以有些史書上也稱他為胡蘊。他生於一八六七年。即清同治五年農曆三月十六日亥時。他祖上是崑山蓬閬胡氏系文定公（宋代著名經學家胡安國）的後裔，明代末年由安徽徽州遷居崑山縣蓬閬，世代從事商業，開設典當舖和南貨店，富有家產，在北街建有較大第宅。到了胡石予父親胡鍾祥的那一代，趕上太平天國兵燹，宅第盡毀，家道開始中落。

胡石予的父母在他之前生了幾個孩子都沒能活下來，到了四十多歲才晚年得子生了石予，因此父母對他十分寶貝。胡石予從小就在宿儒孫縉雲的學塾讀書，因此打下了堅實的國學基礎。胡石予十四歲的時候因家貧被迫中斷學業，準備接受父親的安排去大倉某店鋪作學徒。然而，他父親因為交不出 50 銀元學徒保證金，胡石予就沒有去做學徒。真是命運造人，想當初胡石予的父親胡鍾祥年輕的時候也是人才一名，從小就自學精通了各種傳統樂器和書法，手工了得。最主要的是他為人也非常仗義無私。太平天國戰亂時，胡鍾祥和全家外出避難，因為需要錢，他自己就一個人冒死濳回家取了藏錢二百緡（相當於兩千銅錢，即二兩銀子）。拿到錢，他忽然看到河水里飄滿了士兵和老百姓的浮屍，震驚之餘，深感痛心。於是，他拿出錢來號召附近的農人幫著將浮屍埋屍撈出來埋掉，直到錢全部用光。就是這樣一個人晚年卻拿不出 50 銀元來送兒子去做學徒。也許，這也是胡石予的造化，如果當初他去做了學徒，可能歷史上就沒有這個江南大儒了。胡石予十七時，他的父親病逝。她母親為了省錢，在辦丈夫的喪事後馬上辦理了兒子的婚事，讓胡石予與曹桂貞草草成了親。當時這種婚禮在南方被成為“白婚”，就是在披麻戴孝的葬禮後馬上辦婚禮。成婚後，胡石予便在他居住的半蘭舊廬設私塾教授學生，靠收學費維持生計。半蘭舊廬是胡石予為自己起的書齋名，來自他家的磚雕門額“蘭生桂秀”。因為經過戰亂，“蘭”字已損壞半個，因此，胡石予便稱之為“半蘭舊廬”。從此，半蘭舊廬就成為了胡石予的註冊商標，平時書畫常用。後來，他的很多書籍都是用半蘭舊廬命名的，如《半蘭舊廬文集》《半蘭舊廬詩集》和《半蘭舊廬詩話》，他在學生鄭逸梅主編的《金剛鑽報》上開闢的專欄都題為半蘭舊廬叢話。

胡石予一邊教書，一邊自學，18 歲應考秀才，縣試、府試及院試均名列前茅，進學成為縣學生員。19 歲，胡石予赴江寧參加秋闈 (即鄉試) 却沒有考上。這件事讓胡石予從此斷了應試的念頭，轉而將全部精力都投入到教學上面。閒暇時，胡石予便不斷撰寫詩歌和文章，除了自娛也和當地很多詩人、文人組織詩社一起寫詩撰文。後來，胡石予匯集眾人詩作，編輯了《蓬溪詩存》一冊，至今傳為崑山的一段佳話。光緒三十一年 (1905) 廢科舉，興學堂。胡石予雖然已經 39 歲，但以他敏銳的頭腦和求知心，深知潮流所向以及新學的重要性。於是，他與長子胡昌會分別考入上海東城師範傳習所和半景園師範傳習所學習新學。

1907 年，胡石予赴蘇州，在蘇州公立第一中學堂 (俗稱草橋中學，民國後更名為江蘇省立第二中學，今蘇州市第一中學) 教授國文和修身課達 20 餘年，又斷續在私立振華女學、省立第一師範和省立第二女子師範兼課教學。幾十年下來，他的門生弟子遍天下。教育家和社會活動家葉聖陶，歷史學家顧頡剛，書畫家、收藏鑑賞家吳湖帆，雕塑家江小鶼，文學家、編輯家王伯祥，名作家範煙橋，書法家蔣吟秋，文史掌故作家鄭逸梅，書法家顧廷龍等，均受過他的教澤。

1911 年秋天，胡石予在南社創始人高天梅、余天遂及柳亞子的介紹舉薦下參加南社，成為南社詩人。自從加入南社之後，胡石予常常與詩人柳亞子、高吹萬、高大梅，胡寄塵等人以詩相和，並刊登在《南社叢刊》上，每期都有。後來到了 1916 年，胡石予虛歲 50 歲的時候，將歷年積存詩稿一千五百余首彙編成集，由田關江金鶴望作序。金鶴望又名金松岑，為清末明初著名教育家和文學家。金松岑出生於 1874 年，吳江同里人。自號“天放樓主人”，曾為柳亞子老師，並與章太炎同事，一生致力教育和國學研究，被人譽為“一代宗師”。另有文字存二卷，均由吳門江蘇省立第二中學校長汪家玉題署。這些原稿原本被收藏於胡石予的小兒子胡昌治那裡，2018 年，崑山胡石予故居博物館慶祝胡石予誕辰 80 週年紀念活動時，由胡昌治的兒子贈與博物館保存。

加入南社四天之後，孫中山領導武昌起義。胡石予開始發表詩歌支持孫中山的辛亥革命。從 10 月 10 日武昌起義到 12 月 29 日孫中山成為中國民國臨時大總統期間，胡石予每天作詩，抒懷內心對推翻帝制，建立共和的嚮往。他一共寫了 66 首詩歌，刊登在詩人陳去病在蘇州滄浪亭主編的《民蘇報》上。據說，陳去病看到胡石予寄來的《秋風詩》忍不住擊掌稱賞，認為這些詩歌記錄了孫中山革命起義之事，極有詩史價值。

在《蘇城光復是日天將曉雨甚 (二首)》中，胡石予寫道:

一

孤燈靜對坐危樓，詩筆今宵力更遒。
激箭風寒穿牖入，洗兵雨盛滿街流。
半窗酒意冷無夢，一枕柝聲清入秋。
屈指重陽後六日，爭看漢幟立城頭。

二

昔聞戰伐千家器，今見共和萬眾歡。
編户白旗無定式，空閭紅女盡來觀。
功深保障新開府，誼重賢勞故長官。
卻有望鄉未歸客，秋風羈旅在長安。

66 首《秋風詩》是胡石予詩歌創作生涯中的巔峰之作。正值秋風迅厲之季，胡石予的第一首即以“秋風”兩字開始，因此，他把這些詩歌總稱為《秋風詩》，並親手謄抄出來訂成冊子，撰寫了“自敘”，以表明他做秋風詩的志向。秋風迅厲，取自胡石予的“秋風詩·自序”：“秋風秋風，迅厲迅厲，振落枯槁，天地義氣。這篇《秋風詩》的《自序》曾收入《南社叢刻》第九集(1914 年)，胡石予的高足、歷史學家顧頡剛先生生前十分推崇《秋風詩》，將其比作杜甫之“詩史”。這本《秋風詩》原件曾保留在胡石予的小兒子胡昌治手上，一九七八年十一月，顧頡剛從胡昌治手中要去準備編寫進《文史資料選輯》併題為《胡石於先生之秋風詩》。然而，隨著顧頡剛不久生病作古，這本原裝的《秋風詩》就不知下落了。想來，我在我叔叔胡思升那裡看到的《秋風詩卷》不知是否就是這本失踪的《秋風詩》。

除了詩歌，胡石予在書法繪畫方面也都有極深的造詣。清末民初被譽為“一代宗師”的國學大師金松岑評其詩為：“詩骨清而不染時習。又工丹青，尤擅畫梅，喜作大幅、喜繪墨梅。因取材於生活，不落範本舊窠，故下筆自然，幅幅相異，虯枝縱橫，大氣磅礴，借物寄懷言志，氣韻高雅飄逸。畫梅畫葉，畫梅畫梅實，畫繁枝不補一花一蕊，是其作畫之創格”。這個金松岑是一個飽讀詩書，桀驁不馴的文人，從來不輕易地推崇同輩人，然而對於胡石予的為人和才學，他卻毫不吝嗇地在文中稱：“並吾世負文學資性，足推崇者，大江以南得三人焉，曰武進錢名山，崑山胡石予，金山高吹萬。”從此，世上有了“江南三大儒”的流傳。

1920 年 12 月 23 日，柳亞子、陳去病、王大覺、費公直等名流在崑山周莊德記酒店，又名蜆江酒家聚會，會上他們飲酒賦詩，酬唱“迷樓詩”。酒催詩興下，柳亞子在牆上題了一首詩，即“小樓轟飲夜傳盃，……”，押杯天韻。在牆壁上題詩之後，柳亞子的堂弟柳遂便將這首詩抄錄下來，寄給南社，向葉楚傖、胡石予等四十餘人索和。石予收閱後立即吟和，第二天一大早就寄返，亞子訝其神速，以“八叉七步”（八叉指溫庭筠八叉手成八韻，七步言曹植七步成詩）盛讚。1921年，柳遂邀請擅長書法的鬱樹敏將百餘首詩謄寫後交付上海中華書局刻印付梓。這本由柳亞子發起編輯的《迷樓集》1921年在上海出版後，成為南社詩人們在歷史上一個極具重量的合集。

1928年，胡石予撰寫了一部《縹緲史》，署名"閒主人"，由上海競誌圖書館發行。同年四月，胡石予自覺體力漸衰，想到自己一生經歷的坎坷和困苦，便將所思所想撰寫出來為的是給胡家後人作為人生警訓而流傳下去。他提筆寫了一封給兒孫輩的信，長達八張信紙。後來，由我的爺爺胡叔異裝訂成冊，並附附上了高吹萬、周季煞、斤瓊蓀、陳子彝四人寫的前後序。封面由周季藩題"石予夫子家言示危"八字。這封《胡氏家訓》書的末節說："餘自續谷略豐以來，仍不改舊時艱苦自勵之志。惟對於貧苦親鄰，以及農妞之家，則待之以寬，以曾處艱窘境地，漢知他人之難也。爾輩宜細思之。自奉不當厚，而待人不可蒲，今多相反者，世所以不易平欲？"

胡石予夫婦一生節儉，很少為自己花錢添置東西，但凡是鄉里人有事借錢，他們都是慷慨解囊。當年，蓬閬鎮西北兩里地的地方有一水灣叫做鶴頸灣。鶴頸灣上原來有一道石橋，但清末的時候就被毀掉了。後來，人們便在鶴頸灣上修了一道木橋，然而隨著歲月的流逝，木橋在久用之下開始慢慢腐爛後斷掉。木橋斷掉後，鶴頸灣就不再有橋可以通過，因此，鄉人們不得不繞道而行，非常不方便。尤其運貨的時候，更要白白繞行好多里才能到達蓬朗鎮。胡石予的夫人曹氏一直想出錢修橋，但不久生病了之後就一直沒有能夠實現這個願望。1929年，胡夫人因患肺炎去世。胡石予悲痛之下為了紀念夫人，便按照她生前的願望，與兒子們捐出胡夫人一生積攢的一千多枚銀元在蓬朗鶴頸灣上造了一道石橋，以便利鄉人來往。胡石予撰刻橋銘道："斷橋孔道，鶴頸之流。遺金重建，夫人千秋。夫人之夫，銘茲功修。"，後人便將此橋稱為"胡夫人橋"。

胡石予60歲的時候，辭去在蘇州草橋中學擔任了二十年的教職，僱船將多年收集的萬卷書籍運回蓬閬的半廬舊居。第二年，他因胃疾又辭去私立蘇州振華女中教職。此後，他有更多的時間寫詩畫梅，在周瘦鵑主編的上海《紫羅蘭》文學期刊上發表《離恨集》等詩歌作品，在《聯益之友》藝術旬刊上的“藝術世界”欄目裡發表繪梅美術作品和連載文章《畫梅贅言》二十多篇。他的學生鄭逸梅也在《聯益之友》“名人軼事”欄發表《詩人胡石予先生之悼亡》。

1932 年，淞滬戰爭爆發後，胡石予到上海避難，陸續撰寫發表了《畫梅新話》《六圃記》《半蘭舊廬記》《炙硯詩話》和《半蘭舊廬叢話》等書籍。還在範煙橋主編的《珊瑚》雜誌創刊號上發表《亂離雜詩》，在《旅行雜誌》上發表《莫干山紀遊》。順便說，《紫羅蘭》雜誌提倡“文學與科學合流，小說與散文並重，趣味與意義兼顧，語體與文言齊放。”張愛玲就是在這裡發表了小說《沉香屑·第一爐香》和《沉香屑·第二爐香》，首次引起社會關注。而《旅行雜誌》由上海商業儲蓄銀行的總經理陳光甫先生創辦，當時的撰稿人均為民國時期享譽文壇的新聞界、小說界乃至政界的重要人物，文章內容多以旅遊散文、隨筆為主，且文筆雋永，可讀性很強，配發的圖片全為銅版印製。

也許意識到時間不多，晚年的胡石予創作欲極強，他不斷在上海的各種報章雜誌發表文章，在《文藝捃華》雜誌第 1 卷第 1 期發表《古梅記》，在《新上海》雜誌第 1 卷第 9 期發表《畫梅題記》，在《旅行雜誌》第 8 卷第 5 期發表《湖上四日遊記》，在《文藝捃華》雜誌第 2 卷第 2 期發表《病中口占》。他還重讀史書，將重要典故逐一摘錄，積成數冊，起名為《記事珠》，以供寫作時參考。

1934 年，胡石予感染了丹毒。當時蓬朗鎮上沒有西醫，胡石予便前往上海，在南市董家渡上海醫院施行手術。當時我的爺爺胡叔異和他的弟弟胡昌治已經在上海工作，由他們出面來照顧父親。那時，上海還沒有青黴素，因此，對於丹毒的治療方式就是對患丹毒的肢體動手術實行局部的切除。手術切除患部之後不幸的是把胡石予的足筋傷到了，因此導致他殘疾，終生不能再自由行走。胡石予出院後就住在我爺爺胡叔異家。胡叔異還為他的父親製作了一把輪椅，僱人到處推著他遊玩。不久，胡叔異便僱船護送父親返回蓬閬家中，臨行前，胡石予的高足鄭逸梅前往送行。此次一別，他們再見時已經陰陽永隔。

1937 年 8 月，日軍大舉進攻上海，蓬閬也頻頻告急，胡石予隨家人避難來到錦溪，後來還做了好多首《錦溪詩》。到了年底，錦溪又不安全了，胡石予便隨長女昌明全家、幼子昌治全家一起乘船沿長江西上。到了安徽銅陵境內章村附近時，左腳因摔倒而受了重傷的胡石予不願繼續西行，便叫小兒子胡昌治上岸尋找暫避之處。昌治經多方尋覓，找到章村一家前清秀才章惠民家。章惠民因久仰胡石予大名，對他的到來甚為歡迎。他請胡石予住在他家，胡石予便與兩位家僕一起留在章村暫住在章惠民家。住在章家時，胡石予還與章惠民、章海秋、章筱山、朱之衙等吟詩唱和，發表國破家亡的遣愁，更寫成《章村詩存》二卷，一卷為《亂離詩》，另一卷為《題畫梅詩》。第二年，胡石予感染到了細菌性痢疾，因當時尚無治療痢疾的特效藥來醫治，便一病不起，在農曆八月二十三日客死他鄉。胡石予的棺柩一直留在銅陵，直到一九四七年，胡石予的小兒子，當時在隴海鐵路駐滬辦事處任運輸工作的胡昌治，利用職務工作上的便利，去銅陵把他父親的遺柩運回蓬閬鎮，與妻曹桂貞的棺木合葬在鎮南郊祖墳。

胡石予過世一周年時，他的親屬和學生在上海法藏寺為他舉行了公祭。上海文人名流高吹萬、範煙橋、趙眠雲和鄭逸梅為公祭進行了主持。當天上海陰天，一片淒風苦雨之凋零景色，好像老天都在為胡石予的過世感到悲傷，前來參加公祭的文人雅士人數眾多，有包天笑、姚石子、吳粹倫、姜可生、丁惠康、蔣吟秋、謝閒鷗、徐平階、高介子等數十人。當日，法藏寺輓聯眾多，書畫高懸。到處都陳列著胡石予題書的墨梅和絳梅畫。有幅雪中絳梅，清姿疏影，枝幹縱橫，畫上提有"胭脂買得須珍重，不畫唐人富貴花。"除了梅花圖外，還有胡石予的幾方自刻的印章，為世間少見。眾多的花圈輓聯中，高吹萬、吳鐵城和舒新城、金兆梓合挽的三聯最為人稱道，高吹萬："先生為四十年道義文字至交，如此風規誰克繼；笥篋有千百首手寫遺詩原跡，於今劫後幸猶存。"吳鐵城："廿年講學追炎武；萬首刪詩比放翁。”舒新城、金兆梓：“行誼類郭有道王彥方，居江海而潛身，默化鄉邦如時雨；詩才追範石湖陸務觀，寫田園以托志，別開蹊徑見高風。”

我的爺爺胡叔異，為了紀念亡父。決定每日學父親畫梅花一幅，並將自己的居所稱為“一日一樹梅花齋”。他每天深居簡出，不管寒暑，堅持不懈地畫梅花。後來，爺爺的梅花畫得越來越精湛，頗有其父胡石予的風格，還在上海中國藝文館開辦了梅花圖的個展，受到當時的上海社會名流章士釗和楊天驥的推許。著名教育學家鄭曉滄還題字曰：“痛惜東南耆老盡，兩家往事已爛斑。因緣墨渖心猶記，滿壁梅花不算鰥。”胡石予當年畫梅在江南是一絕，每年前來討梅花圖者眾多。胡石予來者不拒，常常免費畫梅題字。後來他年歲漸高，畫不動了，他的學生便為他免費畫梅打抱不平。鄭逸梅還於 1932 年 10 月 17 日在上海《鑽報》上刊登出《答詢問胡石予先生潤例》，將胡石予的梅花圖標出價格廣告眾生。後來，看到我爺爺開始繼承父親畫梅的衣缽，胡石予的學生們都感覺欣慰，鄭逸梅甚至認為我爺爺的畫梅疏橫逸秀，頗有乃父胡石予的風骨和典範。胡叔異 1945 年留學美國哥倫比亞大學的時候，在學校的藝術表演會上，還當眾揮毫花了梅花一幅，獲得學校師生的讚嘆。1947 年，胡叔異取得哥倫比亞大學的教育碩士學位回國，還把那幅畫帶了回來。我在網上看到我爺爺胡叔異的梅花圖，也看到他父親胡石予的梅花圖，還真有些相似。

胡石予的一生都倡導勤儉節約，除了在學校中向學生進行勤儉的教育，在鄉里也不斷向後輩勸說，訓誡子弟為人勤勉節約。他自己終身只穿布衣，自號“布衣主人”。每日早起一定先鍛練身體，鍛練後即自提器皿到附近豆腐店買豆腐當主要餐食。他在學校時從不差遣校中工友，從不出外應酬上館酒樓。平常，他不坐人力車，都是步行或者公車出行，無論回家或返校，從學校至車站，他都是多年如一日，自始至終地奉行他的步行以及公車之律。他在上海看病時，住在我爺爺那裡。胡叔異當時在上海新陸師範學校擔任校長一職，還在民國政府教育部任職，因此出行都有司機開車。胡石予對兒子的開車出門上班的作風非常不以為然，常常批評，並拒絕坐兒子的車。

胡石予攝於昆山蓬朗镇「半蘭舊盧」家中。

胡石予育有四子，大兒子胡昌會，二子胡昌學，三子胡叔異，四子胡昌志。其中三子胡叔異即是我父親胡思旅的父親。他繼承了其父親的文學才智和畫梅的本事，並在新學的追求上登峰造極，與胡石予一樣走在潮流的尖端。他取得哥倫比亞大學教育碩士後便回國成為教育家，在上海各種教育學術專欄上發表學術文章，並出版遊學及教育書籍多本，如《戰後西遊記》《東瀛考察記》《論英美德日四國兒童教育》等書，為兒童教育做出了不錯的成績。

從我母親第一次跟我提到我的曾祖父到現在，時光已經飛逝三十多年。很多的前塵往事，當你以為已經全部淡忘的時候，卻會以一份舊報刊、一張老照片或是一篇舊文的方式在一個你不知的角落等待著你，勾起全部的往事記憶。隨著年齡的增長，閱歷的增加以及人生道路的經驗積累，對這些過往歷史的感覺會變得每一次都不盡相同，彷彿一塊被藏在箱底的金子，經過百年歲月的磨蝕，依然閃爍著迷人的光澤。儘管，這點光澤或許不再耀眼。斷斷續續地翻看了很多關於曾祖父過往的歷史文章，閱讀了他的學生鄭逸梅撰寫的幾本關於南社和上海文壇往事的筆記。看到書中出現曾祖父胡石予和爺爺胡叔異的名字以及他們的逸事時，我會感到內心油然而生的溫情。我父親去世的早，他生前忙於工作，很少有機會與我談話。他去世後的多年時光將他的過往漸漸地暈染成一幅若隱若現的山水畫，消磨了很多細節，讓我希望能夠深入地了解他的想法。通過我曾爺爺到我爺爺這一輩留下的各種文字和書籍，我開始對父親的家族有了深度的了解，多少填補了我內心關於父親的這一段空虛。我覺得這種對於家族歷史的重新認識將不再會隨著歲月的流逝而淡漠或者遺忘。它會通過這些文字傳給我們的後代，讓他們記住胡家淵遠的文化根源。正如我的叔叔胡思升所言，以文字記錄胡石予、胡叔異、胡昌治的過去，“不僅僅是回顧胡氏家族的可歌可泣的百年史，更是為了展現曾經照亮江南天空的那一束光彩。”

（原載於台灣《傳記文學》2019 年第 9 期）

民國滬上舊事 -- 天津名媛穆翔舒

一

往往，人生中的某件事的發生似乎都是上天注定的，不經意之間就形成了一個節點，影響一生。

正如 2020 年 7 月 4 日的清晨，我在讀《馮驥才的天津》這本書的時候，忽然想起了一個已經久遠的名字穆翔舒，便在谷歌中進行搜索。這個彷彿是不經意的下意識的舉動，引出來的蝴蝶效應卻讓我震驚不已。

穆翔舒這個名字如同一顆投入湖中的石子，激起了兩個我意想不到的漣漪。

第一個漣漪是一本雜誌的鏈結，那是 1930 年出版的期刊《婦女雜誌》。在這本估計沒什麼人知曉的老雜誌第 16 卷第 5 期上，我看到穆翔舒抱著她女兒的一張玉照。穆翔舒正值年輕漂亮的鼎盛時期，抱著兩歲的女兒，梳著一頭滬上流行的摩登短髮，上面還插著一朵頭花，面對鏡頭巧笑倩兮。

我怔怔地望著這張從來沒有見過的照片，遺失在兒時的記憶裡。

穆翔舒是我的外祖母，我媽媽的母親，一個從小被我叫做姥姥的老太太。她出生在天津的回民大戶穆家，曾經是天津上流社會有名的美人。從小，我就是看著姥姥家牆上她的一張在上海拍攝的美人照長大，記憶的照片中，穆翔舒著旗袍，梳著一頭摩登的牛油卷燙髮，一雙杏仁眼明亮地注視着前方。

但是，這張雜誌上的照片卻是我不曾見過的。我在記憶中翻閱著姥姥的那本邊角磨損得發白，被兒時的我翻了無數遍的老相冊，卻找不到一絲這張照片存在的痕跡。1930 年五月號的老期刊中，穆翔舒盛年的美麗靜靜地存放在歲月堆砌出的歷史深處，當 2020 年 7 月 4 日被我搜尋到點開後，它帶給我心底的驚訝真無法描述。

《婦女雜誌》1930 年 4 月期刊上的穆翔舒與愛女（我母親）

從小，我一直聽姥姥講述她年輕時的故事，在她的老照片中一遍遍瀏覽著她的美貌、童年的心靈不斷心生著羨慕。我曾記得她的感嘆：“我們家的女人真是一代不如一代啊！”每次聽到，我的心裡就揪緊，為自己的醜小鴨的樣貌感到自卑。我多少次都默想，為什麼我沒有繼承一絲姥姥的樣貌呢？

無疑，我記憶中的姥姥是內心驕傲的，她好像一直生活在往事中不肯出來，總是看不起周邊其他女性的行為舉止，更不要說她們的樣貌。

現在回看，我才恍然大悟，她一生中像花兒綻放的時代都存在於二、三十年代的天津和上海的大都市裡，就好像《婦女雜誌》裡的這張照片，被那時的精緻生活打扮得容光煥發。

《婦女雜誌》是當時影響廣泛的一本女性綜合性大型雜誌。它 1915 年由上海商務印書館創刊，面向都市女性發行。到 1932 年 1 月 28 日商務印書館被日軍炸燬而被迫停刊，發行長達 17 年 (1915 年 1 月第 1 卷第 1 期至 1931 年 12 月第 17 卷第 12 期)。《婦女雜誌》除了在國內各大城市發行外，還發行到海外新加坡等地。因此，無論發行時間、發行區域、發行量，或是讀者群，社會影響，都是其他女性刊物難以比擬的。

《婦女雜誌》幾乎伴隨著穆翔舒的成長而行刊，歷經了五四運動的醞釀、高潮、退潮期，以及國民革命期等重要歷史時期，因此《婦女雜誌》雖然是一本婦女雜誌，但是它的發行歷史和內容也為中國近代史研究提供了具體而細微的第一手史料。同時，也為我對穆翔舒的人生研究加深了一層意義和理解。

我知道，當時能夠上雜誌封面都是明星和名媛，能在內頁出現照片的要麼是時尚的摩登女郎，要麼是大家閨秀。我想我姥姥能夠登上這本在婦女中影響廣泛的雜誌中，除了確實很摩登之外，她也確實是來自天津的一個具有反叛精神的大家閨秀。

簡略地說，穆翔舒出生在天津的一個富有的回民大家族。這個因為做皮貨生意而發家致富的穆家座落在天津老城的一個大宅院，被當地人稱為西頭穆家。穆翔舒從小就失去母親，但被她善做生意的大哥嬌生慣養成一個千金小姐。長大後憑著美貌和學識成為天津名媛。她模樣漂亮，打扮摩登，常跟著管理家族生意的大哥一起出入天津洋人名流的社會，傾慕者无数。

穆翔舒當初是天津第一批上女校念書，引起社會轟動的女學生之一，奠定了她後來成為了一個敢於和自己的家庭、傳統和文化做出反叛之舉女人的基礎。穆翔舒上的女學是位於天津舊城西北角嚴翰林胡同裡的著名的嚴氏女學。嚴氏女學的創辦者是嚴修 (嚴範孫)，中國近代著名教育家、學者。他與華世奎、趙元禮、孟廣慧並稱近代天津四大書法家，也是革新封建教育、推進教育現代化的先驅。穆翔舒在嚴氏女學從小學讀到中學畢業，在嚴氏女學的歷史上留下了唯一的一張畢業照。

穆翔舒有一個同姓同音但不同字的女同學叫做穆祥淑（我姥姥說她的名字其實是穆祥素），她們一起在嚴氏女學度過十幾年的小學和中學生涯。但是，因為兩個人的名字同音，後來關於嚴氏女學的記載中，這兩個姓名被變成了一個人，甚至很多地方，穆祥淑還取代了穆翔舒，讓姥姥成了一個隱身人。在八十年代出版的天津文史资料选辑中關於嚴氏女學的提及中，只見穆祥淑，不見穆翔舒，引起了我姥姥的不滿，她去信給天津文史資料研究委員會申訴，使得他們在天津文史资料选辑第 26-27 卷第 226 页中更正道：穆祥淑與穆翔舒是兩個人，她們二人都在嚴氏女學中小學畢業。穆祥淑於 1948 年前往國外 1980 年回國探親時，因同學關係曾寄住在穆翔舒家。請予更正，以免誤解。穆翔舒。由於我們工作上的粗心，以致發生上述錯誤，特此予以更正，並向穆翔舒同志表示歉意。

據我母親說，穆祥淑在天津的一個洋行做事。日本入侵中國，老闆落荒而逃，留下她一個人管理着一個爛攤子。日本投降後，老闆回到天津發現一切居然都被穆祥淑打理的有條有理，深受感動，便與她結婚，1948 年帶她一起回了老家英國。我還記得穆祥淑八十年代回國的時候還住在姥姥位於東四七條的四合院家裡。她們的關係開始還不錯，但時間長了，兩人就產生了矛盾。姥姥跟我說穆祥淑當年學習沒有她好，人也沒有她漂亮，更沒有她出風頭，因此，一直妒忌著她。穆祥淑從英國回來探親，馬上就覺得高人一等，擺出一副海外歸僑的架勢，讓姥姥非常不滿。這件事也導致了兩個老太太之間的疏離和最後的不歡而散。我當時曾不理解，認為她們都是人生過了大半的老太太了，為什麼彼此之間的競爭意識還這麼強。

穆翔舒性格中驕傲的個性以及爭強好勝的心態，成了她一生中的雙刃劍，給她帶來了貴人和機遇的同時，也摧毀了她。

在嚴氏女學讀書的時候，我姥姥結識了在天津南開大學就讀的上海青年，我的姥爺謝希元（另名“謝洛冰”），便義無反顧地跟自己的整個回民家族翻臉，嫁給了汉民的他，並跟隨謝希元去了上海。

根據《婦女雜誌》玉照邊上的文字內容，我發現了姥姥不為我知的幾個細節，起碼她從來沒有跟我提起過。照片拍攝於天津，穆翔舒畢業於嚴氏私立女子中學，曾從燕京大學肄業，於民國十六年（1927 年）與我姥爺謝洛冰（謝希元）結婚，婚前兩個人認識六年之久。謝洛冰出生在福建省會福州市（榕城）。

我詢問了一下我母親，她說她從來沒有聽她母親說過考上燕京大學的事情。所以，她堅決不認為穆翔舒曾經上過燕京，更不要說是肄業了。“如果她真的考上燕京，她一定會得意地吹噓的，不會從來都不曾提起”，我媽說。

穆翔舒在嚴氏私立女子中學（第二排右二）。

穆翔舒的小學和中學時代都是在嚴氏女學度過。1919 年嚴氏私立女子中學成立，穆翔舒成為 13 名女中學生中的一員。如果真的按照《婦女雜誌》上所說，1921 年，穆翔舒與謝希元相識，1927 年結婚，中間經歷了六年是不太可能的。

我聽姥姥說過當初她與謝希元相識的奇特經歷。謝希元那時在天津南開大學讀書，聽說了穆家四小姐的美貌，便跑到穆家大宅院門口一睹芳容。沒想到，當他看到坐著黃包車出門上學的穆翔舒，竟一見鍾情。於是，謝希元每天都跑到穆家門口，追在我姥姥的黃包車後面跟著跑，希望能引起她的注意。命運就是這樣，以他們兩個都意想不到的方式展開，讓兩個年輕人做夢都想不到兩個人的命運竟因此交錯而改變了彼此的一生。

據我母親說，穆翔舒曾經說過她之所以非要嫁給謝希元是因為她當時未婚先孕。也許，對於今天的戀人，未婚先孕沒有什麼，但在當初的民國，因為自由戀愛而解除家族婚約的都不常見，更不要說未婚先孕了。我姥姥曾經跟我媽說，當年，嚴氏女學也出現了一個女生轟動天津的未婚先孕事件，導致很多家庭的不滿，紛紛把女學生領回家，導致嚴氏女學辦不下去而關門。

幸運的是，穆翔舒與謝洛冰這一對還算有運氣，兩人能以各種方式先解除了原來家族定下的婚約，并在我姥姥的肚裡的孩子顯形之前結了婚。兩人在天津舉行了婚禮後前往上海，住在謝洛冰的父親謝家。根據這個時間表，穆翔舒與謝洛冰認識六年才結婚也就無法成立了。因此，《婦女雜誌》的照片註解很可能不是事實。

我的母親 1928 年出生於上海，是我姥姥在上海生下的三個女孩子之中唯一倖存的女兒。在我母親出生之前，穆翔舒在謝家過了一段她婚後生活最黑暗的時期，每次回望起來，都讓她恨得咬牙切齒。我母親出生之後不久，因為穆翔舒與謝希元的父親謝老爺的一場大吵，小倆口不得不帶著女兒搬出謝家，在租界租賃了一間小公寓，靠穆翔舒典當她陪嫁的首飾過了大半年。不久，謝希元終於通过了上海江海關的招聘工作，成了一名海關緝私員。這對年輕人充滿坎坷的婚姻終於穩定下来，生活開始呈現甜蜜的輪廓。

穆翔舒在《婦女雜誌》上的照片正是拍攝於這個時期，我姥姥正值風華正茂的年齡，她的生活苦盡甘來，如同她短髮上的那朵頭花終於綻開出最美的形狀。

二

如果說第一個漣漪讓我驚喜之中重新回望了一下我姥姥的悠悠往事，與我母親一起重新梳理了我在撰寫長篇傳記文學《上海浮生若夢》（浮生上海）這本家族史時的歷史記實，那麼這第二個漣漪就更讓我震驚。

在谷歌上，我還找到了一本關於謝洛冰 1932 年 6 月 2 日在上海江海關因公殉職的紀念冊《江海關稽查大隊謝希元哀悼錄》。這本哀悼錄裡有珍貴的 30 幅照片，除了一幅謝希元穿著海關製服的照片，以及他的一張墓碑照還保存在我這里之外，其他二十八幀照片我都不曾見過。驚喜之中，仔細看了這本書的十幾張拍攝得模糊不清的照片，試圖分辨出裡面的中英文字句，了解我外祖父的經年往事。因為，我所有關於他的往事都是聽我姥姥和母親的口述，而這本書卻是他親朋好友，以及江海關的老闆和同事們的集體回憶。

《江海關稽查大隊謝希元哀悼錄》的封面與扉頁

我從來都不知道有這樣一本書的存在。雖然，我姥姥和我母親不斷跟我講述過當年我外祖父在上海出殯時引起的轟動，但沒有影像的對照，我更多的只能憑自己的想像來完成歷史的拼圖。此時此刻，看到史料對事件的記載，以及圖片中出殯樂隊經過上海三十年代外灘的情境，忽然，她們過去跟我的講述與眼前的形像對上了號，如同在歷史的茫茫人海中與形形色色的陌生人擦肩而過時突然發現某一個人的形像是你失落的祖輩，那種突然找到家的感覺是任何描述欣喜的文字都無法形容的。

我看到書裡有一張照片是我姥姥穆翔舒和我姥爺謝希元與我母親的全家福。這是我第一次看到他們的全家福，也許拍攝於謝希元出事前一天，我母親四歲生日那天。那一天在我母親幼小的心靈上雕刻出終身難忘的記憶，那是她能夠記起的關於父親活著時的所有印象，也是最後的印象。

歷史將 1932 年 6 月 2 號刻骨銘心的記載下來，那天就是我姥爺謝希元在上海江海關緝私隊因公殉職的日子。根據這本史冊的記載，這件事當時在上海造成轟動，因為上海海關歷史上首次發生緝私員在吳淞口外緝私艇上被外輪上的走私販打死的事件，而且死者如此年輕，不過 27 歲。

1932 年 6 月 5 日，上海江海關出資為謝希元在上海著名的萬國殯儀館舉行了盛大的葬禮。民國財政部長宋子文、民國關稅署長張福運、總稅務司司長梅樂和爵士及夫人等數十民國黨政大員都送了花圈，並親自出席了葬禮。這些名人的參與讓整個葬禮成為了上海當日的一個事件，形成了從萬國殯儀館到萬國公墓這蜿蜒幾里路上看熱鬧的人群。

位於上海膠洲路的萬國殯儀館是上海第一個由美國人開辦的西式殯儀館，也是上海最豪華的殯儀館，主要處理在上海的外國人和政界、商界等各種要人的殯儀。很多有名人的葬禮就是在那裡舉行殯儀式，再將棺材送到老上海城市郊外虹橋路的萬國公墓埋藏。謝洛冰死後的三年以後，上海最著名的電影明星阮伶玉自殺身亡，上萬人參加的葬禮就是在萬國殯儀館舉行的。

謝洛冰的葬禮完全按西式規格舉行，西式的銅棺，上面蓋著玻璃蓋，他的屍體也被注射了藥水，可以保持十五年不會腐爛。萬國殯儀館裡，各色花圈、橫幅和悼詞鋪天蓋地，將謝洛冰的葬禮變成了一個浩大的社會活動。這個葬禮是謝洛冰一生中的高潮，比他活著時與穆翔舒結婚的那個盛大婚禮還要熱鬧百倍。在這個高潮下，謝希元徹底安眠在萬國公墓的墓穴中，他的生平事蹟被印成一本精美的冊子，成為他一生僅有的記憶。

謝希元在萬國公墓的安葬讓謝家和穆翔舒都放下悲傷的心，以為他會在此長眠。他們沒有想到，1956 年，萬國公墓被改建，那时候人已经在北京的穆翔舒收到一份通知，让她限期内处理谢希元的遗体，否则政府就会自行处理。我姥姥收到通知的一张纸条后彻底懵了，她不知道如何前往上海处理此事，因此，她只好随它去了。谢希元的墓地就这样消失了，唯有這本纪念录記載著他所有的歷史往事。

這本記載了謝洛冰生平和葬禮的哀悼錄由上海江海關總監唐海安先生題詞、江海關總稅務司司長丁貴堂作序，上海江海關俱樂部出版。看了這本書的簡介，我才知道謝洛冰的父親居然是“北洋水师“学堂教官谢克峻。這位在我的印象中嚴厲古板，對穆翔舒嚴厲訓誡過的老頭在這本書的悼念文章卻裡流露出對兒子的一片真情。他介紹了兒子短短二十七年的一生，對他的突然身亡充滿了悲切，覺得一切期望皆成泡影。在這篇看得不甚清楚的禱文中，谢克峻提及謝洛冰離開南開大學回滬後曾經讀過復旦大學，尚未畢業就考入海關工作。

這本書中也有穆翔舒撰寫的一篇懷念夫君謝洛冰的文章，因為照片十分模糊，看不清具體內容。我倒是真想看清這篇文章，在字裡行間了解一下穆翔舒本人對婚姻的想法。

這本哀悼錄的突然出現讓我再次想起了穆翔舒的種種往事。現在回看，她在歷史節點的某一處熠熠閃光的時候，已經成為歷史書中的一個鏡頭。從這個鏡頭的後面我可以追溯到很多關於她過往不為人知的細節，讓我與我姥姥，那個從小就不斷跟我講述她的往事和情感的老太太對上了號，忽然明白了她一生中內心的驕傲和個性的倔強出自何處。

謝洛冰因公殉職後，穆翔舒得到了一個海關安排的工作，在江海關統計處做統計員。對於年輕喪夫的穆翔舒和從小失父的我母親來說，一個沒有丈夫和父親的滬上生活，雖然物質上有保障，但精神上卻異常痛苦。從 1932 年到 1949 年的十七年間，母女倆度過了上海的十里洋場時期，抗戰的孤島時期，國民黨的腐敗統治時期，以及共產黨解放上海的初期。在這些歷史大背景不斷變幻的追光照耀下，我姥姥和母親在上海這個大舞台的母女生活充滿了各種奇特的經歷，彼此之間的關係也因怨恨，冷漠和敵視的與日俱深，產生了無法彌補的感情裂痕。回首這個令人難忘的十七年，我的姥姥和母親都耿耿於懷。

三

在我的記憶中，雖然我姥姥在北京住了三十多年，但她好像一直都活在上海的記憶中。我小時候跟她長大，多少次聽她講述上海的故事，講述那個時代變遷所帶來的各種變換風雲。她還拿出她保存的各種旗袍展示給我看，任憑我在那些做工精細，質地又軟的絲質旗袍中尋找她失去的青春流年的光華與輝煌，以及美人如玉的歲月。上海的十里洋場的時代隨著姥姥的講述一次次在我的面前展開，綻放著繁花般的燦爛和迷惘。

與姥姥的健談相反，我母親很少提及她在上海的往事，彷彿她出生長大的上海已經被往事的塵埃徹底埋沒了。後來我才知道，經歷了 1949 年後各種政治運動，尤其經過华北革大七个月的煉獄般集中思想改造後，我母親在上海的往事成為了她心底里面永遠的一塊痛，無法提及。直到九十年代初期來美國居住之後，母親才跟我詳細講述了她長大過程中經歷的上海，以及她與我姥姥多年不和的起因。

謝洛冰與穆翔舒的婚姻不過幾年，其中幸福的時光更為短暫。剛剛過上好日子，謝洛冰就撒手人寰，留下一對孤兒寡母，在上海苦度餘生。因為謝洛冰死于我母親生日的第二天，而且幼年的她又成为穆翔舒的“拖油瓶”而使她無法再嫁，我姥姥便將內心的很多憤怒和感傷通通發洩到我母親的身上，使她從小就忍受無法令人忍受的各種精神虐待。

在這樣的環境中長大，我母親對穆翔舒充滿了忿恨和疏離。1949 年上海解放，外國人紛紛離開上海，那些被美國教會管理的上海的各個大學也因為管理層的離開而處於混亂中。我母親那年正在滬江大學讀最後一年，靠的是教會的全免獎學金。混亂的情形下，我母親正擔憂著她最後一年的學費，忽然看到北平的大學在上海的招生廣告，便馬上報名。經過考試，她被錄取，立刻動身離開上海前往北平去報到。

1950 年，穆翔舒也隨上海海關總署移居北京，生活起了翻天覆地的變化。五十年代的各種政治運動雖然對於從來對政治不感興趣，永遠處於政治的世外桃源之外的姥姥沒有起到任何破壞，但是那個時代的嚴厲的整風和艱苦的生活給過慣了上海海關小職員生活的穆翔舒來說，也是一個心理和精神上的打擊。首先她因生活作風問題受到海關的處分，其次，她殘存的風韻和美貌也因為革命時代的洗心革面而蕩然無存。不久，她迫於生活的實際需求，與一個分配到海關住房的海關男同事楊里昂再婚，搬進老楊在東四七條 61 號的海關大院。再婚後的日子一點也不讓穆翔舒滿意，她與老楊性格興趣的極大差異使得他們彼此同床異夢。穆翔舒多年積攢下的那些內心積鬱和煩惱以前在上海的時候統統發洩在她自己女兒身上，與老楊結了婚就發洩在第二任丈夫頭上。七十年代末期，老楊去世後，她又重新將這些多年積怨導致的心理畸形所產生的憤怒繼續宣洩到我母親那裡。

然而對我，姥姥卻還不錯。雖然，我跟她生活的七年因為遠離父母而形成成長時期的孤獨期，但思想意識上因為她的灌輸和內心的孤獨而變得多愁善感，從小學起就被老師與同學在評語中認為不求上進，具有小資產階級的思想。

穆翔舒在北京一直活到 86 歲去世，去世前幾年，她患了嚴重的老年癡呆症，不斷出現各種幻覺，認為我母親是她的頭號公敵。因此，我姥姥與我母親之間的緊張關係一直到她去世都沒有任何緩解，彼此之間多年結下的心結至死都沒有能解開。

無論如何，穆翔舒是一個活靈活現的人物，不管是從家族歷史還是人文歷史的層面看，她都值得書寫，這也是我幾年前撰寫《浮生上海》的初衷。對我來說，我姥姥是我生命中至關緊要的人物，是我七歲到十四歲成長期中的頂樑柱。七年中，我從小學到中學，經歷了人生最重要的青少年轉型期，而這個時期，我都是與姥姥共同生活在一起，住在她居住的東四七條 61 號的前海關大院中。

如果說，人生是一本書，那麼姥姥就是我人生這本書中最重要的一個章節，她的個性以及她不斷向我講述老上海的過往經歷使得我的生命充滿了奇幻的色彩，造就了我從小充滿各種幻想的念頭和文字。

對於老天津和老上海的歷史來說，姥姥曾經的存在也給這兩座城市縱橫的歷史提供了一個精彩的截面。最起碼，我在谷歌上發現的這兩件舊日的照片為她在天津與上海的歷史上留下了一抹記錄的光影。

這兩個發現讓我與母親再次回顧往事，談起她的父母，我的外祖父穆翔舒和謝希元。我母親說，穆翔舒一直收藏著這本《江海關稽查大隊謝希元哀悼錄》，即便是經歷了文革都沒有燒掉。但我小的時候，卻從來都沒有看到過這本書，反而姥姥的一本從老上海帶來的精緻的黑色硬面相冊卻被我翻看過幾十遍。我被相冊裡面的老照片吸引，也被相冊的精美程度吸引。因為我生長在文革時代，革命的紅色和綠色早已取代了生命中的其他顏色，老上海的各種舊物都與革命時代的產物格格不入而讓我印象深刻。

穆翔舒去世前，我和母親已經先後到紐約生活居住。因此，她過世後，所有的的舊物都被家人處理掉，她的那本黑色相冊以及謝希元哀悼錄從此都不知下落。

除了那本裝載著上海舊照的黑色相冊以及謝希元哀悼錄，穆翔舒帶在身邊的舊物還有她的陪嫁，一座西洋自鳴鐘和一個精美的水晶盤。這兩樣東西伴隨著我長大，在我的記憶中留下深刻印象。

左图：穆翔舒 1932 年拍摄于上海，右图：穆翔舒 1980 年代拍攝於北京。

穆翔舒還有一張她在上海拍攝的彩色放大照片一直掛在屋子正面的牆上，從來都沒有摘下來過。不管誰到穆翔舒的家裡，都會被迎面牆上的這張有如上海老招貼畫中的明星一般的美人照吸引，大家每次都發出讚嘆不已的感嘆。每每這個時候，姥姥的臉上都盛滿了微笑，好像重新回到過去的美好。對穆翔舒來說，這些東西記載着她的青春年華，以及她曾經的名媛生活，一生都讓她念念不忘，引以為自豪。隨著穆翔舒的離去，這些物件也散落了，好像以往的記憶隨著時光的流逝而灰飛煙滅。

（原載於台灣《傳記文學》2020 年第 12 期）

我父母的滬江之戀

1946 年，上海滬江大學的一個夏日，一個穿著淡色襯衫和深色褲裝的苗條女學生抱著一摞書順著滬大的圖書館大樓的石頭台階拾級而下，午後的陽光灑滿她瀟灑活潑的倩影，彷彿散發出著一個美麗的光環。

這就是滬江大學政治系一年級的男生，我父親胡思旅第一次見到我母親謝榕津時的情景。那年，我母親謝榕津剛剛進入滬大，也是政治系的一年級新生。我父親對母親可謂一見鍾情，幾十年後，當我的父親跟我回憶起他初次見到母親的情景，彼時的愛慕之情依然溢於言表。

我母親 1946 年高中畢業，報考了三所著名的美國教會大學，北京的燕京大學，上海的聖約翰和滬江大學的英國文學系。作為從小學到高中時代美國教會學校品學兼優的高材生，以我母親的成績，考上這三所大學中的任何一所都應該沒有問題。但不幸的是，大學入學聯考的那幾天，她正值初戀失敗，心情惡劣，聯考完全考砸了，一所都沒有錄取。幸好，我母親原來所在的清心女中的美國校長得知此事後，堅決不相信她的得意門生居然沒有考上。於是，校長親自寫了一份推薦信給滬江大學的校董，破格讓她再次參加滬江大學的第二次後補招考，考上了滬江的政治系。當時我母親心儀的英國文學系已經全滿，而政治係正好還有幾個名額，於是，我母親成了政治系的新生。然而，母親卻沒有在政治系久留。

上英文課時，她的美國老師發現她的英文程度比別的學生好很多，因此，幫她轉係到英國文學專業了。

雖然是一年級新生，但母親卻因為在滬江劇團的演出而迅速出名。她從小學到中學，都是高材生，不僅外形漂亮，人又活潑，而且戲也演得好。母親從小就具有演戲的天資，在小學一年級初次上台表演時就得了獎，因此，她對英文戲劇的愛好在美國教會學校一路得到了發揮，從小學到中學都是學校劇團的明星。雖然滬江大學人才濟濟，漂亮女生如雲，但在各方面都出色的女生卻不多，尤其演技好到可以加入滬江大學劇團並當眾表演戲劇，則非我母親莫屬。

我上初中的時候看到過母親在滬江大學演出的劇照，只記得母親穿著旗袍的演出照和劇組照片。她演出梳著齊肩的中長發，髮梢有點曲卷，微笑的鳳眼神采飛揚，舉手投足充滿了風情和氣質，感覺非常耀眼。拿著滬江大學校刊上的劇照慕名前來的是母親在滬江大學時代的一位傾慕者，他不知道如何打聽到我家的地址，就貿然上門來拜訪，給我們帶來了這本滬江大學早年的校刊。這件事給我的印象之深刻，乃至今天想起來，我都能看到母親當年的模樣，年輕的臉龐上的迷人微笑。母親已經不記得這位傾慕者的名字，他就這樣令人驚訝地出現，又悄然無聲地離開，帶著那本至今想起來都讓我深深懷念的滬江校刊，沒有留下姓名。

我父親喜歡上母親的時候，很清楚我母親根本不在他所能追求的範圍內，但是他還是默默地將這份傾慕放在心裡，觀看她所有的演出，一起上英文課時則凝視她上課時候的側影。終於機會來臨，我父親發現母親的英文功底好，常常在上課的時候偷讀英文原版小說。但是母親看的都是從学校圖書館借來的旧小说，新出的原版英文小说只可在书店里卖，而且很贵。於是，父親就设法从書店里买那些剛從美國空運到的英文暢銷小說，借給我母親看。我母親一點都沒有察覺父親的愛慕，只是很羨慕父親能买到這麼多原版暢銷書。每次她看完了書，將它還給父親的時候，都會與他探討一下讀書的感想。當時，我母親對我父親的印象就是，他是個書呆子，戴著一幅眼鏡，除了讀書，似乎沒有什麼其他特點。

我的父母就是這樣開始了交往。雖然父親並不引人注目，但父親家的家庭溫暖卻給母親留下了深刻的印象，成為她與父親關係的亮點。

我母親從小失去父親，與二十九歲就成為寡婦的母親單獨生活。我的外祖母當時在上海的海關做職員，每天上班，晚上也常出去交際，偶爾在家也常常因為心情不好而向母親發脾氣。因此母親對她母親，我的外祖母，又怕又恨，上了大學并得到教会的奖学金以后以後就很少回家。我母親不喜歡家裡從小到大就一直籠罩在她心底記憶中的那種陰冷的氣氛和刻板的生活。

於是，父親的家成了母親逃避孤獨的避難所。我父親的家是一個典型的書香門第。祖父胡叔異曾經留洋，是美國哥倫比亞大學教育系的碩士畢業生。他當時擔任上海新陸師範學校校長，還在上海教育局專門委員會擔任委員一職。祖母讀過女校私塾，是一個知書達理的賢妻良母，把一家子照顧得非常周到。父親一家兄妹姐弟五個孩子，一個大家庭樂

1948 年，我父母拍攝於上海。

融融地生活在一起顯得非常熱鬧。母親喜歡這樣歡快的氣氛，父親家庭的和睦與溫暖是她一直夢寐以求的生活，簡單卻安逸。於是，我母親在周末和假期的時候都非常願意接受父親的邀請，到他的家裡與他們一家人共渡周末。

母親經常跟我講起她初次見到我祖父胡叔異一家的情景。那時候，從美國留洋回來不久的胡叔異一直打扮得非常西化，一身西服革履，帶著紳士帽，胳膊上挎著文明棍，一副典型的四十年代美國紳士的打扮。給母親印象最深的就是，祖父還有一輛黑色的奧斯丁汽車，每天擦得錚亮，沒有請司機，而是每天自己開車。當時，上海有車的人都是大老板，自己都不会开车而雇用司機开车。像祖父这样自己开车就显得很洋派，很出众。祖父还養了一頭德國狼狗，每次看到有人來，就會開心地撲過去問侯來者。但因為它站起來的時候個頭又高又大，讓人馬上就有一種被襲擊的威脅感。我母親初次去父親家裡的時候，那頭大狼狗看到她就猛地站起來，雙爪搭在她的肩頭，用舌頭親她的臉。看到這個站起來有一人高的德國狼犬的時候，母親嚇得花容失色。

母親曾多次跟我講述過那個場景。我彷彿看到母親年輕的身影在躲避著德國狼犬的襲擊，神色慌張。而父親傻站在一邊偷着樂，看著祖父用文明棍呵斥著調皮的狼犬。那個時刻隨著時光的流逝已經成為了遙遠的記憶，成為了歷史長河中的一個閃光的鏡頭，在那個記憶的鏡頭里面，我再次看到了父母的年輕時代，他們的模樣，他們的青春和笑臉。

1949 年，上海解放，上海的教會大學的美國管理人員和教員都撤離了學校。因此，為了繼續念書，我母親考上了了從北平到上海招生的華北人民革命大學，離開上海前往北京。我父親為了與母親在北平匯合，考上了清華大學後，又因為母親的關係轉入華北人民革命大學。1951 年，兩人參加工作後在北平結婚成為夫妻。

雖然，滬江大學早已不存在了，但它卻是我父母人生中的一個重要里程碑。他們在滬江相識相戀，人生就此改變。彈指一揮間，再次回望的時候，年華已老去，而我父母的過去和滬江大學的一切卻深深印刻在我的心底，想起來時如同電影的膠片一幕幕在我的眼前放映。

（原載美国《新州週報》2021 年 7 月 8 日）

紀念我的父親胡思旅

多少年過去，時光如梭、日月江河，父親的音容笑貌依舊在記憶的深處鮮活如昔，想起來的時候，在眼前略過的父親的容顏依舊是那麼熟悉難忘。多少年來，從來沒有忘記過父親的一切，只是從來沒有提筆寫過他，因為不知道怎樣地寫，如何寫，那個我曾經深深敬佩、愛戴的人，那個我不知道該用什麼樣的文字記錄，才可以不辜負他的形象的人。

想到父親，就想到他逝去的時候，我心的哀傷，那些暗淡的心痛欲碎的日子，那些多少個清晨醒來就開始以淚洗面的時刻。多少年，不敢寫父親，彷彿他是一個一觸即碎的夢，隨著歲月的流逝，在心底的雕刻就越深，但記憶的光影卻越淡。

今天不知為什麼，再次想到父親，決定無論如何也應該用最淺顯的文字來記錄他的一個側面，讓他不再成為永遠徘徊在我關於往昔記憶中的身影，若隱若現。我希望這篇文章能夠成為照亮往昔時光的一線光束，照亮父親的面容，哪怕瞬間，也再次溫暖我的記憶，溫暖一下永遠懷念他的心。

我的父親胡思旅只在人世上生活了五十九年，但卻是時代風雲變換，歷史改朝換代像走馬燈一樣不停息的五十九年。

關於父親胡思旅的記錄在『文化蘇州』網站上面只有這麼一小段：

胡思旅，小名儉和，筆名胡謝。崑山蓬朗人。胡叔異長子。民國 36 年 (1947 年) 考入上海滬江大學。1949 年上修解放後，赴北京入華北人民革命大學學習。結業後，先後任職於中共中央華北局宣傳部，通俗出版社，中國人民對外文化聯絡委員會，中國人民對外友好協會等。1952 年加入中國共產黨。1965 年隨以金仲華為團長的中國人民藝術家代表團訪問西歐六國。思旅一生主要從事對外文化交流工作。“文化大革命”後任中國電影家協會外國文學研究部主任，主編雙月刊《世界電影動態》。曾任中國電影家協會理事，中國外國電影協會常務理事。1986 年 1 月因患突發性腦溢血逝於北京，骨灰安葬於北京八寶山革命公墓。與人合作譯著《尼克松傳》《阿明》《根》等。

我父親生於上海，但是他的父親，即我的祖父出生於崑山蓬朗，所以根據家譜，他們都算是崑山蓬朗人。我的祖父胡叔異也算是一個文化名人，教育學家，曾著有《東瀛考察記》及《論英美德日兒童教育》兩本書，並曾作為國民政府時期的教育部公派留學生赴美留學，獲得哥倫比亞大學教育系碩士學位，後來曾任上海新陸師範學校校長直到 1949 年上海解放。

出生在這樣一個所謂書香門第家中，我父親從小就接受美式教育，在美國學校讀書，自己的夢想也是成為一個外交官。中學畢業後，父親考入上海著名的美國教會學校上海滬江大學政治系，為自己的外交官夢想鋪路。

就在這個時期，我父親受到共產主義思想的影響，在他的叔叔，也就是我祖父的弟弟胡昌治的啟蒙下，開始為上海地下黨進行一些散發傳單的學生工作。我祖父胡叔異雖然為國民黨的教育部任職，但他的弟弟胡昌治私下卻是中共中央社會部上海辦事處的地下黨员，為地下黨的領導潘漢年工作。兩兄弟一白一紅在上海這個黨派縱橫，暗影重重的大都市裡面各自為自己的信仰的政府工作，明暗相助，本身就是一個耐人尋味的故事。

1949 年父親滬江大學還沒有畢業，就追隨著我母親北上參加革命，到華北人民革命大學學習。畢業之後分配到中共中央華北局宣傳部做农村工作，後來被调到对外文委化委员会做外事工作。

我小的時候，父母下放到河南息縣五七幹校，一去就是七年。七年之中，父親偶爾回北京看病時都會到姥姥家抽空看我，每次都給我帶我最喜歡的兒童連環畫冊。

我不知道，那個時候，父母經濟拮据，根本沒有多餘的錢來買東西，但父親就是省下幾個錢，也給我買本連環畫，等到見到我的時候，把積攢起來的幾本畫冊給嗜書如命的我。記得有一次，一個小朋友要借我的連環畫冊，我就是不借给他，因為怕他丟了或是不還給我。父親對我說，不要因為一本書而丟了一個朋友。他說，書可以再買，但朋友失去了就不可能再得到。這件事，我一直記得，成為我生活中受到的第一個德育教育。

父親就是這樣一個珍惜朋友的人，上級要他揭發朋友，他就是不肯，心裡面蹉跎的很。做思想工作的人對他說，如今誰都自身難保，只要你揭發幾個同事，就可以過關，否則，別人揭發你，你就倒霉了。父親說，我實在做不出來，那不是把別人往火坑里推嘛！於是，父親只好自己挨鬥。經歷了文革這一個歷史磨難，很多人因為派系鬥爭而相互誤解而產生憎恨，也有朋友誤解父親，認為他揭發了他們，所以不予來往。但父親從來不多做解釋，他總是認為清者自清。

父親從很多方面講更多的是一個書呆子，他不會做飯，做家務，只喜歡把大量的時間用來研究他的工作或者他感興趣的事情。因為常年翻譯工作的需要，他居然可以把牛津英語字典倒背如流，成為了業界同行的活字典。有一次他看到一個同行編輯英漢詞典的時候裡面錯誤百出，他居然花時間引經據典把所有的錯誤以及修正的出處給人家一行行標明出來。

想起父親，眼前常常會浮現出他瘦高的經常穿著藍色幹部服的身影，提著他裝滿稿件的黑色人造革拎包，在馬路上晃蕩。父親下班的時候，喜歡在街上駐足觀看來往的各種車輛，並準確地說出每一個車輛的型號

我與父母拍攝於八十年代初北京中山公園。

和歷史。這似乎作為他唯一的嗜好，深深地留在我的記憶之中。有時候下學，遠遠地就會看到父親藍色的身影佇立在在街邊的某個角落，認真地凝視著來往車輛，彷彿在想什麼問題似的。我想，這與他早年在上海的生活有關，那個時候，他肯定在上海瀏覽很多關於汽車的雜誌，在上海的街頭觀望過來往的車流，在美國的老電影中享受資產階級的生活方式。

父親屬於外表少言寡語但內心及其敏感的那類人。他從來不跟他的我們多談過去，但內心卻常常因為懷念過去的某些事情和人而感慨，而這種感慨是多少年後，再次回想起來的關於他的點滴中突然靈光一現時而恍然大悟的。我常常想，參加革命對他這個從小生活在上海的美式教育家庭中人來說一定不容易，如果他不是在他那個做地下黨的叔叔胡昌治的影響參加革命，他恐怕就會沿著他既定的道路，滬江畢業後像他父親一樣去美國留學，接受洋派教育。沒想到革命思想的建立使得他放棄了去美國的想法，反而投身革命，北上去華北人民革命大學接受長達兩年的思想改造。兩年近乎吃糠咽菜的生活改造與不斷交代思想的精神改造把上海的一切都從他的生活習慣和記憶中統統過濾掉，從此，沒有聽他說過關於上海生活的任何點滴。這麼一個從小吃江南大米長大，住在上海的花園洋房，在美國的教會學校念書的年輕人，在二十歲的時候因為一個信仰而完全改變了自己的人生道路，在北京一住就是三十多年，到死都沒有吃慣北方的粗糧和麵食。我不知道，他心裡是否還記得上海的十里洋場，上海的童年和青年歲月，上海成長的一切痕跡。

我知道，父親一生最想來而沒有能夠來的地方就是紐約，那個他的父親早年就拿到哥倫比亞大學碩士學位的城市，那個與當年上海的十里洋場非常相似的城市，那個他夢想生活過的地方。如果父親還活著，看到他的妻女最終生活在紐約這個他夢寐以求的地方，他一定非常欣慰。

（原載美國中文網 2012 年）

父親，零碎而閃光的記憶

我父親胡思旅在人世上只活了五十九年。在這五十九年中，我只跟他生活了了十七年，其中六年還是孩童混沌無知的時期，真正對父親留下深刻印象的歲月只有十一年。假如時光可以倒流，可以重新再過這十一年，我一定會珍惜他在世上的每一天，這樣我才不會在他去世後多年一直心懷遺憾和愧疚。

相比起能幹、外向、潑辣的母親，我父親似乎總是她身邊一片護花兒的綠葉，起著陪襯人的作用。因此，父親在我最初成長記憶的鏡頭中幾乎不怎麼存在，印像模糊。我對他最深刻的記憶來自我三歲左右。當時我在北京對外文委的機關幼兒園全托，只有星期天才可以回家。那次，我父親騎自行車來接我回我們在北京東四遂安伯胡同的家。到了離家不遠的一條胡同, 我看到胡同幼兒園的孩子正在街上開心玩耍, 便問父親說: 為什麼他們可以每天都在胡同里玩兒？父親看著我問：你想跟他們一起玩嗎？我說是的，我不想去上我的幼兒園。

當時的機關幼兒園對我來說簡直是人間地獄。現在想起來很多鏡頭都歷歷在目。幼兒園年輕的老師打罵孩子都是家常便飯，尤其是當時最不被人看得起的“臭老九”的孩子們。我曾驚恐地看著老師拽著淘氣男孩子的頭往牆上撞，發出咚咚的響聲。我也因為尿床被老師罰站過多次，穿著濕褲子站在牆根不許吃飯。懲罰孩子，不許吃飯，被孤立，被老師恐嚇的事情經常發生，因此，我對機關幼兒園心存恐懼和膽怯，卻一直不敢說。慶幸的是，父親似乎從我的回答中洞察到我內心的怕，居然決定跟母親商量將我轉幼兒園。要知道我父親是一個性格柔弱到幾乎不顯示個性的人，家裡的任何大事小事都是母親說了算。當時，我母親對轉園甚為不解。在那个食物極其匱乏的時代，她覺得外事機關的幼兒園有外事机关的补贴，伙食待遇要強過街道幼兒園很多倍。然而，她並不知道機關幼兒園給我精神上造成的痛苦。對孩子來說，精神上需求的關愛其實要遠遠超過物質上的伙食待遇。我想，父親一定從女兒的眼神中感受到了一絲盼望解脫的求助，因此跟母親堅持轉園。也許就是從轉幼兒園這件事起，我那孩童的心感受到了他對我的關愛，因此，我對他有了一種精神靠山的感覺。

我五歲那年，正好是“文革”洶湧澎拜的高潮期。我姐姐已經上初中，每次放學，她都會帶著一幫穿著綠軍裝的同學回家玩兒。有一次，她們百般無聊中拿我尋開心，把一本母親給我買的紅寶書在他們之間扔來丟去，看著我哭咧咧追著他們每個人在屋子裡來回跑，樂的哈哈大笑。正好這時，父親下班回家看到這個情景，平時一向和藹可親的臉上出現慍怒。他把姐姐的同學們轟走，嚴力地批評了姐姐。我還記得當時的情景，記得父親臉上的氣忿和沙發上坐著的姐姐滿臉的不屑。在那一刻，我明白父親是一個公正的人，看不得有人欺負弱小。這就解釋了為什麼後來他運動中被批也堅決不願意揭發他人的行為，因為他跟我母親說：”一切到我這兒為止，如果再這樣揭發下去，會傷及多少無辜“。在當時轟轟烈烈的運動中，父親敢於這樣做需要相當的勇氣。

我六歲時，人到中年的父母被下放到河南五七幹校勞動，一去就是幾年。下乾校的第一年，父親獲得批准回北京看病，順便探訪住在姥姥家的我。看到父親，我拉著他的手不放。於是，父親便帶我一起坐火車回五七幹校。那是我平生第一次坐火車，去火車上的餐廳吃簡餐。雖然，那時基本上沒有什麼好吃的，但是我對初次的火車旅行仍然充滿了美好的回憶。幹校的生活非常艱苦，但對我來說卻很開心，因為沒人管，每天都有很多小伙伴一起在鄉村的田野上撒歡地自由奔跑，餓極了就偷吃田裡老鄉種的胡蘿蔔、土豆這樣的蔬菜，被舉著鋤頭的老鄉在身後追著跑。記憶最深的還是父親給我買了很多連環畫小人書，讓我愛不釋手。父親知道我喜歡看書，因此給我買書成了他的一個樂趣。後來我才知道，父親嗜書如命，工作以來，一直攢錢買線裝老書收藏。雖然，這些書在文化大革命中被父亲偷偷燒毀了，但父親在改革開放後又重拾攢書的愛好，每個月的工資有一部分就是買書。直到我離開北京去美國前夕，我家裡沿著牆整整齊齊排著三大玻璃櫃的書架，裡面滿滿裝的都是父親文革後積攢的書籍以及他和母親出版的翻譯書籍。

1973 年，我父母從幹校被調回北京工作，在燃化部的干部學院教授英文。因為學院在郊區，他們每天的教書工作繁忙，因此，我仍然住在姥姥家。幾年後，我父母设法調到文聯工作，生活開始安定下來，才把

1968 年的全家福

我接了回去。我父母从幹校回北京以后，被分配到东四十条二十九号居住，那是文委展工室原来的锅炉房。我回到父母身邊的第一個跟著他們幹的工作就是蓋小廚房。他倆拿出在五七幹校學到的一套蓋房子的技術，用水泥和廢棄的紅磚蓋房。我記得父親自用繩子在每一道要蓋的牆面上拉出直線，然後用水泥和磚沿著直線一塊塊地砌牆。

八十年代初，中国改革开放，政府开始重视对西方的技术和文化。我父母開始從事外國電影和戲劇的研究編輯工作。我父親擔任了《世界電影動態》雜誌主編一職，每天忙的根本沒有時間跟我說話，因此，那些年在我的印像中永遠只有幾幕鏡頭：父親要么就是埋頭伏案工作，要么跟來家裡的同事，導演和演員談事兒。而我也開始上中學，每天都跟好友一起玩，很晚才回家，因此，父親與我幾乎沒有什麼思想上的交集。也許因為內心敏感，我父親平常話不多，很多事寧願藏在心底，也不隨意講出來。因此，跟我坐下來談話的次數屈指可數。但有一天晚上，母親不在家，他忽然坐下來跟我談及他初次在上海滬江大學認識十八歲的母親時的情景，以及他與母親間的感情。那是懂事以來，第一次聽他講述他內心的情感。感到震動的同時，我也直覺到他內心深藏多年的懷舊與孤獨。我記得我們兩個人坐在餐桌邊的燈下，夜幕四合將我們包圍，宛若孤島。父親帶著深度近視鏡的面容在暗夜籠罩的燈光中顯得如此蒼白。我一邊聽他講述往事，一邊忍不住默默淚流。那個夜晚，我第一次感到父親與我的感情距離是那麼近。多少年來，那個夜晚燈下的一幕都印刻在我的心中，揮之不去，每次想起來，還能夠感受到那個時刻的沉甸甸壓在心頭。

上高中時，我開始進入青春反叛期，喜歡留長發，穿牛仔褲。有一次，在公共汽車上引起一個當時被稱為“小流氓”的小青年的搭訕。那個小青年一直跟著我，走到我家住的院門口附近便攔著我不讓我回家，非要讓我答應跟他交朋友才行。正好，父親出來找我，到院門口一看我被一個青年攔住，便馬上大聲呵斥那個小青年，嚇得他一溜煙不見了。那是我一次看到父親提高嗓音大聲呵斥人。說實話，父親的做法與他平日溫文爾雅、文質彬彬的形像不符合，但卻讓我記憶猶新。

高考時，我因为总分差幾分而落榜，可以說是人生的第一個打擊。因此，我整天萎靡不振，以淚洗面。父親看到我沮喪的情景心如刀絞，跟我談話，讓我看開，不要以上大學為終身的目標，因為生命中有很多比上大學都重要的經歷等著我去體驗。我記得那也是個華燈初上的晚上，雖然，我依舊沉浸在自我失敗中，聽不進父親的勸告，但我對父親焦慮的眼神以及語重心長的話語留下的深刻的印象。多少年後，當小兒子心情沮喪流淚的時候，我跟他說“生命中有很多更重要的經歷等著他去體驗“時，忽然想到了父親那個晚上的苦勸給我內心留下的深刻印象。很多時候，當時孩子不覺得重要的話語其實在他們心中都留下了痕跡，多少年後再想起時，才體會到與父母的交流的重要性，以及這些勸告在孩子未來人生中起的作用。

現在想起父親，我眼前出現的就是他生前的形象，穿著 80 年代流行的深藍色制服般的衣褲，拎著一隻人造革的黑色手提包，裡面裝滿工作用的文件、雜誌和稿紙。他個子高，人又瘦，加上個性謙遜，似乎總給人一種羸弱感。然而，在工作上他卻一絲不苟，堅持己見。那時，他是外國電影研究方面的專家，常常撰寫電影的評論工作以及翻譯專業著作。為了少犯專業錯誤，他甚至背下了整本的牛津英文字典，同事們有任何不懂的英文詞句問他，他都能準確說出意思和用法。久而久之，他的名聲遠揚，連外號成了“活字典”。我記得有次某出版社寄來一本他們出版的中英字典讓他提意見，他居然花了很多時間無償修改，密密麻麻地標出所有的錯誤。不久，中國大百科全書進行編纂工作，邀請父親擔任外國電影部分的主編，一直到他突然去世為止。

提到父親，我總是想到他生活中與別人不同的點滴。我曾好幾次在街上遠遠地看到他藍色的身影站在馬路邊饒有興趣地觀察著來往的車輛。問母親，她說，車子是父親的愛好，他能說出街上跑過的所有車名。他五十年代曾經考過駕照，但因為他開車太小心謹慎，甚至給公共汽車讓路，引起考官不滿，覺得他不自信，沒有讓他通過考核，成為父親的一大遺憾。後來，我在紐約考駕照時，就想到父親的經歷，即使內心再膽怯不安也裝出自信滿滿的樣子，得以通過路考。在紐約每次跟母親一起開車，她總是感慨地說："你爸爸活著就好了，看到你開車一定開心極了，他最喜歡的就是車"。

一直覺得父親是我每日生活中的溫暖，因為他總是能夠看到我與別人不一樣的地方。有一次，母親抱怨我沒有姐姐聰明，父親卻說："她不是不聰明，而是不在乎很多小事兒，她是大智若愚啊"！從此，"大智若愚"成為我的座右銘，讓我更多關注思想與創作，不喜歡生活中的計較和盤算。

記得有個夏天的下午，在海淀區北太平莊的一個鬧市區，我剛穿過馬路，就听到身邊有個人跟我打招呼，我扭頭一看，居然是父親，仍舊穿著身藍色的製服，拎著他的手提包，面臉浮現著驚喜的微笑。他興奮地告訴我，他剛下班出來，就在馬路對面就看到人群中有一個朝氣蓬勃的女孩子正在"跳躍式"（一蹦一跳）前進，馬上被吸引住了。定睛一看，那不是自己的女兒嘛！他笑著跟我說："平常在一起不覺得什麼，現在忽然覺得你已經不是一個小女孩了，有光彩了"。那是我父親一生中唯一表達的一次對我的欣賞。即便是 1985 年，我獲得全國首屆英語演講比賽冠軍後，各種讚譽如雪片飛來，父親都沒有跟我表示過什麼讚許。也許，在他看來，女性最美的就是智慧和光彩。每次想起來那次街頭意外的邂逅，我眼前仍會浮現出父親的笑臉。儘管，隨著歲月的流逝，這個形像也越來越模糊，但是，那個場景卻印在我心中，永生難忘。

1986 年，我剛剛分到中央電視台工作不久。下午還在上班，我就得到了一個電話，說我父親出事了，讓我趕緊趕去北京協和醫院。一路上，我換了幾輛公共汽車，心裡不安地思忖著到底發生了什麼事情，父親是否平安。心急火燎中好容易趕到醫院，才得知我父親早上參加了一個他主講的講座，發言後，他忽然感覺頭暈就躺了下來，誰知，這一下子就起不來了，因為他是突發性腦溢血。我出現在急救室中時，他頭腦還清醒，但已經無法言語。我記得他兩眼定睛直勾勾地望著我一臉的焦急，試圖想跟我說些什麼，但卻說不出來話了。我握著他的手，看著兩行淚水順著他的臉頰無聲地滴落下來。這是我一生中第一次，也是最後一次看到父親流淚。我心如刀絞，畢生難忘那個情景。記得那天早上我出門上班的時候，還扭頭看了一下開著燈的書房，看到父親在伏案整理他發言稿的側面。很長一段時間以來，他都是那樣，埋頭在書桌上寫稿子，翻譯東西。我看到的他永遠是一個個伏案的側影。我不知道，那天早上的一個回看，竟然是我跟父親此生的永別。

父親去世後整整一年時間裡，我每天都在傷痛中掙扎，腦中不斷閃回他臨終前看著我的兩行淚，想知道他到底要跟我說些什麼。那種哀傷的感覺就像突然失去了陽光之後才倍覺陽光的珍貴，喪父之後才覺得精神靠山的重要。父親去世前段時間，母親曾幾次跟我說："你爸爸最近很傷感，認為他覺得的孩子大了，不願意再跟他談話了"。我當時聽了不以為然，還覺得父親無端瞎敏感。等他突然走了，我在錯愕中回不過神來，極其懊悔再沒有機會跟他說什麼了。我多麼希望，我當初能跟他多聊幾次天，更多地了解他內心的想法，以及他對生命的認知。如今，三十多年過去，父親的樣子已經逐漸模糊，但他精神上留給我的形象卻異常清晰。父親的基因已經融在我的血液中，每次經歷人生的一個起伏或坎坷，我都會想到父親曾經歷或者感受到的一切，覺得了解他更多一點兒。"人本來就不是活一輩子，而是活在若干難忘片段裡，就像礦層深處的棱形結晶，零碎而閃光"，這句話貼切地形容了我對父親一生的記憶。

幸好，痛失父親造成的心中那個充滿歉疚、遺憾和痛苦的空洞在三十幾年後的今天藉著信仰得到了填充，我終於有了一個了新的精神靠山。為此，我感謝我的父親，我綿延一生對他的懷念和歉疚讓我在一個對的時刻感受到造物主的大愛。我雖然失去了肉體上的父親，卻得到了靈性的在天之父。

2020 年 12 月 2 日於紐約

经历傅聰“叛逃”的记者胡思升

2020 年 11 月 26 日感恩節的夜晚，我的大叔胡思升在離我們不遠的一家紐約臨終醫院離開了人世。對任何人來說，2020 年都是一個命運多桀的年頭，尤其紐約這個曾經喧鬧繁華的大城市，因為新冠疫情和美國總統大選成為了天灾人祸光顧的中心。

在細雨濛蒙的紐約初冬日，我們開車跟隨著胡思升的靈柩前往火葬場，內心的悲哀如同冬天的寒氣從身體的各個地方向外洩露。宛如一顆星星的升起與隕落，沒有人曾預計胡思升會在紐約突然離世，就像很多人，包括他的家人，都不曾預知他會成為共產黨新中國最年輕有为的一位記者，20 岁就担任駐外記者这一要职，在东欧各国报道苏联，匈牙利以及波兰的当地新闻。驻扎波兰时期，胡思升结识了比他小两岁钢琴家傅聪，展开了他们之间 64 年交往的历程。

今年初，大叔病中跟我聊天時談起了他的過往，上海出生長大的童年，在重慶陪都度过的少年，以及在波兰担任《人民日报》報社驻外記者的青年。他详细談到了當初他如何从苏联前往波蘭採訪當時爆發的波匈事件（中國稱謂波蘭革命）。在談起這些往事細節的時候，大叔的臉龐泛起了光彩，久病而虛弱的身軀似乎也瞬間挺拔了许多。

波匈事件的採訪奠定了胡思升記者生涯的崛起，讓他与当年“叛逃”

英国的傅聪成为朋友，也嘗到了為政治讓路的涉外初戀的悲哀。水可以載舟也可以覆舟，胡思升的人生也因為這兩件看似毫無關聯的事件而形成了他自己后来都無法控制的命运之路。

一、波匈事件的首位采访者

歷史的鏡頭將我們帶回到 1956 年的匈牙利。重新回顧當時的政治事件。1953 年 3 月 5 日，苏联领导人斯大林去世，苏联进入了一段较为缓和的自由化时期。期间，欧洲大多数共产党在内部形成了一些支持改革的势力。匈牙利共产党领导人纳吉出任部长会议主席，並在国会发表施政纲领，提出“六月政策”，要求施行“废止一党专权，实行党政分离”的一系列改革措施。到了 1955 年初，苏联政治局势发生变化。担任苏共中央第一书记的赫鲁晓夫的權勢開始崛起，结束了纳吉的“新路线”，纳吉被免职。

同年 10 月 23 日，布达佩斯爆发了学生抗议事件。数千人向布达佩斯市中心议会大厦游行。同时，一些学生进入广播电台时遭到逮捕。电台外的示威群众于是要求释放学生，遭到楼内国家保安局人员开火袭击，造成多人死伤。此次事件成为了匈牙利革命的导火索，随着消息的传播，越来越多的人投入政变，布达佩斯陷入混乱和暴力中。为了反抗苏联的镇压，数万匈牙利民众武装起来，与秘密警察和苏军交火。为了稳定局势，纳吉成立了新政府，解散原劳动人民党和秘密警察，后宣布退出《华沙条约》，预备举办自由选举。10 月底，苏军行动受挫，一度从布达佩斯撤离，匈牙利短暂恢复平静。随后苏联领导人改变主意、决定镇压革命。11 月 4 日，苏联军队再度入侵布达佩斯和匈牙利其他地区。一些匈牙利人坚持抵抗至 11 月 10 日。冲突中，约有 2500 名匈牙利人和 700 名苏军士兵死亡。纳吉最后也被处以死刑。这场革命性的政变结束后，20 万匈牙利人逃亡国外成为难民。

当时，胡思升不过 20 歲出头，担任中國駐莫斯科的报社記者。11

月 5 日半夜，當布達佩斯的混战還在進行中，他就接到北京报社总部指令，讓他无论采取任何办法也要从莫斯科星夜兼程赶往匈牙利首都。那天夜里，胡思升通過記者關係想辦法在莫斯科的沃努科夫机场搭上一架軍用运输机，經過幾個小時的飛行，降落在一个苏军坦克基地。他在基地睡了一晚，第二天一早便受到基地司令的接见。這個穿著蘇軍制服、佩戴將軍頭銜的司令官看到只拎著一只帆布箱，從莫斯科兼程趕來的中國記者如此年輕，表示很驚訝。因為蘇聯高層的中國人不多，像胡思升這樣年輕便做了首席記者，並且願意冒生命危險前往布達佩斯的記者更是頭一次看見。更令司令驚訝的是，胡思升還會俄文，與他的交流不需要翻譯。於是，司令跟他說，目前，前往布達佩斯的所有道路都被蘇軍的包圍圈切斷，如果想進入市中心，唯一的方式就是跟苏军一个即将開往布達佩斯的市中心參加戰鬥的裝甲车队進入。他可以馬上安排胡思升隨著即將開往市中心的裝甲車隊一起進去，但是他不能保证，一路上，胡思升的生命安全是否可以受到保障。胡思升正直熱血青年時期，抱著“初生牛犊不怕虎”的勇氣，便毫不犹豫地答應了。於是，他拎著他的帆布行李箱進入了一輛架着重机枪的军用坦克車，開往布達佩斯。

胡思升当年乘的那辆裝甲車没有顶，也沒有敞篷，幾乎是全身暴露在外。他本能地把自己的帆布箱顶在头上，尽量縮在裝甲車的駕駛倉裡。一路上，虽然冷枪不断，但他們总算有驚無險地到達位於达布达佩斯的苏军司令部。一位苏联将军会见了胡思升，十分惊奇地說：你一个中国记者，怎么不远万里，冒險闯入全部被包圍的布達佩斯？將軍又問他准备去哪兒採訪。胡思升馬上說，把我帶到中國大使館去吧。於是，將軍派了一輛全副武裝的军车护送他到了中国驻匈亚利大使馆。

大使館門口的街道上槍戰留下的彈痕累累，大使館的鐵門緊閉，沒有一點人聲。胡思升探頭往鐵柵欄門後邊看去，看到門後很多中國年輕的留學生手持棍棒，正在保護使館。當地的軍警系統已經全部癱瘓，各個國家的大使館也只能想辦法自保，中國大使館就叫上了當地的留學生來保護使館。看到胡思升突然從街上的蘇聯軍車裡出來，學生們嚇了一跳，不知道他是從哪裡跑來的。胡思升立即報上姓名，請他們趕緊通報郝德清大使。不過半年多前，胡思升與《人民日報》的黃操良副總編輯，作為匈牙利人民共和國邀請的客人，來此參加國慶典禮時就來過中國大使館見過郝德清大使。當時是布達佩斯陽光明媚的美好春季，拉科西在國會大廈接見了中國代表。如今，不過半年的時光，匈牙利社會主義的面貌已經改變，紅旗倒地，成了戰爭的焦土。想到這兒，胡思升忍不住唏噓。

郝德清大使聽說胡思升冒著槍林彈雨來到大使館，趕緊熱情地接待這位他熟悉的年輕記者。蘇聯進入匈牙利之時，郝德清就下令斷絕了使館與匈牙利人的來往，關閉使館大門，每天把匈牙利“暴動”的情況向北京報告。毛澤東每天都聽取大使館的報告，和其他領導人一起研究局勢。中共最終判斷匈牙利的事件已經發展成反革命，在赫魯曉夫動搖猶豫的時候強烈要求蘇聯出兵鎮壓，在這個決策中大使館的報告無疑起了很關鍵的作用。匈牙利事件讓毛澤東吸取了教訓，制定了在中國防止出現類似事件的方針，在 1958 年推出了反右運動，揪出了 50 萬“右派”知識份子，將他們送去勞改和監獄。從這個意義來說，匈牙利事件對中國的反右起了推動作用。

1956 年的匈牙利事件，代表《人民日報》的胡思升前往布達佩斯進行第一手採訪，是一段現在已經不為多少人知道的歷史，也是他記者生涯中最值得回憶的經歷。1956 年 11 月 14 日的《人民日報》刊登了胡思升來自布達佩斯的通訊《在布達佩斯街頭上》，對當時的布達佩斯做了唯一的報導。“在布達佩斯的街頭上，戰鬥的創傷強烈地刺激著人們的眼睛。今年春天我曾經看見過這裡熙攘的人群、叮噹作響的電車和漂亮的公共汽車，但現在擺在面前的是破壞了的電車軌道和散在馬路上的架空電線，斷磚、碎玻璃和紙片遍地皆是，聞名的民族博物館被焚毀了一部分，《自由人民報》和大百貨公司所在的拉科茲街，斷牆破窗，戰火的痕跡到處可見”。年輕的胡思升用充滿感觸的文字寫道。他清楚地記得，兩天前，他剛到布達佩斯的時候，看見深秋的旋風捲著古老街道上大堆枯黃的樹葉，更加深了周邊的冷清景象，時不時，可以聽見遠處傳來零星的槍聲。

11 月 8 日，就在胡思升到達這裡的第二天，被稱為暴動的“叛匪”曾向排隊購買麵包的婦女開槍射擊，五名無辜的婦女當場死亡。他們在這一天四出搶劫和縱火，大百貨公司被搶走價值一百萬福林的貨物，隨後被趕到的武裝蘇軍制止。蘇軍城防司令和匈牙利工農革命政府發布命令，給自動繳槍的人以寬大待遇，而“自由歐洲”的電台則傳來了匈牙利語的廣播，鼓動反革命分子不要繳槍，把槍藏起來。就在這裡，胡思升聽到了暴徒和蘇軍進行了短兵相接的肉搏戰的消息。11 月 8 日上午，胡思升坐在匈牙利外交部新聞司司長魯賓的寬敞的辦公室裡。他看到窗外的外交部大樓前停靠著的許多各種牌號的美國、英國和西德的汽車，汽車上面有的漆著紅十字，有的複蓋著美國星條旗。魯賓指著這些車子告訴胡思升說：“在匈牙利事件發生後，有成百名西方國家的記者星夜趕來布達佩斯，有的匆忙趕到連護照都沒有帶。而現在，他們蜂擁到外交部的唯一要求是：發給證件，讓他們安全回國。離開魯賓的辦公樓出來時，胡思升迎面碰到許多操英語、穿著卡嘰布雨衣的人們如沒頭的蒼蠅一樣亂竄，尋找著安全回國的途徑。

在匈牙利第一线，胡思升写了多篇战地报道发表在《人民日报》的专栏上。这些独家报导奠定了胡思升作为东欧驻外记者在《人民日报》的地位。胡思升從匈牙利返回莫斯科后不久，恰逢 1957 年元旦。中國國家總理周恩來即將率中國最高代表團訪問波蘭，《人民日報》社立刻緊急通知胡思升，要他隨行採訪，並先從莫斯科趕往华沙做準備工作。於是，胡思升在莫斯科一片熱鬧的過年氣氛中趕去火車站前往华沙，展開了他在波蘭的記者生涯。胡思升不知道的是，在波兰的臨時採訪會讓他成為《人民日报》常駐华沙的記者，他将遇到钢琴家傅聰，遭遇他与一位华沙姑娘的难忘初恋。而這兩件事都給以後的他的人生和職業生涯帶來了難以預料的转折。

周恩来率中国党政代表团访问波兰和匈牙利的目的是为了弥补苏联红军的鲁莽鎮壓給東歐各國带来的負面影響。當初在匈牙利总理纳吉宣布国家中立並退出社会主义阵营，遭到苏联軍隊用坦克大炮的强大火力攻进布达佩斯，驻扎波兰的苏军也倾巢出动並包围华沙鎮壓當地的支持布達佩斯的反共運動。正和蘇聯處於冷戰中的美國及其同盟國，也對東歐各國試圖推翻蘇聯掌控的努力提供了具體的幫助，形成西方一片聲討蘇聯的侵略行經。然而，中國對苏联的支持，使得原來寄希望於中國勸說蘇聯撤軍的波蘭和匈牙利兩國對中國十分失望。佔領結束後，正在亞洲訪問的周恩来“临危受命"，改動行程亲赴东欧抚平伤痕，稳住社會主義陣營的阵脚。

站在迎接周恩来专机的华沙机场上，胡思升看到了他敬仰已久的周恩來，卻不敢趨前打招呼。因為他深知在歡迎的貴賓中，他僅僅只是一名小小的駐外記者，加上出於對一國總理的地位和名望的畏懼，他只能抬頭仰望著周恩來疾步走下飛機，馬上被前來歡迎的中國使團圍住。陪同周恩來一同前來訪問的外交部長喬冠華確認出了胡思升，上前與他握手。喬冠華从當時《人民日報》公开的報導以及内部报道中得知了胡思升的名字，現在在歡迎的隊伍中見到了他，特意跟他握了手，说了几句鼓励他的行话。

周恩來在東歐各國的行程很短，不過五天，日程卻安排得滿滿的。从华沙开往罗兹的夜行火车上，當大多数人都已进入梦乡，周恩來卻毫無睡意，召集有关人员開會了解情况。当时中国驻波兰大使王炳南是中美大使级华沙会谈的中方代表。这位资深的外交家非常欣賞胡思升，覺得他年輕有為，对他相当照顧。胡思升與王炳南的交情就從 1957 年华沙開始一直延續到文革之後。周恩来离开华沙回国前夕，王炳南告诉胡思升說：“总理太累了，想让他放松一下，本来想举办一个舞会，总理推辞了。现在决定在使馆搞一个小型晚宴，只有几个人，不谈公务，你也來参加”。聽到王炳南的刻意安排，胡思升感到受寵若驚。

那個晚宴真的正如王炳南所說，是一個內部的小型晚宴，使馆方面只有大使王炳南及政务参赞余谌，代表团方面有周恩来及代表团副团长贺龙元帅。晚宴在一個小房間舉行，中間只有一張圓桌，擺放著精美的菜餚。周恩来进来時，圍坐等待的幾個人马上站了起来，周恩來馬上擺手叫大家坐下。

周恩來看上去很疲倦，短短的五天，他幾乎沒有睡覺，還親自到波蘭統一工人黨新任第一書記哥穆爾卡家裡拜訪。哥穆爾卡於 1949 年因“右傾民族主義”的罪名而被開除出黨，1951 年與妻子一起被捕入獄，直到 1955 年才被釋放出來。周恩來到哥穆爾卡家裡探訪的時候，看到他的生活非常簡樸，住的是一房一廳的公寓房，只有不大的三間。哥穆爾卡在兼做客廳的飯廳裡接待了周恩來，哥穆爾卡夫人親自煮咖啡送到桌上。住宅裡沒有傭人，公寓周圍也沒有警衛人員。在公寓樓門口與哥穆爾卡告別時，周恩來問他安全情況怎麼樣？哥穆爾卡說沒有問題，出去散步也是一個人，有時夫人陪著。周恩來關切地說：根據你現在的職位，是否要考慮一下安全保衛問題？周恩來勸他還是要注意人身安全，不要因為反特權而走進另一個極端。哥穆爾卡為此相當感動。

此時此刻，坐在使館人員安排的圓桌邊，周恩來目光犀利地環視了一下桌邊所有人，馬上註意到了一臉陌生的胡思升，目光在他的臉上停留了一下。邊上的王炳南馬上向周恩來介紹說：“他是《人民日報》記者，剛從匈牙利趕來報導您在波蘭的訪問。”

周恩來聽聞又打量了一眼胡思升說：“很年輕喲！”

王炳南接著又補充說：“他叫胡思升！”

王炳南是陝西人，鄉音濃重，在座的人都沒聽清他說的是什麼名字。

胡思升只得自我介紹說：“胡思亂想的‘胡思’，升官發財的‘升’。”

周恩來聽了，忍不住笑了一下。看到周恩來的笑意，胡思升受到鼓舞，隨即即興再加一句：“正因為胡思亂想，所以沒有升官發財。”

這下，周恩來大笑道：“好！好！不要胡思亂想地升官發財！”

服務員不斷地上菜，各式菜餚豐富得讓人目不暇給。年輕記者胡思升初次參加這種接待高級領導的宴會，看到所有的菜都覺得相當豐盛好吃。周恩來也注意到了這點，突然跟王炳南說：“炳南，你們使館是不是經常這樣大吃大喝？我們國家還很窮，要注意節約啊。”

王炳南趕緊解釋說：“今天招待總理，是破例。你可以問胡思升，他不是使館的。”

胡思升聽了趕忙接口道，”我平常在使館搭伙，憑飯票都是兩菜一湯。”

二、在波蘭與傅聰成為朋友

出乎胡思升意料，當時他在波蘭的臨時採訪，竟使他變成了常駐記者。這個改變，開啟了胡思升華沙駐外記者的職業生涯，讓他與傅聰成為朋友。

1957 年的春天，胡思升在華沙採訪了一批中國留學生，撰寫了一篇題為《中國留學生在華沙》的報導，刊登在同年四月的《人民日報》專欄上。胡思升在《人民日報》的專欄撰寫實名報導的時期，大部分記者撰寫的新聞都不能具名，可見當時他在《人民日報》的地位已經與很多老記者旗鼓相當。從某種意義上來說，胡思升在匈牙利和華沙撰寫的系列報導奠定了他在《人民日報》的地位。

在這篇採訪中，胡思升提到了當時留學華沙的鋼琴家傅聰。他們兩個人的初次見面就是在華沙市內傅聰的住所，一間不大的臥室兼練琴室。一進屋，就看見一架鋼琴佔據了屋子的大部分空間。胡思升在報導中寫道：“一個春天的下午，我會見了在波蘭學習的我國青年鋼琴家傅聰。在一間普通的臥室裡，一架鋼琴佔去了不少的地盤。就在這架鋼琴旁邊，傅聰談起他的教授熱維茨基。熱維茨基是波蘭音樂界的泰斗，是波蘭音樂學院的教授，也是國際蕭邦鋼琴比賽的創辦人之一和評判委員會的主席。這位六十七歲高齡的學者的“桃李”堪稱“滿天下”，每次蕭邦國際鋼琴比賽前三名中總有他的學生。傅聰一到波蘭，這位德高望重的老教授就被指定為傅聰的導師。他對傅聰的教導毫不吝惜精力。譬如按規定他每次教授的時間為一小時，但他經常忘了時間，一上就是三小時。他對傅聰的關懷不僅像老師對學生，更像父親對兒子那樣。傅聰每次舉行音樂會，老教授比學生還要緊張，一再囑咐傅聰要睡好，休息好，不要練習過度等等語重心長的話。那時，傅聰還要到波蘭石切青、卡托維茲等城市舉行音樂會。學生的優異成績怎麼能和教授所花費的心血分開呢！”

胡思升的這篇報導是當年關於傅聰在華沙學習生活的首篇報導，也是唯一的一篇報導。

傅聰是中國大陸著名文學家、翻譯家傅雷的兒子。1952 年，18 歲的傅聰進行了人生第一次公開演出，隨即引起國內音樂界的注意，次年，作為青年才俊被國家選派參加了在羅馬尼亞舉行的鋼琴比賽，一曲蕭邦鋼琴曲讓他展露頭角。同年 7 月，傅聰第二次到羅馬尼亞參加比賽后，跟隨代表團訪問了德國和波蘭，在蕭邦的故鄉演奏了蕭邦的作品，受到波蘭的認同。1955 年，20 剛出頭的傅聰被邀請前往波蘭華沙參加第五屆肖邦國際鋼琴比賽，並獲得了第三名和“瑪祖卡”特獎，成為首位在國際性鋼琴比賽中獲獎的中國鋼琴家。比賽結束後，傅聰並未回國，而是留在波蘭留學，直到 1958 年底提前畢業。1958 年，在上海“反右補課”中，傅雷被上海市作協劃為戴帽“右派分子”。期間，身在海外的傅聰也因“資產階級生活方式”被召回國內接受批評。幸運的是，在寫了檢查後，傅聰又被允許回到波蘭留學。1958 年底結束在波蘭的學業後，傅聰卻沒有按照規定回國，而是乘坐飛機出走英國。在那個年代，傅聰的行為被視為“叛逃”，他成為一個叛國者，導致了文革中，他父親傅雷被批斗三天三夜後自殺身亡的悲慘結局。

胡思升與傅聰第二次碰面是在華沙他的個人演奏會上。演出結束後，胡思升還與當年因為遠嫁波蘭而轟動一時的中國女生胡佩方一起上前給傅聰獻了花。說到當年不過 24 歲的胡佩方，她的個人經歷在那個時代也頗為傳奇。五十年代初期，胡佩方在中國人民大學求學時與一位波蘭留學生墜入愛河，遭到學校當局的批評，說她“有嚴重的資產階級思想”。一般人在那種政治氣候下，早就因害怕而放棄了自己的感情，但性格倔強的胡佩方卻不願意放棄。她費盡周折，通過波蘭駐華使館向中方提出結婚申請。幸好，申請遞到了當時兼任外長的總理周恩來手中。周恩來親自簽字批准了胡佩方的結婚申請，使得她得以於 1955 年 10 月遠赴華沙與波蘭夫婿結婚並移居波蘭。1956 年胡佩方到波蘭華沙大學教中文。

後來，胡佩方堅持用波蘭文為主流媒體寫作，成為了波蘭有名的華裔作家。她於 2014 年去世。

看到胡佩方和胡思升前來送鮮花，傅聰忍不住笑著跟胡思升說："你們還真有點歐化呢"。

很快，傅聰與胡思升成了好友。他們兩個人有很多相似之處，家庭都來自上海，年齡相差兩歲，同屬國家公派出國的青年才俊，思想上談得來，所以，他們兩人常常在胡思升的辦公室見面，一起出去吃飯。傅聰深受父親傅雷的家教和影響，中文根底很好，唐詩宋詞可以隨口拈來。傅聰一再說："中國人學西方音樂，必須先學好自己的文化。畢竟我們的文化是那么深刻和豐富。"

那時，胡思升在波蘭工作時認識了一位漂亮的波蘭姑娘，兩人很快陷入熱戀中。用胡思升的話來說，當時他們兩個青春年少，在"美人魚凝視的維斯杜拉河畔，在肖邦旋律永不消逝的土地上"，在波蘭夏季氣候溫暖卻不悶熱的日子裡談情說愛，沉浸在青春的愛戀中，完全無視從東歐到中國政治上正在發生的一切。戀愛中的胡思升對波蘭明媚的春天和微風蕩漾的夏天留下了美好的印象，每當想起波蘭，他就會想到年輕時在波蘭度過的美好時光，想起他的波蘭女友，想起與傅聰的交往。當時，中國沒有涉外婚姻的規定，因此，中國人無法跟外國人結婚。像胡佩方那樣幸運的人並不很多，很多戀人不僅戀愛未成，還會遭到國內工作單位的批評處分。胡思升與波蘭女友的戀情別人不知道，但傅聰卻是知道的，在他面前，胡思升毫無隱瞞。

1957 年夏天，傅聰從外地演出回到華沙，興沖衝來找胡思升。兩個年輕人在波蘭氣候宜人無需空調的夏日室內開懷暢聊。心情興奮的傅聰，揮舞著手上的幾封信，對好友說："這一回，我對毛澤東真是從心裡感到佩服。胸襟如此開闊，知識如此淵博，中國歷史上從來沒有過。"

那是傅聰第一次與胡思升聊政治，讓胡思升未免感到有點吃驚。他們兩人以往在一起的時候總是聊些文學、藝術和生活。胡思升一直以為他不很關心政治。

傅聰將信遞給胡思升說：“你讀讀。這是我父親聽了毛澤東在最高國務會議上以及和各界知識分子座談時的講話後，抄錄給我讀的。”我拿起信紙，看見這位巴爾扎克小說和丹納藝術哲學的翻譯家，竟如此認真地一字一句地筆錄毛澤東的講話，抄給在海外研習鋼琴的愛子閱讀，感到非同尋常。

1958 年，在蘇聯、東歐學習文化藝術的中國留學生包括傅聰在內，全部奉調回國集中“學習”。傅聰在這種批評與自我批評的運動中，因為不會說假話，加上因為在國外多年被冠以“資產階級思想濃厚，因而被列入需要“下放勞動，接受改造”的名單，不准許再回波蘭留學。幸好，他父親的朋友，當時文化部副部長夏衍出面說，傅聰已在國際比賽中獲獎，為祖國爭了光，中斷學習不宜，讓他學成後再接受改造不遲。傅聰因此得以回到華沙繼續學業。

雖然傅聰重新回到華沙，卻變得沈默了。胡思升察覺了他的細微變化，覺得傅聰很少再像以前那樣有話必說了。據後來《人民文學》出版社副社長樓適夷回憶說，傅聰那次回國，只在北京接受了思想匯報，並沒有時間回上海家中。傅雷打長途電話給樓適夷，說傅聰住在馬思聰家裡，要樓適夷替他去看一下傅聰。就是那次談話中，樓適夷發覺傅聰思想比以前活躍得多，在閒聊中還談到了蘇聯和波蘭存在的問題。樓適夷當時就勸告傅聰說：“你作為留學生，不應該去談論這些問題”。樓適夷遇見中國文聯主席周巍峙，向他反映了傅聰的情況。周巍峙又把情況轉告了文化部副部長錢俊瑞。錢俊瑞便把傅聰找來，批評了他一頓說：“再這樣下去，就把你調回來，叫你下鄉勞動去！”。

這件事對傅聰產生了嚴重的打擊，他無法想像自己下鄉到農村勞動的情景，一雙彈鋼琴的手一旦拿起鋤頭乾農活，那他的藝術生涯不就完了。當時的傅聰全身心的努力都放在彈鋼琴上，那是他畢生所愛所求，除此之外，任何事情都無法阻擋他對鋼琴的熱愛。回到波蘭繼續學業不久，傅聰就接到讓他提前畢業回國的通知，那時離開他畢業還有半年。

與傅聰一樣，胡思升在個人生活方面也遇到了麻煩。他與波蘭女友談戀愛的事情不脛而走，傳到了國內的報社。一名公派記者與當地的外國女孩戀愛在五十年代的中國是不被容許的。於是，報社以開會的名義，緊急召回波蘭的胡思升。

胡思升回國前，傅聰到胡思升的住所來看他。看到胡思升辦公桌上放著的波蘭女友的美照。傅聰說了一句："她很漂亮！"就沒再說什麼。以往，他們兩人相處，總會談天說地，聊個盡興。然而此刻，兩人都各懷心事，不知道該說什麼好。胡思升並不知道傅聰心裡正在醞釀著一個即將決定他此後一生命運的機密計劃，而這個秘密一旦洩露，不但牽涉到他自己的個人前途，也會給朋友帶來麻煩。因此，傅聰只能保持緘默，無法對胡思升講他的心事。傅聰的沈默在胡思升看來或許是好友分手時的感傷，正如他的波蘭女友得知他即將回國時的哀傷。胡思升心裡明白，他這一走，肯定會給他們的戀情畫上句號。然而，他無法違抗上級的命令，必須回國。當時，胡思升的心裡也沉浸在無可奈何花落去的惆悵中，並未顧及傅聰心裡到底在想什麼。

那是他們兩個人在波蘭的最後一面。華沙一別，傅聰將踏上前往英國的叛逃之路，而胡思升也馬上要回到北京，明則開會、實則接受批評教育。自這一別，他們此後斷絕音信 23 年。

據說，在一位英籍音樂教師的幫助下，傅聰悄悄買了從華沙飛往倫敦的機票，出走英國。傅聰坐在班機上時，正遇倫敦有霧，班機推遲起飛。這時，中國駐波蘭大使館已經察覺傅聰的動向，正打算採取措施。但人算不如天算，使館還未動作，霧散了，班機起飛了。傅聰乘坐的飛機還在空中時，西方通訊社便發出了關於他出走的消息。傅聰剛剛飛抵倫敦機場，聞訊而來的外國記者便團團圍住了他，準備進行採訪，但傅聰全程保持沈默，一語未發。

傳聞傅聰之所以能夠順利逃離華沙，是得到英國駐波蘭大使館的幫助。波蘭也屬"社會主義陣營"，中華人民共和國的留學生，不能隨便與別國使館聯繫。傅聰從未與英國官員有任何交往，關鍵時刻卻能直接投奔該國，這讓中國的反情報機關措手不及，只好在國內進行了嚴密的追查，從傅雷周邊的親朋好友開始調查，追究傅聰逃亡的始末，這是後話。

正在匈牙利布達佩斯參觀採訪中的胡思升（右 1，右 2 為《人民日報》主管國際宣傳的副總編輯黃操良）

三、傅聰叛逃後的歲月

1958 年 12 月，胡思升已經回到了北京，換了新的職務，從駐外記者變成了報社國際部的編輯。一天，他坐在北京最大報紙國際部的辦公室，翻閱著西方通訊社的最新報導。突然，一條消息映入他的眼簾，使他心裡一驚，差點失去了平衡跌下座椅。那條消息的粗體字標題非常醒目："傅聰叛逃倫敦"。

胡思升做夢也沒想到，他的朋友傅聰居然叛逃英國了。那個年代，中國與美英等西方國家分屬兩個陣營，斷絕了所有的外事往來。傅聰的不告而別，投入"老牌帝國主義"英國的土地，絕對被視為叛徒無疑。這一晴天霹靂，馬上使胡思升坐立不安，他知道，按照規定，組織上一定會審查與傅聰認識的所有人，讓他們交代彼此的來往關係。從波蘭回來，胡思升因為與波蘭女友的戀情受到了領導的批評，也做了深刻檢討才過關。這件事剛剛平息，傅聰叛逃的事件發生，頓時讓胡思升不得不為自己的政治前途擔憂。

針對傅聰叛逃一事，周恩來表示“各人做事各人當”“只要傅聰願意回來，歡迎”。但是胡思升心裡清楚傅聰不會回來了。“他在海外，也許比別人看得更清楚，左的濃霧並沒有消逝。“文革”的爆發、文化專制的極端使傅聰心痛，父母的自殺更使他深感絕望。他只能與琴鍵、韻律為伍，傾聽大千世界中最美妙、最微妙的聲音，沉浸在“雁來音信無憑，路遙歸夢難尋”的境地裡。

對傅聰的離國，胡思升只能用表面上的沈默來掩蓋內心的起伏不安，小心謹慎地做人。然而文革的到來，傅聰與他曾經的友情終於紙包不住火了。1967 年初的一個北京冬日，胡思升走進報社編輯部的大樓，迎面就看見一張巨幅標語般的大字報張貼在大樓最醒目的位置，大標題寫著：胡思升——修正主義幹部路線的標本！內容直指“三家村”主帥鄧拓的門生胡思升與傅聰的關係，說“叛徒”傅聰投奔西方而仍然活著，是與胡“無話不談”的“密友”。胡思升當初在波蘭的女友也被認為是“波修女特務”（注：文革期間，蘇聯是“蘇修”，波蘭是“波修”）。胡思升做夢也沒想到，他再小心謹慎，也無法擺脫他經歷的人生三條罪狀：“三家村”主帥鄧拓的門生、叛國之徒傅聰的密友、與波修女特務暗度陳倉。一下子，胡思升成了報社重點批判對象。

驚恐之下，胡思升躲在家裡“銷毀罪證”，將國內外親友的來信燒掉。他手裡保存了波蘭女友的十幾張照片，也只好狠心燒掉。他最後仔細看了所有的照片，試圖把波蘭女友的樣貌留在記憶裡。畢竟、那是他的初戀，無法忘記。正在這時，電話響了，是報社的一位同事兼摯友打來的。他壓低了的嗓音說：“我躲在辦公桌下給你打電話，你趕快離開家，跑到什麼地方藏起來。毛澤東思想捍衛隊的一幫人，拿著鋼鞭、皮鞭，騎著自行車去抓你。不能多說，立即行動“。胡思升最怕的事情還是來了，他不敢走正門，而是仗著身手矯健，跳過圍著宿舍樓的鐵欄杆，直奔公車站。直到他坐上了一輛開往郊區的公車才喘了一口氣，自我慶幸，避免了一場肯定會被打得半死的惡運。

經歷了二十多年政治運動的胡思升做夢都沒有想到，他與傅聰居然有重逢的一天。那是 1981 年，傅聰回國演出，因為 1979 年傅雷得到了平反，傅聰也跟 20 多年未能聯絡的弟弟傅敏聯繫上了。在胡思升位於平安里的家裡，他與傅聰傅敏弟兄見面暢聊往事。

傅聰對胡思升說起去國多年，但對中國傳統文化，尤其是唐詩宋詞之愛從未減弱："西方古典音樂有它獨有的意境，但當我彈奏時，常常情不自禁地聯想起中國的詩詞。莫扎特有一章迴旋曲，主題就是：每一次回來，卻更添加鄉愁，而且結束之時好像不曾結束，恰似古詩中'更行更遠還生'的味道。曲中有兩句，簡直就是'觸目愁腸斷'。德彪西有一首曲子，我把標題譯成中國式的《月夜懷古》。樂曲開始時荒涼一片，像歷史流經無垠的沙漠，如同置身於'前不見古人，後不見來者。念天地之悠悠，獨愴然而涕下'的意境，幾千年的歷史，都濃縮在短短的樂曲中了。"傅聰彈奏的是西方古典音樂大師的作品，卻從中華古典文化中汲取營養和啟示，把蕭邦比作李後主，把貝多芬比作杜甫，舒伯特比作陶淵明，莫扎特比作李白。

1982 年 2 月 6 日，胡思升撰文《傅聰的琴音和傅雷的家書》在《人民日報》發表，文中說：也許是一個巧合：傅聰在首都舉行鋼琴演奏會的那一天，《傅雷家書》由北京三聯書店出版問世了。這一對文學藝術家的父子，越過了迂迴曲折的路程，在曾經哺育他們的神州大地上，終於會合了。值得一提的是，這是中國官方喉舌首次報導傅聰回國之事。在這篇文章裡，胡思升第一次在政府官媒上用了"傅聰不告而別"的中性詞，而不是叛逃，算是用文字為傅聰當年的行為做了平反。

1982 年底，傅聰第五次回國，照例與胡思升見面、給胡思升他在北京個人獨奏會的票子。胡思升問他："還記得王炳南大使嗎？"傅聰說他當然記得，王炳南是他們兩人在華沙時的中國特命全權大使。於是，傅聰特地托胡思升轉贈兩張票給剛出任中國人民友好協會會長的王炳南。胡思升當即打電話給王炳南，轉達傅聰的邀請。王炳南立即說："明天晚上，我請客，除了傅聰和你，我把夏衍也請上。”於是，在北京飯店一間幽靜的貴賓室裡，夏衍、王炳南、傅聰和胡思升四個人見了面。傅聰當面感謝夏衍，當初如果不是夏衍的一句話，他 1957 年回國後就無法再赴波蘭繼續學業了，也就談不上以後的叛逃，那麼也許傅聰也不會逃脫文革中與他父親共同的命運。1983 年元旦，胡思升還陪傅聰和傅敏去夏衍的家中拜訪，看見夏公鍾愛的貓在閉目午休。已 83 歲的夏衍思維仍然活躍，與他們閒聊，談中國當時的文藝改革。

胡思升說：八十年代，在改革開放的各個領域，都存在著或明或暗地交鋒。傅聰回國，掌聲不斷，也有人對此不滿，說怪話。兩極的反應，促使當時在任的胡耀邦總書記不得不出來說話：“傅聰回國，應予歡迎，不應歧視，但對他當年不告而別，仍需表態”。傅聰對琴音有職業的敏銳，並不意味著他對國內的政治風向不敏感。大陸突然批判白樺的作品《苦戀》，使本來心有餘悸的“臭老九”們的心跳加速，也使傅聰擔心“山雨欲來風滿樓”，一場中國人太熟悉的政治運動是否即將降臨。他帶著些許的失望，回了英倫。

九十年代初期，胡思升移民美國紐約，他與傅聰的見面換了地點。2004 年 10 月，傅聰是專程從倫敦來紐約卡內基音樂廳舉辦他的個人演奏會，也算為他七十歲賀壽。到紐約後，兩人數次打電話相約見面，但

胡思升與傅聰在“王朝豪庭”餐廳留影

傳聰每天需要練琴，住到了一個借他練琴的朋友家。傳聰把地址告訴了胡思升，胡思升卻擔心到了不熟悉的地址找不到傳聰。傳聰就說，你如果聽到琴聲，那就是我了。傳聰一生度過的最多的時間就是在練琴上，每天七八個小時，數十年如一日，可謂"把人生的一大半時間都消磨在鋼琴上了"。

胡思升到傳聰練琴的地方去接他，然後再一起到到"王朝豪庭"餐廳共進晚餐。這次聚會與他們最後的北京幾面已相隔七八年。在紐約冬天的夜晚，兩人放開禁忌，暢聊以往。他們自然談到華沙的年輕時代，傳聰的出逃以及胡思升以後的命運。對此，胡思升寫道："將近半個世紀了，從飄灑翩翩的青春年少到閱盡滄桑的交往；從華沙、北京到紐約，我和鋼琴家傳聰的交往，時間的長度，君子之交的清淡，跌宕起伏的深度，可能是獨一無二的"。

傳聰那次在紐約的的演出服不是以往的黑色燕尾服，而是穿了一身黑色唐裝。更出人意料的是極少演奏中國作曲家作品的傳聰，在紐約與波士頓演出時，難得地選用了居住在紐約、但相互從未見過面的宋撫元的《琴詩》組曲中的《松下問童子》《詠懷》《荊軻渡易水》。在傳聰的骨子裡，中國傳統文化是他的教育根基，也是他在國外多年最懷念的鄉愁。

那是胡思升與傳聰此生的最後一面，因為傳聰不用電腦，沒有個人網站，沒有 E-Mail，甚至都不用手機，更不印名片。胡思升與傳聰聯絡，要么發傳真，要么通過傳敏郵件往來。2010 年五月底，傳敏從北京發給胡思升電郵說："家兄今年來兩次回國作巡迴演出，有深圳、廣州、海口、南昌、上海、南京、武漢。都是蕭邦 Piano Recital。今年是蕭邦誕辰 200 週年，所以他特別忙。

四、不是尾聲的尾聲

在紐約的後幾年，胡思升一直受病痛折磨，多年來深居簡出，幾乎不與外界來往。但在他的心目中，當年他二十歲出頭就被派往東歐做駐外記者的往事一直是他一生中最值得懷念的。因此，在他臥病期間，我們兩個人唯一一次的採訪式深談就談到了他的東歐經歷，那是他年輕時事業最為輝煌的時代。雖然八十年代改革開放後，他因為撰寫了幾篇轟動一時的報告文學而從記者變成獲獎作家，中國作家協會的會員，但對他來說，刻骨銘心的往事時光還是基於他反复跟我談的幾點：1949 年前在上海度過的少年；抗戰時，他與我父親和大姑一起從孤島上海偷偷前往國民政府所在的重慶的冒險經歷；以及他在東歐的做記者的幾年。

我想，與傅聰的交往之所以在胡思升的心目中留下強烈的印象，不僅僅是因為兩人曾經在波蘭共度了一去不復返的青春，也因為這段交往，胡思升在中國歷屆政治運中遭受的抨擊給他心底留下了陰影。更重要的是，兩人六十多年的交情見證了 1949 年後共產黨新中國經過的歷史風雲、起伏和變化，以及他與傅聰彼此不同的個人命運。

2020 年從全世界到各國是災難深重的一年。而對胡思升和傅聰兩人來說，卻是他們的生命永遠沒有再跨過去的一年。11 月 26 日感恩節晚上 8 點 20 分，胡思升在紐約過世，享年 88 歲。一個月以後的 12 月 28 日，86 歲的傅聰因新冠在倫敦去世。真是命運弄人，1957 年，青春年少的他們在波蘭相識成為好友。63 年以後，他們在同一年去世，相差不過 30 多天。

得知傅聰去世的晚上，我打電話給胡思升的女兒，我的堂妹，告訴她傅聰去世。回看他們倆的交往以及胡思升的坎坷一生，我們禁不住唏嘘感慨。不過可以告慰的是，他們這兩個昔日的好友終於很快在天國再見，也與他們同在上海文革前後相繼去世的父母家人重逢了，他們的心裡一定擺脫了塵世的煩擾磨難，充滿了年輕時曾有的快樂。

（原載《傳記文學》2021 年 2 期）

「潘漢年案」的涉案者胡昌治

我上高中的八十年代，北京已經開始改革開放，中央政府對文革時期發生的冤假錯案進行了平反，主持這項工作的就是中央組織部部長胡耀邦。就在那個時候，我聽說了我爺爺胡叔異的弟弟，我的叔公胡昌治。他曾經是中共上海地下黨的成員，在1958年作為潘漢年案的涉案人員被送到位於福建山區的閩北勞改農場勞改。

胡昌治攝於1940年代的上海

我的大叔胡思升經常到我家來找父親胡思旅商談，但他們每次談話都避開我們這些晚輩。因此，我更加覺得好奇。後來，我隱約聽母親談及他們的會談的目的就是要替胡昌治翻案，替他摘下反革命分子的帽子。上海地下黨這幾個字讓我一下子就燃起興趣，腦子里馬上閃過那些我們從小就知道的關於上海地下黨的電影和書籍《永不消逝的電波》及《紅岩》。我尤其對這樣的一個“革命人物”為何被送去勞改深感興趣。

胡思升當時在人民日報做記者，便將胡昌治的案情申訴通過他朋友的關係上交到胡耀邦手中，胡耀邦給上海市有關政府做了重新審理此案的批示。這件事給我的高中時代留下了深刻的印象，但奇怪的是我父親一直拒絕跟我談起整件事的來龍去脈，好像這是一個非常隱蔽的往事。因此，這個從未謀面的叔公給我留下了神秘感。我記得我曾經跟我母親說，有一天我一定要去上海拜訪一下這位神秘的叔公。然而，這個期望隨著我 1987 年離開北京前往紐約而徹底擱置。

好在我的小姑胡思健（我父親的小妹妹）後來一直陪伴在我的叔公和叔嬸身邊，直到他們去世。因此當我問起我的這個叔公的往事時，我的小姑便把胡昌治在八十多歲時候寫的回憶文章給了我，讓我總算對這個神秘的叔公為何受到潘漢年案件牽連的前前後後有了全面的了解。

一

我的叔公胡昌治與他的哥哥胡叔異 * 為“江南大儒”胡石予 * 的幼子與三子，民國時期都是上海的教育家。不過這哥倆不同的是，我爺爺胡叔異是國民黨員，民國時期在上海教育局專門委員會擔任委員，後來又接任上海新陸師範學校校長一職。胡昌治則是共產黨員，公開身份是上海正風中學校長，實則為中共中央社會部上海辦事處地下黨員。

胡昌治與他的哥哥胡叔異都畢業於位於南京的國立東南大學 (1926 年改名為國立中央大學）。他於 1938 年秘密加入中國共產黨，從事地下工作多年。1941 年，皖南事變後，在雲南西南聯大做地下工作的胡昌治接到中共南方局的命令，與雲南省工委書記馬子卿 * 一起前往重慶曾家岩接受新的工作安排。

曾家岩 50 號是中共中央南方局負責人周恩來的駐地，他於 1938 年以個人名義租下來作為個人起居和辦公地點。因此，曾家岩 50 號便成為了中共中央南方局及八路軍重慶辦事處所在地。曾家岩的左側 49 號是重慶市警察局，右側 51 號是國民黨軍統局局長戴笠的住所。

初踏進久聞大名的曾家岩，胡昌治心情有些緊張，中共中央南方局是黨中央在大後方的最高領導層辦公地點，不是一般黨員能隨便進出的機構。當時三十歲出頭的胡昌治在黨內的身份是雲南省委宣傳部部長。胡昌治剛在傳達室旁邊的一張板凳上坐下，就看到一個身材中等、面目清秀，穿藍灰色服裝的清瘦男人從樓上下來，經過他的身邊走進傳達室，問了聲："今天的報紙怎麼還沒來？"傳達室的工作人員把當日的報紙遞給他，他就轉身走了。與胡昌治同來的馬子卿附在他的耳邊輕聲說："知道嗎，他就是周恩來。"

胡昌治久聞周恩來的大名，此次終於見到，印象深刻。第二天早上吃早飯時，胡昌治又見到了周恩來的夫人鄧穎超。

曾家岩的早餐就是一桶粥，一大碟醃蘿蔔乾。粥桶放在一張靠牆的方桌子上面，周邊沒有椅子。吃早飯的人只能每次三個圍在桌子邊站著喝粥，喝完了就趕緊離開，給後面的人騰出位子。看到如此簡陋的早餐和吃法，胡昌治感到驚訝，因為他覺得上海普通市民的早餐都比這好。

胡昌治站在桌邊剛拿起碗來，旁邊一個位置就空了出來。一個長者走上前來拿碗盛粥，他就是曾經通知胡昌治前往雲南昆明參加工作的董老董必武。董必武吃完，剛放下碗筷走了，他的位置上就來了一個四十來歲的中年女性，身著旗袍，梳著當時俗稱為 S 頭的連環髮髻，腳上的高跟鞋在木地板上發出嘟嘟的響聲。跟董必武一樣，那位女同志也是一聲不響地盛了粥吃完，放下碗筷就走了。馬子卿輕聲告訴胡昌治："她就是鄧穎超“。

在曾家岩，胡昌治接受了組織部長孔原 * 的指示，經香港去上海為上海地下黨的最高領導人潘漢年工作。孔原告訴胡昌治說："上海'小開'（潘漢年在上海的化名）來電報要人，我想派你去比較合適，不過，還得經周部長（周恩來那時任國民黨政府政治部副部長，故大家稱他周部長）

的批准。你可先去廣州灣乘輪船到香港，到香港後按照組織給你的地址發信，小開會來找你的。如等不到地，可去找范長江。”孔原沒有說胡昌治到上海以後的工作是什麼，胡昌治也沒敢問。

第二天早晨，孔原又通知胡昌治到他的辦公室去說：“周部長批准了你的工作，你現在就去會計室領取路費。”

胡昌治遵照指令去會計室領錢，出納拿出七百元一捆嶄新的鈔票給他。在當時，這可是一大筆錢。胡昌治拿著錢剛出門，就迎面碰上了他的老同事，在南方局擔任國際情報分析專家的章漢夫。章漢夫曾經在胡昌治擔任校長的上海正風中學任教，彼此非常熟悉。章漢夫看到胡昌治高興地問道：“啊，你什麼時候來的？”胡昌之興奮地回复：“我剛從雲南崗位上撤退下來。”章漢夫急忙說：“這再好沒有了，周部長曾要我推荐一個懂英語的黨員擔任他的隨從秘書，我提到了你，但當時你還在雲南，所以沒把你調來。現在你來了就可以擔任這項工作了。”

其實，當時擔任周恩來的機要秘書是日後在黨內上升的好機會，但是胡昌治卻單純的認為周恩來已經批准了他去上海做地下工作，還領了錢，就不好再改變主意了。章漢夫則認為胡昌治年輕有為，中英文俱佳，又是黨的干部，這樣合適的人選打著燈籠也難找到，所以他還是想去直接找周恩來談此事。

胡昌治婉言謝絕說，“千萬別去說，人家會說我走非組織路線。”章漢夫聽了便作罷了。

胡昌治後來每次想到當初在曾家岩遇到章漢夫，拒絕他的推薦而堅持去上海給潘漢年工作這件事，就後悔不已。他多次表示，如果他當初聽了章漢夫的勸說，不去上海到潘漢年的部門工作，他後來遭遇到的一切不幸就不會發生了。但沒有人會預知未來，胡昌治更沒有想到這件事會讓他以後懊悔半生。

胡昌治接到的指令是去香港與潘漢年見面。然而，當他終於輾轉從重慶到了香港後，沒有見到潘漢年，卻被潘漢年的主要助手張唯一*告知，潘漢年已經回上海了。胡昌治到達香港不久，太平洋戰爭爆發，日本對英美法宣戰，上海租界淪陷，香港與上海的聯繫中斷了，潘漢年也無法再來香港。由於胡昌治屬於南方局派給潘漢年工作的，只能與潘漢年單線聯繫，因此，胡昌治何去何從也必須由潘漢年做出決定，張唯一也無法決定他在香港的去留。胡昌治按照組織的安排，暫居香港灣仔，等待進一步的指令。

二

1942 年 5 月初，胡昌治終於回到了上海。日本人佔領了九龍後，便對香港進行狂轟亂炸，香港不得不投降。地下黨組織安排外號稱為“記者”的地下黨員惲逸群 * 與胡昌治在一家咖啡館見面，告訴胡昌治說，組織已經接到南方局的指示，要胡昌治與其他幾個成員組成一家人经梅縣，韶關，越大庾嶺到鷹潭，搭火車到金華，再轉浙西，設法打通國民黨駐浙西的司令員冷鞠的關係，越過汪偽設駐的清鄉竹籬笆，去常州惲逸群家暫住，然後再由惲逸群找關係取得汪偽政府頒發的良民證去上海找潘漢年。就這樣，胡昌治帶著「全家六口人」作為掩護回上海。在江西長途客車上，胡昌治認識了一個國民黨軍隊的參謀長，與他相處的親切熟絡。這位參謀長為胡昌治一家寫了封介紹信，將駐紮在於潛的一個上校團長介紹給他。到了於潛，胡昌治找到了這位上校。果不其然，上校接到朋友的推薦，和胡昌治也一见如故。胡昌治按照地下黨給他的指示，一口咬定自己是到上海做買賣，買好貨品後還要回到重慶大後方。胡昌治沒想到的是，這位上校與冷鞠司令的交情不錯，除了託他到上海給他買些東西外，還寫了一封信給冷鞠司令，要他給胡昌治一家開放這道由他把守的封鎖線。就這樣，胡昌治順利地回到了上海。

到了上海，惲逸群便安排胡昌治住在四馬路大中華旅館內。胡昌治從旅館窗口往下看，正好看到幾個日本兵頭戴鋼盔、手提機槍，騎著軍用摩托車在馬路上疾馳而過。有人告訴他說：“不知哪裡又出了什麼事。日本軍人又去封鎖那一地區進行搜查了。”胡昌治頭腦中立刻跳出一個警覺：這就是淪陷區的標誌，我今後就要在這種環境下搞地下工作了。

雖然日本人佔領了上海，但市區中心，尤其是英法租界的居民從生活到思想上卻處於“太平無事”的狀態中。留聲機里傳來《夜上海》《滿洲姑娘》的輕柔歌聲，沒有人聽了覺得刺耳。麻將桌上，女人們享受著搓麻將的樂趣，百樂門舞場中，華衣錦服的人們歡快地跳著交誼舞。汪偽政府的官員們也粉墨登場，洋洋得意地出席各種公開活動。胡昌治難以想像，在屠殺了幾百萬同胞的日本人佔領下的上海居然依舊繁華歡快如昔。他常去的環龍路（現在的南昌路）福壽坊一帶的鬧市區人來人往，熙熙攘攘的一派盛世太平景象。上海市民並沒有像他想像的那樣，對日本軍的佔領充滿仇視，他們依舊過著自己的小日子。

到了上海，潘漢年依舊沒有露面，只派了他的聯絡員喬清理 * 與胡昌治接上頭。喬清理見到胡昌治的第一句話是：“小開今天不能來，要我和你先見面，今後他會見你的。”喬清理告訴胡昌治說，潘漢年目前不在上海，一切都暫時與他聯繫。

胡昌治當時並不知道，就在他 5 月到達上海的前一個月，潘漢年與汪偽間諜機構七十六號頭目李士群再次見面。早在 1940 年，經中共中央同意，中共地下黨成員袁殊引薦潘漢年與李士群取得聯繫，開始展開交流合作。1941 年 12 月太平洋戰爭爆發，潘漢年親自與李士群在他的私人寓所會面。在這次的會面中，李士群為表誠意，透露了對蘇北根據地進行“掃蕩”的軍事計劃。1943 年 4 月，為刺探日軍對新四軍根據地掃蕩計劃，新四軍政委兼中共華中局書記饒漱石派遣潘漢年前往上海負責情報工作。潘漢年在上海與胡均鶴見面，請求與李士群見面，胡均鶴陪同潘前往南京李家，因李外出會見汪精衛未能見面，隨即開車前往汪公館，在李士群安排下與汪精衛會面。潘漢年與汪精衛的此次會面被國民黨情報人員獲悉，隨後國方以此宣傳並攻擊中共。毛澤東得到潘漢年親口否認後親自發文為潘漢年闢謠。潘漢年做夢也想不到他與汪精衛的會面，竟導致了 12 年後他自己的悲劇下場。

從 1942 年 5 月到 1949 年 5 月的七年時間裡，胡昌治在潘漢年領導的上海地下黨工作。胡昌治從來都沒有見過潘漢年本人，而都是與潘漢年手下的聯絡員直接聯繫。通過乔理清的介紹，胡昌治認識了一個化名叫做張靜林的人。胡昌治只知道此人來歷不簡單，但卻不知道他的真實姓名叫華克之 *，是潘漢年在上海地下黨的得力助手。在加入中共之前，華克之曾於 1935 年策劃過刺殺國民軍事主席蔣介石的行動。那年 11 月 1 日，國民黨四屆六中全會在南京召開，11 月 1 日，華克之策劃了在會議上動手刺殺蔣介石的秘密行動，由枪法精熟的晨光通訊社記者孙凤鸣担负刺客。這次大會匯集了馮玉祥，閻錫山，張學良、汪精衛等各派要人。儘管國民黨南京中央黨部戒備森嚴，但孫鳳鳴還是順利地進入會場。當各中委出禮堂至第一次會議廳門口拍照時，刺殺機會臨門。但蔣介石卻沒有出來，由行政院主席汪精衛作代表與眾人合影。孫鳳鳴只得臨時改變計劃，轉而刺殺汪精衛。此次暗殺造成了全國轟動，華克之也一夜成名，成为国民党通缉的对象。太平洋战争爆发后，華克之秘密加入了中國共產黨，成為潘漢年在上海地下黨的得力助手。為了安全起見，華克之用了十幾個不同的化名。胡昌治認識他時，他的名字叫做張靜林。

張靜林在上海的關係廣泛，因此，潘漢年經常通過他處理一些極為複雜的事件。胡昌治與張靜林的第一次見面就是在上海霞飛路上的 DDC 咖啡館。DDS 咖啡館（上海人稱為弟弟斯）位於霞飛路上的國泰電影院的斜對面，旁邊有一家西餐館。當年的 DDS 咖啡館是霞非飛路上有名的咖啡館，很多明星和文藝青年都會光顧。DDS 一樓供應咖啡，二樓則是西餐和舞廳，是年輕人談情說愛的好地方。

胡昌治準時到達，西服革履的張靜林已經坐在包廂式的座位上，手裡拿著一張當作接頭暗號的報紙，邊喝咖啡邊看報。對上暗號後，胡昌治坐了下來，揮手叫白俄侍女送上咖啡和方糖，兩個人都是溫文爾雅、氣派瀟灑，似乎是一對時髦的朋友在這間著名的咖啡館見面聊天。胡昌治並不知道，DDC 咖啡館是潘漢年與上海地下黨的負責人見面的地方。張靜林告許胡昌治此次見面後，他會與他保持聯繫。喝完咖啡，兩人付款起身，各奔東西。

張靜林與汪偽政府的官員關係都很好，並利用這個關係將上海地下黨員安插進汪偽政府。張靜林也想把胡昌治安插進汪偽政府，但因為時局不斷變換均未成功。當初南方局派胡昌治來上海給潘漢年工作時，上海還是孤島，汪精衛偽政府的重要職務還沒有安排好，因此，他當初接受的指令是打入汪偽政府做“漢奸”。然而等到他終於到了上海，太平洋戰爭已經爆發，日本人也佔領了上海英法租界，汪偽政府的人事安排已成定局，因此，胡昌治通過喬理清接受地下黨的安排到上海南橋區擔任第四分區區長，表面上為汪偽政府工作，實際上為中共收集情報。

做區長的時候，胡昌治通過職務不斷收集日偽政府的信息，傳遞給中共有關人員，得到了潘漢年的賞識，認識了潘漢年的親戚，他哥哥潘梓年的姐夫張悅民。張悅民住在小沙渡路靠近長壽路十字路口的一棟有樓梯間的大房子裡，據他說，潘漢年經常來此暫住。張悅民雖然是潘漢年的親戚，但本人並不是中共上海地下黨的成員。張悅民夫婦告訴胡昌治說，潘漢年是周恩來和鄧穎超夫婦的救命恩人。當年，周恩來和鄧穎超曾住過上海，被中統情報局偵破了他們的住處，從南京出發到上海抓捕，但潘漢年從安插在中統內部的特工那裡得知了情報，馬上叫張悅的老婆去通知正在朋友家打麻將的鄧穎超，而他自己想辦法通知周恩來。張悅的老婆跑到這戶人家，來不及細說，拖著鄧穎超就往弄堂口外奔，跑出弄堂口回頭一看，就見一輛警車駛進弄堂。“好險呀！”張悅的老婆補充說：“潘漢年也派人將周恩來救了出去，他特別會使用社會關係”。

給上海地下黨做秘密工作期間，最讓胡昌治引以為自豪的一件事是他在南京國民政府擔任科員時，在檔案室發現了一份汪精衛政府的全國團級以上的軍官名冊。當時汪精衛已在南京成立了一個軍官學校，訓練出一大批正規軍的軍官，分別駐紮在其統治的地區。這個名冊裡面有所有軍官的姓名，部隊番號和駐紮地點。胡昌治使用了三個通宵手抄了這份名單，把它放在一個國民政府的信封裏，到機要室蓋了公章。過了幾天，他假借回上海探親的機會，拿著國民政府蓋章的證明信，踏上從南京去上海的頭等車廂的火車回上海。為了避開火車上日本憲兵的搜查，不引起日本人的注意，他在頭等火車的車廂裡與一位打扮得珠光寶氣的貴太太搭訕，故作親暱地坐在一起。就這樣，他機智地帶著這樣一包機密文件回到上海，將情報交給了與他單線聯繫的上線。為了表彰他的工作，上海地下黨還發了一筆獎金給他。

在上海七年，胡昌治为地下党做了许多工作，但是他个人并不清楚潘汉年的事情。首先，七年中，他从来没有见过潘汉年，所有的接头都是单线联系，因此，他甚至不清楚 1943 年時，潘漢年被任命為華中局情報部部長，遙控指揮上海、南京等地的情報工作。在情報部門內部經過商討後，最後決定由潘漢年再次前往上海部署工作，同時加強和李士群的聯繫，在汪偽政權內部打探消息。此時的潘漢年自然無暇顧及胡昌治，但是，他對胡昌治的工作卻是瞭如指掌。

三

1949 年中共政府取得上海政權後，胡昌治為了向上海的新政府證明他是中共黨員，託人向潘漢年要了一份證明。第二天，潘漢年的證明就送到了他手中。證明上寫著："茲證明胡昌治同志為中共正式黨員。"右下角是"潘漢年"，並蓋了私章。僅從這件事來看，說明儘管胡昌治從未見過潘漢年，但潘漢年清楚他的來歷，了解他在上海的工作。

然而，1955 年，身為中共統戰部長，上海市副市長的潘漢年去北京參加兩會期間卻被秘密逮捕關押，几乎牽連了所有曾在潘汉年手下工作过的上海地下党成员。

潘漢年一案自始至終都是在極其隱秘的情況下處理的。據史料記載，在北京開會期間，潘漢年向陳毅坦白了 1943 年與汪精衛的會面始末，并對自己行為作出的檢討。陳毅翌日便將此事轉告毛澤東。毛澤東听闻大怒，隨後批示："此人從此不可信用。"並手諭："立即逮捕審查潘漢年。"在上海代表團毫不知情的情況下，潘漢年在他下榻的北京飯店被時任公安部部長羅瑞卿親自到場秘密逮捕。1963 年潘汉年被最高人民法院定罪入獄 15 年、剝奪政治權利終身。判决书上潘汉年的罪名为：「抗日戰爭期間，被告人又背叛祖國，秘密投靠了日本特務機關，當了日本特務，並與汪精衛進行勾結賣國求榮。1940 年春，正當抗日戰爭的艱苦時期，被告人對於擊敗日本帝國主義喪失了信心，認為中國共產黨很難與日本對壘，中國將會出現第三國局面，想在日本方面找出路，於是便在上海會見了日本特務、日本駐上海總領事館副領事岩井英一，親筆寫了為日本特務機關蒐集情報的計畫，領了特別通行證，充當了日本特務……被告人投靠日本特務機關以後，又在汪精衛政權特務總部頭子李士群、胡均鶴陪同下秘密會見了汪精衛」。毛澤東批示潘漢年為叛投國民黨的 CC 派人物，應當判刑但是不宜處決。1966 年文革開始後重新收監，1976 年重審被開除黨籍、判處無期徒刑，1977 年 4 月，化名為“蕭叔安”的潘漢年在湖南省第三勞改農場病逝，享年七十一歲。

當年上海地下黨的成員三千多人都受到了潘漢年一案的牽連，紛紛被判刑或者勞改。胡昌治也不例外。他後來回憶到，1955 年，潘漢年因內奸和反革命分子罪被捕後，他就受到了審查。審查結束後，組織上把調查結論給胡昌治看，說尚未發現他與潘漢年有什麼反革命關係。然而，到了 1958 年，教育局總支副書記忽然找胡昌治談話，說他犯了很大的錯誤，組織上決定開除他的黨籍。為了安慰沮喪中的胡昌治，副書記又打圓場说：“你仍可做個黨外布爾什維克，將來還可以重新入黨”。沒想到，一個月後，保衛科長與一名保衛幹部找到胡昌治，傳達上級的決定，宣布他的處分是“開除黨籍，開除公職，送勞動教養。開除公職就是終身不能擔任任何單位的工作，終身無職業、無收入。勞動教養不是刑事處分，而是行政處分。這種處分沒有時間上的期限，什麼時候思想改造好了，就什麼時候摘去帽子。這樣一來，胡昌治虽然不是犯人，但卻失去了自由。回想往事，胡昌治慶幸地覺得，幸虧他當年在上海一次也沒有見過潘漢年，否則，他的麻煩就大了。如果按照當時南方局派他到上海打入敵方的指令，他真的進入汪偽政府擔任了要職，那麼，他受到的處分將更為嚴重。

雖然曾經作為秘密的地下特工，在上海出生入死七年，但胡昌治做夢也想不到中共中央對地下黨採用了兩個完全不同的十六字方針。第一個是明的，即中共中央指示全國地下黨進行地下工作的方針："隱蔽精幹，長期埋伏，積蓄力量，以待時機"。第二個十六字方針則是暗的，即地下黨员們都不知道的內部秘密："降級安排，控制使用，就地消化，逐步淘汰"。這第二個十六字方針是 1949 年共產黨取得政權後，中共中央內部對全國地下黨採取的內控方針，胡昌治只知其一，不知其二。據說，新舊十六字方針都是毛澤東的親筆指示，同樣用于地下黨，只不過時代不同，需要的價值不同，結果自然也不同。

就是因為這個新的十六字方針，潘漢年自己的命運，以及當時在上海市教育局擔任辦公室主任兼中教處處長的胡昌治與其他上海地下黨成員的命運全被改變。胡昌治成為重點審查對象，先被停職審查。上海公安局長的老婆，胡昌治所工作的教育處的副處長，負責一個專案調查組專門審查他的歷史。1955 年 9 月 30 日，專案調查組派人到胡昌治家抄家，帶了一隻大麻袋準備滿載而歸。然而，翻箱倒櫃地整整抄了一個通宵，連他家的屋頂都沒有放過，卻什麼也沒有發現，空手而去。同時，專案調查組還派公安到胡昌治的哥哥胡叔異的家裡抄家，也是抄了一夜，同樣一無所獲。據我小叔說，當時他看到到我爺爺家裡抄家的都是上海市公安局的警察，戴著白手套翻炒家裡的東西，給人感覺相當专業。

凡是胡昌治工作過的地方，專案調查組都派人去進行了調查，甚至還提審了潘漢年，要他交代胡昌治的問題，潘漢年說："胡昌治是個好同志，是南方局派來的，你可以去問當時的南方局組織部長孔原同志。"調查組便去當初派胡昌治去上海工作的孔原處核實，證明了潘漢年所說的是事實。

除了到孔原處核實胡昌治的身份外，專案調查組又去找當時在香港與胡昌治接洽過的潘漢年主要助手張唯一。張唯一確認胡昌治是潘漢年向南方局要的人，由周恩來批准到上海來準備參加敵偽上層工作，後來局勢起了變化，潘漢年已離開上海，則派其他人與他聯繫。幾個月的外調審查，專案調查組花了不少精力，都沒有查出胡昌治有任何問題。但因為潘漢年一案的牽連，無罪也要定為有罪，因此，他們先把胡昌治作為黨內處理，留黨察看，調到上海師範學院當馬列主義研究室主任，後來又改為開除黨藉與外送勞改。據當時的資料稱：胡昌治思想右傾，必須開除黨籍，開除公職，送到閩北勞改農場去勞動教養。

胡昌治原來住虹口區新陸村，1951 年搬到上海南昌路 136 弄 46 號。南昌路 136 弄被稱為花園洋房，建於民國 1912-1935 年間，採用西方古典現代主義風格。房子是三層建築的小花園洋房，第一層的客廳加廚房有 20 平方米，二層有一間臥室加衛生間也有 20 平方米，還有一間亭子間 (閣樓) 加一間小衛生間有 8 平方米。小樓有一個天井，三層還有一個兩家合用的 10 平方米的曬台。胡昌治出事後，房管處便把第一層及天井收走，交給公家處理。胡昌治當時 51 歲，原來就有肺病，如果發配到了福建勞教農場勞動改造，恐怕身體吃不消。因此，他的太太打了一個電話給教育局長汪亞明要求申訴，卻被拒絕。不僅如此，他的太太也被牽連，也受到審查，被要求揭發自己的先生胡昌治。

四

1958 年 5 月 20 日，胡昌治被收監進入上海勞動教養所。七月，勞改犯被分批送往福建閩北勞改農場勞改。胡昌治與其他關押的人一同被全副武裝的公安押送到火車站前往福建。根據與胡昌治一同被送往福建閩北勞改農場的基督徒俞崇恩 * 撰寫的勞改的經歷，我才得知，他們顛簸了兩天三夜才到達福建。在列車上每個人拿到幾條劣質羅宋麵包 (上海人称的俄國麵包) 作為食物。一路上天氣很熱，飲用水不夠，大家都口乾舌燥。抵福建邵武后，解放軍戰士先下車，在周圍架起機槍，以防被押人逃跑，然後被押送的人才下車。每個人分到一勺解渴的薄粥湯喝，接著再起程去長途汽車站。他們被押上了帶帆布蓬的運貨卡車，沿著山腰公路顛簸了三個小時，才到達福建北部將樂縣。到那裡改乘小木船逆流而上，直到將溪鄉下船。

將溪位於將樂縣的西南角，地處隴西山北側的山麓下，毗鄰金溪河南岸。是黃澤區和將溪鄉區、鄉政府所在地。此地扼山區咽喉，居水陸要衝，地勢十分重要。閩北勞改農場是個靠海的半原始森林，每年都有十幾次颱風。在夏季，每週都有雷陣雨。勞改人員用竹子蓋起簡陋茅舍居住。閩北森林地區瘴氣很重，許多人水土不服，出現浮腫。傳染病流行，蚊、蠅、白蝨、臭蟲、牛虻等晝夜“輪流值班”。蒼蠅蚊子極多，尤其是蚊子。一到晚上，許多蚊子會同時叮到臉上來。在閔北期間，他們沒有吃飽過一頓飯，從歲首到年終都是一樣，連半飽也沒有，無論過年過節都沒有吃飽過，因此死去的人很多。體力強壯的人總是先死，因為他們吃的與體弱的人一樣，但付出的勞力卻比體弱的多得多；由於入不敷出，所以體力耗盡、提前死去。有的勞改隊，尤其是靠山頂的，氣溫甚低，大部份的人都凍餓而死。到 1962 年勞改營遷到安徽時為止，四年的時間裡，死的人佔半數以上。

勞改農場的主要任務是為上海供應毛竹，用於修建房子的腳手架等。白天勞改犯們在山坡上把竹子砍倒，削去枝葉，背到溪澗岸邊，在每支毛竹根部兩側用砍刀各打一個洞，穿入直徑一寸多的小樹幹（叫青木）。底層一枝青木穿八根毛竹，上層穿七根，上下共十五根，用竹篾（即薄竹片）紮緊成小竹筏，然後由專人順流往下撐到河面寬闊之處，以便扎成大竹筏。每天收工前總有許多竹子來不及紮成小排，也會有小排尚未撐走，當雷暴雨一來，山洪暴發，溪澗水位猛漲，把留在溪澗岸邊的竹子及小排往下沖走。此時此刻看守的干部們便命令勞改犯緊急集合，叫他們冒險到水流分岔急拐彎之處，站在水中把卡住的竹子搶救上岸。很多勞改犯因溺水失去性命。

因為勞改犯們干的體力活重又吃不飽，為了活命只能叫家人從上海寄食物過來。当时正逢所謂“三年自然災害”，家屬自己也沒有多少吃食。那時，上海郵局不准寄食物去勞改農場，但勞改犯的家人仍千方百計用“調包法”，把食物藏在日用品中寄往勞改營。有人在雪花膏瓶內裝豬油，用臘燭包皮紙裹香腸等等。但包裹到達勞改營後，必須經過干部檢查，若發現有食物，不但要沒收充公，而且要作為瞞騙政府受批判。

胡昌治的太太便跑到上海的一個偏僻的小郵局偷偷寄食物給他。她把郵包偽裝後送到小郵局去混，十次總有六、七次的成功機會，但每次寄郵包跑得很辛苦，心情上也很緊張。後來，思南路郵局有一個中年的老職工很同情她，便眼開眼閉讓她調包寄東西。明明是奶粉和肉罐頭，她就在郵單上寫肥皂粉和蛤蟆。有時候她買了20包肥皂粉，從筒子裡取出，把炒米粉裝進去假裝成肥皂粉。每當一個郵包寄出，她緊張的心情就稍平復些，覺得先生可以在勞改農場支撐下去了。

胡昌治的三個兒子也親自給他送罐頭食品及白糖等救命的食物。胡昌治勞教的地點在閩北山區蔣樂縣，需要從上海乘火車到順昌站下，再走一整天的路程，中間還要翻二座山。他在軍委工作的大兒子趁回上海探親假去給父親送了一次食物。他背著食物翻山越嶺，長途跋涉一整天都餓著肚子，不敢輕易吃背著的食物，因為他知道這是他父親的救命糧。

第二次送食物的是胡昌治的二兒子，他利用寒假，頂著傲骨的寒風翻大山，夜宿過路的草房。當他到達勞改農場的時候，天已漆黑一團，見到了衣衫不整、衰老體弱的父親大吃一驚。父子倆忍不住抱頭痛哭。

第三次送藥品的是胡昌治的小兒子，那時他剛剛讀初三，只有十七歲，卻同樣長途拔涉，翻山越嶺去看望父親。當時，很多勞改犯死了不知其數，有些人上午還是好好的，到了晚上就死了，因為缺乏營養，全身浮腫，只有葡萄糖是特效藥可以救命。因此，胡昌治從未出過遠門的小兒子不顧一切地背了不少盒葡萄糖送往勞改農場。到了農場，醫生馬上給奄奄一息的胡昌治注射，救了他的性命。然而，小兒子在農場裡染上了惡性瘧疾，持續高燒不退，後來住進上海廣慈醫院治療了幾個星期，病情才慢慢好轉。

第四次，家人聽說胡昌治在農場勞動中不幸因勞動導致股骨頸骨傷折，寸步難行，需要多增加營養，他的二兒子和小兒子便一起去送奶粉之類的補品，到了農場看到父親，他們才知道胡昌治傷了之後得不到醫治，腿已經殘廢，完全不能行走。兩個兒子便在農場住了幾天，每天輪流背著父親出行。看到父親在勞改農場的苦難生活，以及殘疾帶來的無法行走的痛苦，孩子們背地裡禁不住落淚。

到了 1962 年，閩北上海農場的兩萬改造人員已死了一萬一千多，死人遺物一包包運回上海，農場安葬屍體的“五號山溝”也墓滿為患。少數活著的人有的企圖自殺，有的想辦法逃跑，但被抓回來罪加一等。

1962 年春，為了防止台灣國民黨的所謂反攻大陸，中央軍委決定在福建省的閩北山區建立後方軍事基地，將閩北勞教農場遷往安徽白茅林和軍天湖農場。

同年 9 月，胡昌治所在閩北的上海勞教農場奉命遷到安徽白茅林農場。勞改犯們經過上海，在一個有關單位停留幾天，家屬們也接到通知，可以让他們在上海短暫停留的時候前去探視。胡昌治的太太和孩子們前往探視，看到四年不見的丈夫骨瘦如柴，手撐二根拐棒支撐著羸弱的身體，步履蹣跚地走出來，忍不住失聲痛哭。胡昌治的太太哭著去見勞改農場的王場長，懇求他允許胡昌治留在上海保外就醫。王場長見了心有不忍，便要她打一個報告給領導批示。隔了幾天，王隊長親自到胡昌治的家告訴胡昌治的太太說，因為胡昌治歷年來改造有進步，領導上決定解除了他的勞教。至此，胡昌治終於被釋放了。

然而，回到上海家裡的胡昌治並沒有逃過緊接而來的政治運動。1964 年四清運動（即“清理階級隊伍”的政治運動）開始後，胡昌治被劃入四類份子（地主分子、富農分子、反革命分子和壞分子這四類人的統稱），行動受到限制，不得自由出門，連來往的信件都要被拆開察看內容是否反動。1966 年 6 月文化大革命開始，胡昌治居住的南二居委會與專政隊，對胡昌治的全家進行全面監控，出入門要匯報，親友來家裡也要匯報。”早請示、晚匯報“的時間，都要與其他被專政的對象“地富反壞右”（地主，富農，反革命、壞分子、右派這五類人的簡稱）一起在毛主席的像前低頭認罪。當時，毛主席像畫掛在弄堂門口，每天早晚不論刮風下雨，這群被專政對象都必須到像前請罪。胡昌治雖然身體殘疾，也不能例外。他手撐兩根棒子支撐著身體，一步一蹭地走去弄堂口毛主席像前低頭請罪。請完罪，他就必須開始打掃弄堂，清理陰溝。胡昌治因腿殘無法彎腰，他就只好跪在地上清掃陰溝，如果清洗得不干淨，就會被辱罵，毫無人格自尊之說。

文化大革命開始不久，胡昌治第二次被抄家。胡昌治太太的學校組織了一批教師來抄家，抄去了她的尖頭皮鞋和金銀飾品，又抄去了胡昌治的書稿。這段時期沒有一頓安逸飯，又不能好好睡一覺。專案組的軍人把胡昌治帶到派出所去審訊，要腿殘的胡昌治只許站著，不許坐著交待問題，一句不對就拔槍把他打倒在地。有時甚至通宵達旦地審訊。他們問他與潘漢年什麼關係？怎麼會到上海來的？胡昌治說他是南方局派來的，得到了周恩來的批准。胡昌治話聲未絕就被一聲呵斥打倒，馬上被戴上一頂“炮打無產階級司令部”的現行反革命份子帽子。要他回家寫認罪書及檢查。他們看了胡昌治的認罪書後怒火沖天，便叫他拿紙和筆，把他們要說的話都寫下來，成為他的認罪書。胡昌治認罪書裡的最後落款必須是：“我是炮打無產階級司令部的現行反革命份子”。作為現行反革命，胡昌治經常也被揪到批鬥會上陪鬥。他父親胡石予留下的字畫手跡，以及祖先照片都被抄走，不知去向。

文革期間，胡昌治的哥哥胡叔異受到了弟弟的牽連，也被抄家降職，調查批判。雖然，經過調查，胡叔異的各種罪名都被解除，但被趕出原來住的房子，貶到上海的一家中學當教員。1971 年文革中，這個曾經顯赫一時的民國兒童教育家在心情抑鬱中患癌症去世，沒有看到他的孩子們和兄弟胡昌治經歷過的黑暗後的黎明。

五

隨著時光的流逝，長達十年的文革結束了，胡昌治的日子也終於有了盼頭。1976 年 9 月 30 日街道派出所宣布摘去胡昌治的四類份子帽子。從此，他清晨可以不參加勞動，也不必再把信件給小組長過目，進出也不用請示匯報了。雖然，胡昌治表面上恢復了自由，但他的檔案中還存留了記錄，依然被當作內控份子（“內部控制使用”的“人）。

胡昌治對自己的徹底平反已經不抱希望，根據他歷年來在共產黨內工作的經驗，如果受到處分向上級申訴，只會加重處分。然而到了 1980 年，胡昌治的侄子胡思升到上海出差時告訴他，中央中央已經實行改革開放，組織部長胡耀邦專門負責冤假錯案的平反。胡思升後來寫道：雖然我是他的親侄兒，但長期以來，對他的冤案也無能為力。我當時在全國最大報社工作，上層消息較為靈通。某日，傳達中組部長胡耀邦的內部講話，其中一句話，震聾發饋：“凡是冤假錯案，都要平反，即使是毛主席批示的，也要平反“。

胡思升聽了喜出望外，馬上坐火車從北京趕到上海，勸他的叔叔寫下要求平反的申訴信。經過歷屆運動的胡昌治對此心有餘悸而猶豫不決。胡思升便對胡昌治誇下海口說：“你不相信我，應該相信胡耀邦。你起草一封給他的信，我幫你修改。我親自帶回北京，交到胡耀邦手裡”。胡昌治這才將申訴信寫了出來，讓胡思升帶回北京。胡思升通過一位曾在胡耀邦手下工作過的中學同學的關係將這份信轉給了胡耀邦。很快就得到了胡耀邦的親筆批文。1980 年 9 月，73 歲的胡昌治獲得了徹底的平反，恢復了標誌著他政治生命的黨籍。

1982 年 8 月 23 日，中共中央正式發出《關於為潘漢年同志平反昭雪、恢復名譽的通知》，潘漢年二十七年的沉冤終於被平反。得知了這個消息的胡昌治感慨道：報上登了不少悼念文章，很多人都說“漢年地下有知，可以安息了。”唯有夏衍說了句真話：我們是無神論者，潘漢年和董慧二人是不可能知道的！這句話對上海地下黨的整個集體來說意味深長，特別像我這樣的地下工作者更是感慨萬千，極目蒼天啊！

雖然因為潘漢年一案的牽連而經歷了這麼多的苦難，但胡昌治對潘漢年仍然心存感激。當年中共於 1949 年取得政權後，胡昌治的秘密地下黨員的身份因得不到證明，無法證明自己早已是中共黨員。在那個時代，任何黨組織內部的高層工作都是按照黨嶺進行分配的，黨齡越長，得到的工作職位也就越高。如果你無法證實自己是共產黨員，就無法得到組織分配的工作，自然也不會有任何前程。在這個節骨眼上，當年的上海地下黨成員，後來成為著名劇作家的于伶 * 擔任了上海市軍事管制委員會文教接管委員會文藝處副處長，負責接管上海的文化、電影機構。于伶原名任禹成（後改名為任錫圭），是胡昌治的中學同學。當年，胡昌治在上海做正風學校校長的時候，專門扶植那些與中共關係密切的年輕教師和學生，于伶當時就在正風中學擔當語文教師。1949 年上海政權易手前夕，中共於丹陽曾經進行過一次整修，對上海政權易手後的所有團級以上的幹部都做了安排。原來上海地下黨的幹部也由上海地下黨市級領導於新成立的上海市政府商定安排。然而，在這些所有安排中，潘漢年系統的幹部都不在此範圍內，可見，上海地下黨在 1949 年後的共和國版圖上已經沒了一席之地。于伶告訴胡昌治，他在丹陽時曾特別對潘漢年說："上海的胡昌治在教育界很有聲望，有機會可找他擔任一些領導工作"。胡昌治便寫了一封信給當時擔任上海市副市長的潘漢年講述自己的狀況，潘漢年隨即把他的信轉給了上海教育局。不久，胡昌治就在上海教育局擔任了行政級別十二級的高幹工作。

胡昌治於 2005 年去世，享年 98 歲。回顧他與潘漢年的關係，胡昌治感慨萬分，替潘漢年鳴不平，也覺得上海地下黨成員們的整體處境實在太痛苦了。1949 年前，他們在國統區冒著生命危險為共產黨刺探傳遞情報，1949 年後，他們還沒有來得及享受到應得的正常待遇，就因為潘漢年一案被集體牽連，受到各種迫害。雖然，胡昌治从始至終都沒有親眼見過潘漢年，也沒作為他的助手工作過一天，但卻仍然因潘案受到了牽連，後半生都被毀了。這對於當年心高氣傲，因為理想而追隨共產主義，甚至不惜犧牲自己性命都願意為此奮鬥一生的胡昌治來說，心裡的痛苦可想而知。因此，胡昌治去世後舉行葬禮時，家屬拒絕了有關部門要在他的骨灰盒上覆蓋黨旗的做法。

如今，胡昌治去世多年，當年多少知道這件事的胡家人也一個個離開了這個世界。但是，胡昌治所經歷的那段歷史不應該被忘記，至少，它曾經真實地存在，如同當年令人難忘的潘漢年案一樣，不管如何撲朔

我爺爺胡叔異（左起）於弟弟胡昌治夫婦拍攝於上海

迷離，世人如何解說，它曾經活生生地存在歷史的角落和一代人的記憶中。

文章所提及的人名资料補充：

1. 胡叔異：民國上海兒童教育家，畢業於美國哥倫比亞大學的教育碩士，1948 年曾任上海新陸師範學校校长，出版過多篇教育文章以及教育書籍，包括曾經被上海報刊雜誌爭相轉載的歐美遊記《戰後西遊記》。1949 年，他本來有去台灣的船票，但為了家人選擇留在上海，在一系列政治運動中被抄家挨整，於 1971 年文革中抑鬱去世。

2. 胡石予：被譽為"江南三大儒"的民國詩人、畫家和教育家，學生桃李滿天下，如著名書畫家余天遂、國學大師顧頡剛、典故家鄭逸梅與作家葉聖陶等學生等都受過他的恩澤。胡石予有四個兒子，其中，三子胡叔異與幼子胡昌治都在上海從事教育工作。

3. 馬子卿：早胡昌治兩年加入中國共產黨，一直擔任雲南省共產黨的領導。1949 年"新中國"成立後，馬子卿擔任了中國駐斯里蘭卡大使。

4. 孔原：1949 中共建國後，孔原擔任了中國海關總署第一任署長、對外貿易部副部長。雖然，50年代，當上海地下黨大部分因潘漢年一案受到牽連被迫害後，當年作為南方局組織部長的孔原沒有受到衝擊。但文革”中，孔原因“黑幫”和“特務頭子”的罪名被打倒入獄，他的夫人許明因承受不住身心的迫害，於 1966 年底服安眠藥自殺。

5. 惲逸群：中共黨員，1942 年太平洋戰爭爆發後受中共地下黨之命從香港回到上海，“投降”做了“漢奸”。後進入日本特務機關“岩井公館”，身份是上海編譯社社長。抗戰勝利後，戴笠曾下令以漢奸罪逮捕他。1949 年後，惲逸群曾出任中共華東新聞學院院長、華東新聞出版局局長等職。1955 年他因潘漢年案牽連，以漢奸、叛徒罪被捕入獄十一年。惲逸群於 1978 年病逝南京，1984 年被平反，洗清了當年漢奸叛徒罪的冤屈。

6. 張唯一：於 1949 年後擔任了中華人民共和國第一任中央情報總署副署長，1955 年受到潘漢年案件牽連被批判，引發腦缺氧離世。

7. 喬清理：原名喬天榜，中共地下黨員，在潘漢年手下擔任情報工作。為了保密，他不能與外界聯繫，還改名喬理清，因此多年無法與家鄉的老婆孩子聯繫。1949 年 10 月共產黨的新中國成立，喬清理卻因病去世，年僅三十九歲。

8. 華克之 (化名張靜林等)1955 年 5 月 21 日，華克之因受到潘漢年案件牽連被判刑十一年，刑釋後被押送徐州監督改造又是十年。他的夫人朱素文也曾在潘漢年領導下工作，1955 年也被捕審查，1963 年獲釋後下放到徐州當圖書資料管理員。1998 年 1 月 7 日，華克之逝世，終年 96 歲。

9. 俞崇恩：上海地方教會長老俞成華的長子，1956 年 2 月，俞崇恩因拒絕參加三自愛國運動被批鬥。1958 年 5 月 3 日，三十二歲的俞崇恩作為“倪柝聲反革命集團青年骨幹分子”關押，隨後送往福建省北部山區的將樂縣勞改，度過三年大饑荒的極度飢餓的日子。1962 年改送到上海市管理的安徽宣城軍天湖農場，勞改了二十一年。他將這段經歷寫成了《十架窄路》一書出版。

10. 于伶：1932 年參加中國左翼作家聯盟，擔任組織秘書，並籌建了中國左翼戲劇家聯盟北平分盟，以戲劇、文學活動的方式，展開反帝反封建的愛國活動，同年加入中國共產黨，長期從事左翼電影戲劇的創作和理論工作。1949 年以後曾擔任國營上海電影製片廠廠長、上海市文化局局長、上海戲劇學院院長等一系列職務。1955 年 5 月，潘漢年被打成“潘楊反革命集團”主犯，于伶受株連。文革中，于伶被監禁近十年。

（原載《傳記文學》2022 年第一期）

住霞飛路的上海老姑

有一段夏天的時光，我暫居在上海的翠湖公寓高層，緊靠著淮海路上的新天地。我喜歡在黃昏時分在陽台上眺望著遠處被高樓大廈包圍著的一片錯落起伏的屋脊。這片屋脊的頂都是橘紅色，在陽光的照耀下顯得如此亮麗。我當時並不知道，我母親的大姑就住在那片屋脊下。

我媽的大姑謝玉冰生前一直住在上海法租界霞飛路 (AvenueJoffre) 上的來德坊。當初，霞飛路上有三個坊，霞飛坊，來德坊和汾晉坊，它們都被統稱錢家蕩，1949 年後，三個坊被合一改名為“淮海坊”，霞飛路也被改名為淮海中路。後來人一直以為現在的淮海坊就是霞飛坊，但他們卻不知道，淮海坊其實是由三條佈局同樣的坊組成。

當初這三條坊的投資人是天主教會的地產商普愛堂，普愛堂從業主錢文祺手中永租了土地，於民國 13 年 (1924 年) 投資建造最早的新式裡弄建築。位於淮海中路 927 弄的是霞飛坊，於 1924 年建造，建築了三層磚木結構共 199 幢。899 弄是來德坊, 建於 1934 年, 四層磚木結構共 51 幢。925 弄為汾晉坊，五層磚木結構 15 幢均建於 1934 年。這三個坊都是採用清水紅磚面建成，形成了霞飛路上的一個最時髦的紅頂小洋樓建築區，成為上海外國人以及中國富人住的地段。

二、三十年代的霞飛路是上海法租界最時髦講究的馬路，取自法國

名將霞飛 (Joffre) 的名字。這條大馬路平日顯得十分幽靜，沿著馬路兩邊種植了許多法國梧桐樹，夏天時，街道兩邊的法國梧桐綠樹成蔭地覆蓋著整條街道的兩側，感覺上彷彿穿越到了法國的某條大街上。當初的霞飛路有點像曼哈頓的第五大道，法國巴黎的香榭麗大道，是上海的生活時尚標本。沿著街道兩邊，坐落著來自歐洲的各色時裝店、咖啡店、麵包店，還有教堂、電影院、法國俱樂部等等。

坐落在當年的霞飛路上，淮海坊總體佈局規整，總弄與支弄式樣和規格統一，在建築式樣上仿法國式住宅，擺脫了石庫門的模式。所有的洋樓採用大面積整齊的雙坡頂屋面，屋面上統一的小煙囪、清水紅磚牆以及清一色的鋼窗，形成建築群整體特色，頗為壯觀。坊內裡弄寬闊，取消了石庫門，改用鑄鐵大門，行列式住宅均為單開間式，坐南朝北，每單元住宅前有獨立小庭院。俗話說：一條霞飛坊，半部民國史。毗鄰時尚高雅的霞飛路，霞飛坊卻鬧中取靜，一片祥和寧靜的高雅氣氛，因此出租率極高。民國時期，淮海坊吸引了上海眾多名流前來居住，從商賈巨富、軍政要人，到文化藝術界名流如竺可楨、徐悲鴻、胡蝶、許廣平、巴金等都曾在霞飛坊周邊的三條坊區住過，為淮海坊的歷史典故增添了一抹神秘的色彩。

那個時代，謝玉冰能夠住到來德坊完全是因為她的先生歐鴻翔在上海銀行做襄理，有些地位和錢財。歐鴻翔在來德坊買了一棟三層樓的洋房，自家住在三層，其他的兩層出租用來養房。我媽說，它們的洋樓每層樓都有兩間房間，加上一間有洗臉盆、澡盆和抽水馬桶的大洗澡間，這在當時的上海算是頂級配置了。至今，我媽還記著當初第一次去大姑家看到的情景，洋房樓裡嶄新的木質地板以及樓梯都被漆成紅色，非常漂亮惹眼。

我媽的父親謝希元是謝玉冰的弟弟，在海關做緝私員，1932 年因公殉職。當時，海關在萬國殯儀館為他舉行了一個盛大的葬禮，留下了一本紀念冊。她父親去世時，我媽剛剛四歲。靠著海關的撫卹金以及她爺爺謝老爺的資助，年幼的她跟著奶奶和在海關做統計員的母親住在位於重慶北路新建的公寓洋樓馬立斯新村。雖然，馬立斯新村也是西式公寓，但樓里地面都是光亮的水泥鋪成，沒有像大姑家這樣的木質地板。

我媽是她奶奶唯一的孫女，從小就受到奶奶的疼愛。在馬立斯新村的成長過程中，奶奶一直是她的庇護傘，給她失去父親的孤寂童年帶來了很多溫暖和安慰。然而，我媽在海關統計處工作的母親是個時代的摩登女郎，不喜歡裹著小腳的奶奶，成天跟她拉著個臉。因此，奶奶也不喜歡自己的媳婦，把對死去的兒子的全部的愛都放到我媽一人身上。

我媽上初中二年級的時候，謝老爺去世了，謝家請來家族幾位德高望重的親戚為謝家分家產。他們把爺爺的一半家產分給奶奶，另外一半家產分給已生三個孩子的姨太太。分家產的時候，謝家人不顧禮節，彼此用福建話你爭我吵，就差大打出手了。作為奶奶大女兒的謝玉冰為了幫她母親爭財產，跟親戚們拿出潑婦般的凶悍。我媽是孫女輩，沒什麼發言權，何況她和她母親一句福建話都不懂，也無法為自己爭取什麼，自然沒分到任何東西。謝玉冰為母親爭財產也是醉翁之意不在酒，打得都是自己的小算盤。分家後她便唆使她母親搬離馬立斯新村的高級公寓房，到她家去住，這樣奶奶的財產就不會落入外人之手。謝玉冰在她的三樓樓頂上趕建了一個頂棚給她媽住，好說歹說把奶奶說動了搬家的念頭。有一天，等我媽的母親去海關上班，我母親到學校上學時，謝玉冰便帶人來將奶奶偷偷搬走，還帶走了大部分的生活用具，把廚房都洗劫一空，連筷子碗盤都不留，剩下的幾乎是一座空屋。

這個突如其來的搬家事件讓我媽在情感上受到了很大的傷害，第一次看到世態炎涼的殘酷。她無論如何也想像不出從小就跟她住在一起、疼愛她的奶奶為什麼連個招呼都不打，就偷偷摸摸地溜走了。我媽記著那天放学回來後看到一屋子狼藉的情景，以及她母親憤怒的破口大罵。也許，奶奶就是無法忍受她母親的蠻橫而一直想離開卻不敢說的吧。從此，謝玉冰在她和母親的眼裡的形像變成了一個惡毒的壞女人，為了自己的利益不惜挑撥離間，騙走自己的母親。奶奶離開得如此突然而無情，在我媽心中刻下了一道深深的傷痕，而這傷痕的製造人就是她的大姑謝玉冰。

奶奶搬走以後，我媽和她母親自然而然地與奶奶斷絕了往來。沒有了奶奶的日子一下子變得冰冷起來，我媽回想著奶奶多年對她的關愛，忍不住偷偷黯然落淚。幾個月以後，奶奶派傭人給我媽送來了一雙她親自做的漂亮繡花鞋，並幾次打電話來說她給我媽做了她愛吃的點心，叫我媽去吃。我媽也很想奶奶，便背著母親偷偷地去大姑家看她。時間久了，大姑住的霞飛路成了我媽熟悉的時尚據點。高中時，她喜歡霞飛路上高級時裝店櫥窗裡的進口美裳，常以此為參照物，動手為自己縫製衣服。那時，百樂門也接近霞飛路，我媽有時候會跟她在大姑家認識的的一位年輕帥氣的表哥一起去百樂門跳舞。儘管，往昔的時光如流水逝去，那綠樹成蔭的霞飛路以及兩邊的法國梧桐卻在我媽心中留下難忘的漣漪，想起來時，還蕩漾著一圈圈美麗的波紋。

1946 年，我媽從清心女中畢業，想接著考大學。但她母親卻想讓她嫁人，拒絕付錢供她上大學。走投無路之下，我媽想到奶奶在爺爺死後分到的財產，便去找奶奶想辦法，看看奶奶是不是可以幫她一下。沒想到，奶奶竟唉聲嘆氣地說：“唉，你哪裡知道，我搬來以後，你大姑就把我手上所有的首飾、股票和錢都拿走了，說是存到銀行里保險。現在我手上什麼錢都沒有了，就跟你大姑的兩條狗，住在這夏天奇熱、冬天奇冷的頂棚裡。”奶奶懊悔地說道，我媽知道，如果奶奶早知今日，她絕對不會撇下孫女兒不管，偷摸搬離馬力斯新村的。

1949 年上海解放後，我媽離開上海北上，去北京進入華北人民革命大學學習，從此再也沒有見過奶奶。不久聽說奶奶去世了，據說是因為傳染上和她同住的兩條老狗身上的癩瘡。1950 年，我媽突然收到謝玉冰託人送來的一枚祖傳的翡翠戒指，說是奶奶生前囑咐她給我母親的。我媽感到十分驚訝，大姑這個連碗筷都不捨得留給我媽的人，怎麼捨得將這麼貴重的翡翠戒指給她呢？原來，大姑信了基督教成為基督徒，徹底改變了她以往的為人。

解放後，上海開展三反五反運動。也許是因為曾經在上海銀行任襄理，大姑的丈夫歐鴻翔被政府抓了起來。謝玉冰心急如焚，便向上帝禱告說，如果你能幫著把我先生放出來，我就終身信靠你。不久，歐鴻翔果真被放了出來，讓謝玉冰感激不盡，馬上信了主。

六七十年代中各種政治運動如同變換的皮影戲交替上映，基督教被禁二十多年。這二十多年間，謝玉冰卻偷偷地堅持在家裡開家庭教會，與教友們一起讀聖經做禱告。隨著謝玉冰對聖經的了解，她對上帝的信仰也就越加堅定。耶穌基督徹底改變了謝玉冰，讓我媽簡直不敢相信。謝玉冰的獨生女大學畢業後，被分配到安徽農村插隊，她與一名男知情結婚後就落戶在鄉下，不到五十歲便因癌症過世。女兒的死去雖然讓謝玉冰悲傷，但因為信主，她堅信是上帝決定將她女兒早早接去天堂。女兒能安息主懷，是她此生的榮耀。我媽回上海看她時，她還說，有一天，她會到上帝那裡與女兒相見，因此，她對死亡不僅沒有恐懼，還有一種堅定不移向死而生的勇氣。

自從大姑信主之後，她就像完全變了一個人，從原來的那個斤斤計較，為了家產可以欺騙虐待母親的人變成了一個虔誠的基督徒。所以，她會把奶奶留下來的那個翡翠戒指託人帶到北京交給我媽，這在以前，那個貪圖小利的她是絕對做不到的。

我媽每次回上海都回去看望大姑，她一直住在淮海中路的淮海坊裡。隨著時光的流轉，霞飛坊也慢慢變老，沿著淮海路蓋起的許多高樓大廈，像鋼鐵森林一樣把那片老弄堂房遮蓋得都快看不見了。原來的寧靜祥和的高級住宅區變成變成煙火氣十足的上海老巷：磚紅斑駁的牆面，屋頂廢棄的煙囪，錯綜飄揚的“萬國旗”。夕陽西下的時候，太陽就好像掛在煙囪上，從弄堂口望去，可以看到夕陽落日時分的餘暉，將那一片紅磚建成的小樓房塗抹成世外桃源的溫暖色調。歲月將當初給我媽留下深刻印象的紅色木質樓梯也消退得陳舊斑駁，紅色早已不復存在，腳踏上去是破爛不堪的感覺。有誰想到，幾十年前的鞋底下曾經是嶄新鮮豔的紅，猶如母親的青春像花一樣綻放的歲月也曾在這樓梯上奔跑而過。

每次看到我媽，大姑就會把珍藏多年的老相冊拿出來給她看。發黃的相冊裡。來自老上海舊時光的親人們依舊像過去一樣年輕漂亮。我媽看到她小時候的照片，看到疼愛她的奶奶，年輕的大姑和姑父。大姑看到我媽喜歡老相冊裡的老照片，便讓我媽把那本相冊拿走，“你把這相冊拿去吧，反正我死了以後，他們年輕人是不會對這種老照片感興趣的。”但是我媽覺得老兩口這麼大年紀了，一生的往事與青春時光就定格在這本相冊上了，實在不好意思拿走。我媽便把其中的有她部分的照片拿到照相館翻拍，花了幾千人民幣算是了卻了心願。

我媽最後幾次去上海看大姑時，她給我媽看她自己給她和丈夫歐鴻翔縫製的兩件壽衣，是白布的長袍，上面縫著紅布做成的十字架，在光線昏暗的老式公寓裡顯得如此鮮豔醒目。大姑說，她已經準備好穿著這樣的壽衣喜樂地去見上帝。說這話的時候，她的臉上洋溢著祥和的微笑。

謝玉冰和歐鴻翔兩個人都活到近百歲。耄耋之年的歐先生上海話已經忘記很多，只能用英文交談。但大姑一輩子做家庭婦女，不懂英文，自然搞不懂歐先生說的是什麼，因此，我媽每次去看他們的時候，歐先生總是開心地跟她用英文對話，彷彿又回到了他的年輕時代，回到了老上海的往昔。很難想像得出，在上海淮海路老區的一棟年久失修而破爛不堪的弄堂房裡，居然住著一位會講一口漂亮的老式英語的老頭。

老兩口百年之後，兩個人在淮海坊的住房給了女兒收養的繼女。當初他們的女兒在安徽農村時一直沒有孩子，便過繼了一個女孩為乾女兒。這個乾女兒繼承了淮海坊的樓房之後，便把它賣掉了，搬到上海一個更時尚的現代地段。

我媽後來見了乾女兒一面，想把那本老相冊要過來。畢竟，那本老相冊對我母親來說更具有意義，因為它承載了上海幾代人的記憶，記載了她在上海從小長大的點滴鏡頭。尤其，大姑的過世讓我媽覺得，她們之間幾十年的維繫除了記憶之外，也只有這本相冊了。

但是乾女兒卻說，那本相冊已經找不到了。我媽聽了，禁不住內心感傷。以往回上海時，她都會去霞飛坊看大姑。多少次走在熱鬧喧囂的淮海路上，我媽總是會想到當年她來大姑這裡看奶奶的往事。人生如梭，

我母亲与谢玉冰及欧鸿翔夫妇留影（上海 1933 年左右）

幾十年滄海瞬間掠過，留下的卻是回不去的往昔片段。那些當時不經意的各種生活點滴，想起來的時候卻溫暖著心底被歲月碾壓出的孤寂和冰冷。如今，大姑如同她的時代早已灰飛煙滅，我媽也到了大姑當時的年齡。對她來說，上海已經成為了一個遙遠的記憶，自從最後的一個親人大姑離世後，就再也回不去了。

當初我站在翠湖公寓的陽台上眺望到的淮海坊，是我並不了解的一片老房區，竟不知道命運的屋簷下，那裡曾終身住著我母親的大姑，年輕時曾渾噩地活在霞飛路上，最終肉體死在在淮海坊裡。然而，那個夏天無數次黃昏中的眺望都成為我生命中難忘的記憶，如同血緣的傳承，在冥冥之中，給予下一代重新認識他們靈魂的機會，從而讓老姑靈性的生命得以延續。

（原載《文舞霓裳》文学专栏第 59 期）

往事回眸 --- 康同璧在紐約宰也街

多少年如一日，紐約唐人街的老街宰也街 (Doyer Street) 像是一隻時間的膠囊，凝聚了歷史遺留下的痕跡，給人一種時光穿越的感覺。陳舊狹小到有些局促的街道，兩邊裝潢陳舊的店面以及中文字的招牌，讓這條只有 200 英尺長、卻曲裡拐彎的馬蹄形半街依舊洋溢著一股往昔的風情。早年的紐約老唐人街只有三條街，宰也街是其中一條，記載了紐約唐人街的全部興衰血淚史。

我在 2018 年九月末的一個晚夏來到宰也街，參觀紐約華裔藝術家陳棟帆那天夏天在宰也街的地上塗鴉《龍與花之歌》。這個活動的宗旨就是喚起紐約人對宰也街重要歷史意義的再次認識，從而紀念美國亞裔移民的歷程。當我站在宰也街被暮色掩映的街道口時，我感到歷史的微風從身邊颼過，帶著華埠百年移民的興衰史穿街而過。暮色蒼茫時分，這個歷史的感覺沉甸甸地壓在心中，彷彿是歷史的聲音在耳邊欲語還休。

當我翻開我高中的閨蜜周小輝發給我她撰寫的關於康有為的女兒康同璧的故事和照片時，我才恍然大悟那天在宰也街感覺到的那股歷史之風。

115 年前，清末思想家和改革家康有為的小女兒康同璧也來到宰也街。那是 1903 年 10 月的一個秋日，康同璧剛剛二十歲，卻已經是康有為推行維新變法的得力助手，以及鼓吹婦女平權的領軍人物。康同璧1903 年從印度來到美國的一個重要目的就是為康有為的改良主義爭取到歐美主流社會的支持。剛剛來到美國的康同璧，在“留學之父”容閎的安排下，住在距離紐約市區兩個多小時車程的康州（康涅狄格州的簡稱）哈特福德鎮附近的南溫莎。

自從策劃了 1898 年轟動中外的戊戌變法失敗之後，康有為逃亡海外。1902 年，不到二十歲的康同璧隻身帶著僕人從北京經廣州、香港、澳門到達新加坡尋父，然後從南洋於康有為同行到印度大吉嶺居住了一段時間。之後，康同璧在父親的安排下赴美留學，同時為父親的改良派在歐美進行進行推廣，獲取支持。別看康同璧當時年紀輕，但她深受康有為的影響，充滿了獨立精神以及對中國維新改革的期望與激情。康有為深為女兒的獨立精神感動，在康同璧離開印度之際，為愛女賦詩踐行：

美歐幾萬里，幼女獨長征。豈不憐孤弱，其如哀眾生。
流涕言國故，哀激結名卿。女權新發軔，大事汝經營。
波濤太平海，還港半郵程。破浪翻雄志，全身念所生。
在家殊作客，任事異談經。驕吝宜淘汰，無存兒女情。

來到了美國之後的康同璧果然不負眾望，積極投身於推行中國女權的改革運動中。1903 年抵達華盛頓州塔科馬後，她立即成立了由她父親創立的的中國保皇會婦女分會，從華人社區招募成員。從那裡作為起點，她於 1903 年 10 月前往不列顛哥倫比亞省，舊金山，芝加哥和紐約市做公開演講。康同璧的母語是粵語，所以演講基本上是粵語進行。後來為了擴大影響，爭取美國主流媒體的支持，她開始用英文進行公開演說。

那天，康同璧來到紐約唐人街宰也街 (Doyer Street)17 號二樓的晨星福音堂的樓上舉行首屆保皇會紐約女會的開幕。1903 年 10 月 20 日在康同璧的時間表上是一個值得記憶的日子，而在紐約時代變更的歷史時間表上，也是一個難忘的時段。距離紐約唐人街十幾條街口的聯合廣場地鐵站正在施工，上城的時代廣場那天還被稱為朗埃克廣場 (Longacre Square)。而曼哈頓的唐人街不過只有三條小街道，勿街 (Mott Street)、宰也街 (Doyer Street) 及與之交叉的披露街 (Pell Street)。

宰也街那天的早上的幽靜如同以往一樣深邃，陽光照在街道的盡頭，兩邊的建築沉浸在陽光照不到的暗影中，全城第一家中國老戲院 (China Theatre) 也被棄用，成為了華人僑團為猶太人捐款的地點。與宰也街交界的披露街 (Pell Street) 上，路過的中國男人有的還梳著清朝的辮子，帶著黑色禮帽、穿著短衫扎腳褲的黑幫模樣的男人遊手好閒地站在街拐角。偶爾路過的印度送茶人頭頂著茶盤和茶壺，眼睛看著地面從他們身邊走過。宰也街幾乎看不到任何一位中國女人的身影，畢竟在那個時代，中國移民中的女性都還不習慣像美國女人一樣在街上拋頭露面。然而，來到宰也街 (Doyer Street)17 號參加開幕式的 200 多名中外參會者中，居然有 35 名身穿中國傳統服裝的女性。她們都不是唐人街上窮苦的百姓，而是慕名來支持康同璧的達官貴人的女眷。她們有些人居然還裹著小腳，盛裝華服下掩飾不住小腳帶來的腳步蹣跚。根據“紐約論壇報”對當日的報導，康同璧小姐充滿自信地發表了英文演講，儘管她的英文詞彙有限，發音帶著粵語的腔調，但仍然掩飾不住她語調裡充沛的激情。在演講之前，康同璧與她的女同胞們都是用粵語交流著，屋子裡充滿了嚶嚶的粵語談話聲。當演講開始時，康同璧開始轉換成英文說：“我希望中國女性與美國女性知道的事情盡可能一樣多。我希望中國女性可以讀報，了解國家大事。我希望她們接受更高的教育，幫助我們一切做成大事。如果，貓都幫貓，狗也幫狗，那麼我們婦女為什麼不能站在一起互相幫助呢？！”

在關於那天的日記裡，康同璧記錄了她的經歷。在 1903 年 11 月 3 日接受紐約日報的採訪中，她說：“這個世界是那麼大，有那麼多的東西要學，所以我必須學習才可以幫助到我的國家。在我準備好工作之前，我是不會感到疲倦和想家的。”“我做一切我可以做的，喚醒我們的婦女們，我將學習政治經濟和歷史，這可讓我知道如何去幫助我的人民，尤其是中國的婦女，我每個月為女報寫作，報導外面的世界發生了什麼，其他的婦女在做什麼？”

可以想像一下，在 1903 年的紐約這樣的一個充斥三百四十萬著各國移民的大都市，市政建設正在興旺，市區地鐵正在火熱建設完工中，紐約城市的五個大區的街道都是人潮洶湧的移民，他們關心的都是身邊的生活溫飽，惦記著他們遠在家鄉的親人。康同璧不過二十出頭，卻關心著她父親發起的政治改革，關心著中國女權的事業。她嬌小的身軀中發出聲音是那麼鏗鏘有力：

“我想告訴我的中國姐妹要和美國姐妹一樣。我希望她們能夠讀書，我想她們明白事理。”

“長期以來，在中國女孩子的出生一直被視為災難，我們必須使我們的人民認識到，女性各方面都可以媲美男性。”

“如果中國女性自己教育自己，證明自己的智力等於自己的丈夫和自己的權威，她們將會得到和你們美國婦女同等的待遇。也許今天的中國婦女看不到我們美麗富饒的國家的覺醒和啟蒙，和看到它帶來你喜歡的繁榮，但將有助於給未來一代的兒童帶來期望的結果。”

面對著這樣的一個激情燃燒的年輕女孩，有誰不能被她的信仰和誠懇打動？康同璧在宰也街的演講促成了保皇會在美國東海岸成立一家報紙的願望。三位唐人街最富有、最有影響力的商人 Jue Chue，Lee Yick Yue 和 John Chantz 同意為這家報紙的創立提供全部資金。根據 1903 年 12 月 20 日的《紐約時報》報導，這家命名為《中國維新報》的報紙是全美第一份中文報紙，辦公室位於唐人街的莫特街 5 號的新樓裡。

《中國維新報》於 1904 年 3 月 10 日開始出版第一期報紙。到了 1904 年 5 月 12 日，報紙的辦公地址改為唐人街所有街道，包括勿街的交匯口且林士果廣場的 7-8 號 (Chatham Sqr.) 當時，報紙每份賣 5 美分，每年本土訂閱價格為 2 美元，外國訂閱價格則是 2.5 美元。為了擴大資本，《中國維新報》還提供刊登頭版廣告 5 美元的股份。

1909 年的紐約宰也街（Doyer Street）

雖然，《中国维新报》於 1937 年關閉，但是作為促成首家華文報紙在美國的創立，年輕的康同璧展示了非凡的外交手段和能力。

在時光的流逝中，宰也街幾經興衰。康同璧來到宰也街時還佇立在街拐角的那家被號稱為唐人街最有名的酒樓探花樓 (Chinese Tuxedo)，以及它充滿東方風情的雕花欄杆也在歲月的凋零中開始褪色，最終消失，那家专演粤剧的中国老戏院也在康同璧来宰也街之后的七年关闭。我总是禁不住猜想，也许康同璧也在探花楼吃过早茶，与她志同道合的朋友们在早茶餐车和酒盏碗碟的喧嚣中一起讨论着有关她父亲的国家大事。

在康同璧离开唐人街之后的几年，宰也街沦为了华人黑帮争斗的地盘而臭名昭著，一度还被称为“血角”(Bloody Angle)，是全美国死于非命人数最多的街角。作为纽约老唐人街的神经中枢，宰也街曾是唐人街跌宕起伏的生活场景所在地。然而，在历史上，它像一个孤儿一样被早期的历史学家忽视，甚至都没留下多少关于它的起源和历史的记载，如同 1903 年康同璧的那次探访从未在唐人街的華人历史上留下一笔重彩一样。不过，随着宰也街因为唐人街历史的兴旺而再次被紐約市政府关注的时候，我希望，康同璧的往事也会因她在 1903 年的那次为中国女权呼吁的演讲被世人重新回味记住，畢竟，她促成了全美第一家的華人報紙的開辦，為華人在美國的歷史留下了一個無法抹滅的歷史光彩。

（原載台灣《传记文学》2019 年第 3 期）

往事回眸：
康同璧從南溫莎到紐約巴納德學院

一、南溫莎

從紐約曼哈頓市中心前往康州哈德福德市可以乘坐火車 2 個小時 30 分鐘就到了，駕車過去也不過是 2 小時多一點，乘坐長途旅行灰狗巴士時間稍微長一點，三個多小時。而在 1903 年，火車線路並不通暢 , 從紐約到哈特福德的直線火車正在修建中。所有來自紐約的火車都需要藉助其他的鐵軌線路，繞道過橋走上很久才能到達哈特福德市中心的火車站。

1903 年 10 月 22 日下午，在美國康州哈特福德市的火車站上，一位帶著黑色禮帽，衣冠楚楚的七十多歲的老人正在焦慮地等待著來自遠方的火車。正值美國東岸最美的秋季，"樹樹皆秋色，山山唯落暉"的美景每天都鋪展眼前的鐵軌盡頭，讓古老的建築都渡上一層金光。而老人對周邊的景色卻無動於衷，他一臉焦慮，時不時地拿出懷錶來看時間。火車晚點是常有的事情，尤其，1903 年的火車線路並不通暢。那時，從紐約到哈特福德的直線火車正在修建中。

哈特福德市位於美國東海岸的緊鄰紐約州的新英格蘭地區，是康涅狄格州的首府。除了市區之外，市區四周連接著廣闊的郊區鄉下，形成哈特福德郡。哈特福德市在 1903 年就是美國最古老最富有的城市之一，具有 268 年的悠久歷史。它的市區繁華，主幹街道上高樓林立，有軌電車和馬車比比皆是。這裡最著名的文化遺產就是美國著名作家馬克吐溫的故居，而最不為人知曉的卻是這裡是清朝第一批中國管費留學生的聚集地，位於哈德福德郡鄉下的一所中學哈德福特高中已經吸引了中國清末的第一批官費留學生前來留學，如唐紹儀、蔡廷幹、梁孟亭等。

此時此刻，這個站台上的老人就是清政府派駐美國負責接待、安排中國赴美留學生的容閎先生。容閎 1947 年到美國留學，1850 年考入耶魯學院，成為首位在耶魯大學學習的中國留學生。1954 年，容閎從耶魯畢業後，便回國投入洋務自強運動，推動清政府送小留學生到美國留學。容閎在康州哈特福德郡成立了中國教育使命機構 (China Education Mission) 專門管理前來留學的小留學生們。

此次，容閎是專門來接康有為的二女兒康同璧的。容閎因支持康有為、梁啟超為代表的維新派而與康有為志同道合，因此，康有為特地託付容閎照看他前往美國留學的二女兒康同璧。一年前，與父親康有為一同僑居在印度大吉嶺的康同璧，尊父親安排，決定赴美留學、演講。年僅二十歲的康同璧輾轉經新加坡、日本、加拿大達 10 個月之久，終於 1903 年 8 月 20 日到達美國西海岸，馬上投入保皇會的各種活動，在各地原來保皇會之下設立了保皇會婦女分會。她先在華盛頓州塔克馬市創立了保皇會婦女分會，之後前往舊金山、芝加哥等地創立婦女分會成立進行演講，最後來到離開紐約不遠的東康州哈特福德郡與容閎匯合。

佇立在人跡稀少的站台上，容閎有些擔心和焦慮，畢竟，康有為是清朝通緝重臣，也是刺殺的目標，而他的女兒康同璧的人身安全也是讓人擔憂的。容閎只希望康同璧能夠平安到達，這樣他才能不辜負康有為交予他的信任和重托。終於，經過似乎漫長的等待，容閎盼望的火車到站了，乘客陸續的走出車廂。容閎和他帶來的助手在車站的站台上沒有看到康同璧，便立即走進車廂，順著一個車廂又一個車廂地尋找，終於找到了康同璧。她想美國上流社會的女子一樣穿著一襲黑色西裝裙，披著黑色絲綢外套，戴一頂考究的繡花帽子。陪同康同璧一起前來的還有

在哈特福德高中讀書的康同璧

黃太太，容閎看到她們，總算舒了口長氣，原來擔著的心也放了下來。

見到容閎，康同璧馬上將旅途的勞頓丟到腦後，開心起來。除了容閎是她父親康有為的老友之外，容閎的慈祥和藹，以及接人待物彬彬有禮的西方禮儀讓康同璧有賓至如歸和深受尊敬的感覺，最主要的是，一直渴望父愛的康同璧看到容閎，就有看到康有為的感覺，因此，她後來將容閎視為她敬愛的父輩，也就順理成章了。那年，康同璧不過二十出頭，卻因為獨特的個人經歷而顯出超越年齡的成熟大方，讓容閎也心生喜愛，待她如同家人。

容閎安排康同璧住進了離哈特福德市區只有十幾分鐘車程的鄉下小鎮南溫莎的瑪麗·都鐸醫生 (Mary Starr Tudor) 的家裡。瑪麗是當地的著名女醫生，哈特福德郡醫學會的成員，也是”美國革命女兒“協會的活躍成員。她的家位於 621main street，是一幢被樹木環繞，草坪掩映的兩層住房，房前種植著蘋果樹和梨樹，春天花開的時候，滿樹盛開的紅白色花朵煞是好看。此地的鄉民多以種雪茄煙草為生，家家都養有至少一頭奶牛，每日都可以喝到三次新鮮的牛奶。南溫莎的生活安逸而有趣，吃飯也是規定好的，比如，星期一吃羊腿，星期二吃雞，星期三吃魚，每天都吃不同的食物，基本上都是用家裡烤箱，或者外面烤爐做的美式傳統燒烤。

雖然，住在南溫莎的生活安逸而平靜，但康同璧卻從來沒有停止過為中國女權的推動和呼籲工作。她多次前往紐約市區的唐人街設立“保皇會紐約女會”，進行公開演講，還接受三位華商的捐助，創立《中國維新報》，並在唐人街設立了報社辦公室。對於中國女權運動充滿了澎湃激情的康同璧來說，南溫莎不過是她的一個臨時落腳點，讓她更好地學習英文，以便今後更好地發表公開的英文演講，幫助後來來美的父親進行翻印以及幫助他推行他保皇維新的遠大宏圖。

1904 年夏天，康同璧接父親來信，要她利用暑假假期到歐洲遊玩。此時，康有為已離開印度到達歐洲。康同璧在南溫莎的房東瑪麗醫生得知她要去歐洲，便幫她準備旅行用的一切東西。忙了幾日後，康同璧即由南溫莎乘車到哈特福德市中心，從那裡乘火車到紐約，然後再乘船去英國。歐洲之行結束後，康同璧回到南溫莎，於 1906 年秋天，考入哈特福德高中 (Hartford High School)。至今，哈特福德高中還有康同璧從 1906 年到 1907 年間讀過書的記錄。

剛入學沒幾個月，即趕上冬天。一日，漫天大雪，康同璧吃過午飯後急忙趕往學校。剛出門時被石頭絆了一跤，當時並不覺得怎樣，照樣上課。等回到家後才感覺疼痛，原來是背部摔傷了。醫生建議她在放寒假時好好修養一陣子，於是，康同璧就利用放寒假的期間，與她的數學及英文補習老師古德渥(Goodwood)女士到美國南方的佛羅里達去養病，在古德渥女士的一個朋友家住了三個星期。佛羅里達是美國南方盛產橘子的地方，也是林肯解放黑奴的地方。從哈特福德到佛羅里達需要乘四天的輪船。船還未到碼頭，康同璧覺得她已經聞到空氣中的橘子香味。舉目望去，南方的空氣怡人，風景優美，白色藍色的橙子花開遍四處，讓康同璧禁不住沉醉其中。然而，如此溫暖的空氣和美景並沒有讓康同璧感到更多的舒適。她看到南方黑人所處的不平等待遇，儘管不再存在黑奴，但是當時的南方黑白不平等仍是嚴重存在的問題，所有的公共場合都存在著黑人與白人的分區，甚至酒吧和餐館都黑白分開，讓康同璧感到震驚。她意識到任何國家都存在著貧富不均和人與人的不平等，而這些正是她一生所為之奮鬥的。

二、紐約巴納德女子學院

自從 1903 年以來，紐約各大報紙上時不時會出現一個中國女子的名字，康同璧。那時候，中國人的報導和形像很少會出現在像紐約時報這樣的主流英文報紙上，因此，這個叫做康同璧的年輕女子迅速成為了紐約媒體的名人。康同璧的這種出名首先於她逃亡海外的父親康有為有關，其次，她作為一個如此年輕卻已經是保皇黨重要成員，並多次前往紐約參加保皇派的活動也是受媒體矚目的原因。不過，康同璧在紐約媒體上最出名的時期還是她進入紐約頂級女子學院巴納德學院之後。

巴納德女子學院位於紐約曼哈頓到的西上城，離哥倫比亞大學不過咫尺之遙。在 1889 年之前，哥倫比亞大學尚不招收女生，因此，在哥倫比亞大學內部男女教育平權的呼籲下，巴納德學院於 1989 年成立，作為哥倫比亞大學的一個單獨的部門，專門招聘女學生。招收的女生雖然不能參加哥倫比亞大學的課程，但是可以拿到巴納德學院頒發的文憑和學位。

在 1907 年進入巴納德女子學院學習之前，康同璧一直住在臨近紐約州的康州哈特福德郡鄉下的南溫莎。一方面，她的父親康有為的好友容閎先生一直住在哈特福德從事清朝管費留學生的安排和管理工作，另一方面受容閎安排，她在清朝官費留學生最多的地方，哈特福德高中讀書。以康同璧的年齡來看，早已到了上大學的年齡。美國高中都是給十八歲以下的青少年上學的地方，超過了這個年齡的學生已經不好意思繼續留在高中里。康同璧曾經申請過著名的 Wellesley 女子學院，但因為空間有限，Wellesley 女子學院拒絕了她的申請。於是，康同璧參加了位於哈特福德市的三一學院的課程，同時於 1905 年向巴納德女子學院遞交了入學申請。從康同璧人生軌蹟的歷史記載來看，她於 1904 年至 1905 年期間跟隨私人導師 Adeline-Bartlett Allyn 女士學習。1906 年秋天，她已經是哈特福德公立高中的學生。

1907 年 3 月 14 日，正值康有為五十大壽，康同璧陪同父親康有為自英利物浦乘遊輪返回紐約。當時的英文報紙對康有為作為憲政會（保皇會）的首領來到紐約進行了先期報導，因此保皇黨各地皆派代表來紐約預備為康有為慶壽。當康同璧和父親抵達到紐約港口時，很多報館記者捷足先登上船採訪，二百餘名華埠憲政會的代表也齊聚碼頭對康有為的到來表示歡迎。憲政會會員為他們父女準備了一駕六架馬車，均是一色的白馬拉車，連車身和車軲轆也是白色的。他們一直從曼哈頓下城的紐約港行駛到位於五大道三十三街的老華爾道夫酒店，引來路旁的中外人士的翹首觀瞻。

1897 年開業的老華爾道夫酒店是紐約當時最奢華的酒店，德國文藝復興時期的建築風格、路易十四風格的宴會廳以及奢華的舞會都是吸引全球人們矚目的地方。當時，老華爾道夫酒店是世界上最大的酒店，專門為顯赫的上流社會設計。因此，除了接待的除了紐約的社會名流和富賈巨商之外，老華爾道夫酒店主要接待來自各國的政府首腦等達官貴人。作為全球第一家擁有電力和私人浴室的酒店，老華爾道夫每天的住宿費約一百多美金，相當於一個普通紐約人半年的工資。康有為住在第二層李鴻章曾居住過的房間。房中陳設輝煌，從器具、簾幔到室內裝潢，都採用法路易十四時代的樣式。

坐著白色馬車還未抵達老華爾道夫，遠遠地，康同璧已經望見旅館屋頂上空隨風飄揚的中國清朝龍旗。一般這種隆重的待遇都是給予國賓皇戚，平常的富賈巨商是無法受到如此歡迎方式的。康有為居住在老華爾道夫時，不斷的有人來訪，康同璧作為其父親的翻譯，對來訪者的問題一一回复。大家問的最多的是他們父女來美的意圖、他們對於中美關係的感想，以及當初戊戌變法的經過。當時慈禧太后欲廢光緒帝而改立大阿哥，康有為得知後，乃奔走歐美，聯合全球二百過個憲政會分支機構致電京城，向那拉氏盛陳光緒帝在位時之德政，維新利民，實為聖主，豈有廢主之理。慈禧得知此電報後，知道難惹眾怒，由此取消了廢光緒的年頭。

1907 年，巴納德女子學院代理院長威廉·布魯斯特呈交給院方的報告說，有四名外國學生在巴納德註冊：一名來自英格蘭，一名來自德國，一名來自俄羅斯，最後一名來自中國。這名來自中國的學生就是巴納德學院接受過的第一位亞洲學生康同璧。康同璧申請參加 1905 年 5 月的巴納德入學考試，但直至 1907 年，她才以“學院客人”的名義入學，這應該是時任教務長的勞拉·吉爾專門為她而發明的一個身份。在這一身份下，她可以不修所學課程的學分，但仍然是 1909 屆班上的一名學生。這種特殊待遇並不表明輕視她的智力或以前的教育情況，而是由於學院考慮到她不時需要陪同父親履行使命，加之她的年齡、英語不夠純熟等具體問題，吉爾教務長擔心她可能通不過正規的畢業考試。然而，康同璧最終完成了學院中必修課的 23 門課，包括歷史、人類學、哲學和教育學等。在巴納德學院，康同璧除了攻讀史學之外，還主修教育，以備返國後進行辦學活動。

因為經常要陪著父親康有為到全球各地進行旅行演說，康同璧不得不常常請假離開學院。康有為還曾經給教務長吉爾寫了一封道歉信說："我耗費了她大部分時間，擔心她經常缺席可能會影響她的學業。但是，我真誠地希望你原諒她因為這個原因而缺席"。

康同璧進入巴納德女子學院後有一段時期相當引人注目，女學生們都在竊竊私語她的背景來歷。當時能夠進入巴納德女子學院學習的女生家庭非貴既富，作為這個學院錄取的第一名亞洲學生，康同璧在新建成的布魯克廳 (Brook Hall) 紅磚大樓租了套最貴的頂層公寓，帶著僕人住了進去，還在公寓裡舉辦歡迎茶會。康同璧的這些社交舉動不但引起了同學們的矚目和羨慕，也引起了紐約媒體的注意。1908 年 10 月 18 日，《紐約時報》在第 20 頁給了康同璧一個短文介紹。這篇標題為"中國貴婦在這裡：康同璧小姐加入了巴納德的高級班"的文章對康同璧充滿了溢美之詞，稱她為"巴納德宿舍樓裡的最愛，具有迷人的幽默感"。

儘管康同璧常常在巴納德學院之外參加各種活動，但她仍然非常投入學院的學術和社會文化活動。除了在新建的布魯克斯大廳租了最貴的套房，由僕人在那裡幫助他為同學們舉辦受歡迎的茶會之外，她還在在 1907 年 5 月的學生文學雜誌"巴納德熊"中貢獻了一首原創作品"迷失在印第安森林中"，描述了她與父親在一個叢林中穿越的旅程中遇到神秘王子的故事，充滿了戲劇情節。康小姐還參加了 1909 年的高級午餐班。那時，她已經與康有為的學生羅沖訂婚了。

康同璧所居住的宿舍在學校正對面，院舍中廣植花木，外有游泳池、球場，距離學校不過數十步，往返極為方便。巴納德學院往東就是哥倫比亞大學，往西走幾條街就是哈德遜河和新建的 Riverside 公園。河畔公園草木旺盛，風景絕佳，尤其夕陽西下十分，整個哈德遜和都被霞光照耀成金色魚鱗般的光道，熠熠生輝。康同璧課餘的時候，喜歡與同學們一起到哈德遜河畔公園漫步，在夕陽餘暉的沐浴眺望遠處哈德遜河上的落日以，以及河中來自哥倫比亞划艇俱樂部的帆影，談論時政和功課。每天下課後的傍晚，附近來往的都是附近幾所大學的學生，他們結伴遨遊，或沿河漫步，或茶亭品茗，及至萬家燈火之時才開始返校。

在巴納德學院學習的這段日子，有不少名人佳士慕名來訪問康同璧。美國著名經濟政治家查爾斯·弗林特 (CharlesR.Flint) 也前來探訪康同璧，查爾斯·弗林特是計算機製表錄音公司 (即 IMBM 的前身）創始人，被譽為“信託之父”。他們夫婦也住在紐約市，不過離巴納德學院比較遠。看到眼前康同璧年輕活潑的個性，夫婦兩不禁有些詫異。當時的中國女子給西方人帶來強烈的神秘感，她們一般都是大門不出，二門不邁的大家閨秀，很多還纏足。而眼前的康同璧卻完全與他們相信中的傳統中國女子相反，不僅活潑可愛，而且知書達理。深吟西方禮節。他們從未見過一個中國女孩落落大方地能操數國語言暢談中國的時政以及婦女地位。這樣的女孩在當時的西方女學生中在歐美姑娘中也是少數，更何況一個來自中國清末民初的女子。夫婦兩頓時對康同壁心生愛慕。他們後來對康有為說：“你的這位大小姐是出類拔萃的人，將來必有大用於國家。”為了能更方便地照顧康同璧，他們還把她收為乾女兒。在美多年，康同璧有了他們的照應，活動起來更加如魚得水。

康同璧一直抱有濟世利民，救國救人的思想。她感覺中國是一老大病夫之國家，欲救國必先強其兒童之體格。巴納德學院經常組織女生們參與救助兒童的工作，幫助紐約“兒童福利會”進行捐助和檢測工作。她們輪流去貧窮人家調查兒童生活情況，為他們提供各種福利的申請。她們還參入考察兒童的居住條件、衣服、飲食等各項活動，為他們進行測量體重，檢視耳目牙齒等健康檢測活動。康同璧對此非常熱心，她參加各項實習工作。她認為自己在巴納德學院參入的類似社會實習活動，都為她日後回國建立兒童福利社，幫助中國兒童改善生活打下了堅實的基礎。

三、紐約的中國公主

1908 年 11 月 14 日，紐約很多報刊上刊登了一個中國公主對光緒皇帝神秘死亡發表，這個評論所謂的中國公主就是康同璧。在紐約 New York Evening Mail 在 1908 年 11 月 18 日刊登的一篇題為《皇帝被刺，公主說》(Emperor Killed, Says Princess) 的報導中指出：康同璧地對記者說，根據她從仍然留在北平的許多朋友以及關係網絡那裡得來的消息，光緒皇帝是被某位得到了慈禧太后的青睞並控制軍權的一位政要所毒害。雖然康同璧並沒有說出這個政要的名字，但所有人都明白她指的是向慈禧太后出賣光緒皇帝變法的袁世凱。雖然光緒皇帝剛剛過世 (22 小時後，慈禧太后也隨之駕崩），朝廷公佈的消息稱光緒皇帝是病死的。除了皇宮裡的人之外，沒有人知道光緒皇帝死亡的真實原因，就是歷史學家也對皇帝的離奇死亡充滿爭議。但是，在光緒帝駕崩那天，康同璧已經毫不畏懼地在紐約報紙上宣稱光緒皇帝的是被朝廷要政毒害而亡，勇氣可嘉。在向紐約主流英文報紙宣布的同時，康同璧還在紐約的唐人街為光緒皇帝的逝世組織了一個追悼會，顯示出她過人的膽量和勇氣。在文章中，記者還援引康同璧的話說：她的父親康有為曾是皇帝的顧問，也是中國的改革領導人，目前正躲在英國，康同璧還預測中國會受到內戰的影響。

當時，康同璧如此迅速以及肯定的宣布讓紐約媒體誤以為她與光緒帝是親戚，因此報紙英文報紙報導這件事情的時候將康同璧稱為公主，也許是為了讓美國讀者以為她的家族在中國具有官方權威地位。然而“公主”這個詞在西方人的頭腦中意味著皇室成員的一部分，而康同璧本人卻並非是皇室成員。

然而，是不是皇室成員不重要，重要的是這個爆炸性的消息讓西方媒體的目光掃向中國的清王朝的同時，也讓很多人知道了康同璧是保皇黨領袖康有為的女兒。因為康同璧當時是著名的私立女子學校巴納德學院的學生，因此，報紙上每一次談及康同璧的時候，都會指出她是巴納德學院在校生，讓人們更加相信她在保皇黨所具有的女性領袖地位，因為巴納德學院就是以培養未來女性領導者而著名。

在這個勢頭上，康同璧在 1909 年 1 月《紐約時報》上的一篇標題為《康有為的女兒指控袁向慈禧出賣光緒》的報導上指出，毒害光緒帝的袁世凱正是保皇改革運動的背叛者，是他向慈禧太后出賣了光緒帝，導致戊戌變法的失敗。該報導稱，康同璧是保皇黨領袖康有為的女兒，在巴納德學院就學，目前正趁著寒假跟隨父親在美國各大城市旅行。

由此可見，就是在巴納德學習期間，康同璧也繼續為支持中國改革運動做出了不懈的努力。她的獨立精神，以及對婦女權利和改革的忠誠追求讓她成為她父親的最佳代言人。正如康有為曾就康同璧接受采訪時說過：虎父無犬子。康同璧不僅展現出她的虎性，從推動婦女權益這一項來說，她比她的父親有過之而無不及。根據巴納德學院的記錄，康同璧是巴納德學院 1898 年創立以來僅有的公開支持女性參與選舉的二十九名學生之一。從巴納德學院畢業之前，"紐約晚報"的一篇文章就援引康同璧的話說："當我結束這裡的學習時，我會回到中國，喚醒我鄉村的婦女同胞。我對選舉產生了濃厚的興趣，並希望喚起中國婦女實現自己的權利"。這篇報導當時給人的印象是，像康有為一樣，康同璧支持中國政府和社會的改革，包括婦女的平等權利。她可能比她的父親更激進，因為她強調女性的選舉權是一項重要的民主權利。

1909 年春季學期後，康同璧離開了巴納德女子學院，但她的畢業肖像仍然掛在 1909 年的巴納德學院的榮譽協會中，上面寫著一句"做自己的女主人，即使中國墮落"，這是英國 18 世紀最偉大的詩人亞歷山大·波普在"致女性角色中的一位女士"詩中的一句話。

（原載台灣《傳記文學》2019 年第 7 期）

穿越王渝的時空

序：緣份

我覺得人與人之間的很多交往都是一個緣份，我自己與王渝之間就有一種隱隱約約的牽連，可以說緣份，也可以說奇特的巧合。比如，她 1962 年從台灣來美國讀書，而那年年底我卻正好在北京出生。不能不說，1962 年對我們兩個人的重要性。王渝來美國第一個落腳的城市就是紐約，最喜歡的城市也是紐約。而紐約也是我來美國第一個落腳的城市，它從中學起就在我的頭腦中呼喚著我，直到我 1988 年踏進這個城市，從此成為我的最愛。八十年代中國改革開放初期，王渝作為《美洲華僑日報》副刊主編，在副刊上首發了國內年輕作家徐星的《無主題變奏》。後來，徐星就是因為此篇小說的發表從一個北京烤鴨店的工人一躍成為著名作家和作協會員，而徐星則是我在八十年代結識的作家好友。好到什麼程度呢，我跟他老婆是姐們，那時，我和另一對夫妻作家朋友以及徐星夫妻常常混在一起幾乎每個星期都見面。西單民主牆期間，王渝正好在北京，便跑到西單那裡用傻瓜相機拍了很多照片，後來在香港報紙上發表了獨家的系列報導，成為第一個報導西單民主牆的中文記者。而那個時段，我正在北京上中學，也違反學校的禁令偷偷跑到西單民主牆那兒看大字報、讀傳單、聽演講，對那幾天的事件記憶猶新。因此，王渝講述這些往事的時候，我總是有身臨其境的感覺，完全沒有時代的隔閡，覺得她描述的一切均順理成章。

我第一次聽說王渝的名字來自於藝術家石村。石村 1996 年告訴我說，他 1987 年來美國後拿到的第一筆稿費就是來自《美洲華僑日報》，副刊的總編王渝在副刊上發表了他的幾首詩歌。對於一個二十出頭，剛到紐約落足的年輕詩人和藝術家來說，這件事深刻得可以記一輩子。對我來說，王渝的名字也從此印在了我的腦海，一印就是二十年。

2017 年夏天，王渝的散文集《碰上的緣份》在紐約皇后區法拉盛圖書館的新書發布會上發布。那天小小的發布會被聽眾擠滿了，我只好站在最後排的人縫中聽她介紹創作經過。穿著印花長裙、看不出實際年齡的王渝剛一上台，我就被她的謙卑和幽默吸引住了。有些人似乎從來沒有隨著歲月的流逝而老去，他們永遠保持著初心，對周邊的新鮮事物充滿了好奇心，因此，年齡對他們來說不是歲月的痕跡，而是人生經驗的積累。王渝可以說文如其人，言也如其人，風趣幽默，讓我多次偷偷忍不住笑。

雖然我初次見到王渝，但這個名字在我的腦海深處已經隱藏了二十年，見到她本人的時候，名字再次浮現出來，我覺得她似乎就是一個早已相識的老熟人，只是我從來沒有想到她的幽默這一面。發布會後的簽售開始時，我在人群後面好不容易擠倒她的身邊，請她給我剛買的兩本書籤名。當我告訴她第二本書是給石村簽名的時候，她忽然驚訝地抬頭望著我問：“石村？小石村“！我也愣住了。說實話，我的第一反應就是她記性可真好啊，還記著二十年前的一個年輕詩人，甚至還叫他小石村，說明當時他們的關係應該很緊密。我從石村那裡多次聽他說起過八十年代末期到九十年代初期，他與一幫來自台灣和國內的藝術家及詩人們混在一起的日子，說起過與他關係不錯的詩人嚴力和王渝，因此我對他們兩個的印像都非常深刻。

聽到王渝問我石村在哪裡的同時，她直著脖子向人群外面叫去：”嚴力，我找到小石村了”。發布會上發過言的嚴力那時候已經走了，而埋頭簽書的王渝還渾然不知。被她那一叫，我再次嚇了一跳，覺得她這個人好直接啊。同時“小石村“這個名字聽來，似乎代表了一個已經逝去但並沒有被忘記的年代，我心里頓時激起了幾圈漣漪。

2018 年，我的中短篇小說也在法拉盛圖書館舉行新書發布會，纽约新世紀出版社社長洪君值說要請王渝來打書。我心裡沒底，覺得她那麼一個大名鼎鼎的作家，不會給一個初出茅廬卻並不年輕的“小作家”打書吧。我這個人在某些事情上非常自卑，比如投稿和打書什麼的都是我的弱項，更不用說請人打書了。沒想到，王渝一口答應。原來我以為，她就是到發布會上客氣地講一講，點到為止。沒想到，她把整本書都看了一遍，還把各種錯誤都標示出來，讓我們修改。發言的時候，她一開口講述書中北京的某個場景，我就知道，她是懂我的。那一瞬間，我的心都被她柔軟了。

七月，我參加一個活動的時候又遇到王渝，她拉著我的手說，下次你可以再叫我給你打書。我的心被她溫暖了，瞬間都說不出話來。因為我曾經想為我的新書找她打書，但聽其他女作家說她要請王渝打書，我又退縮了，不想她太累著。畢竟，想請她的人在門口都排上了隊，她根本就沒有時間。在這個活動中，主持人請王渝講兩句話，她上來就說：“我編輯的《僑報》副刊這期刊登紐約桃花的小說，寫的很棒”。我聽了不知道說什麼好，畢竟，王渝從人品到書品在我心中都是仰視級別的作家。在那一刻，我明白了為什麼她記得住石村的名字，為什麼那麼多的詩人和小說家，甚至藝術家提起王渝來，都馬上放下各自內心的驕傲，對她贊不絕口。

還在 2018 年的時候，我曾冒昧地想採訪一下王渝，聽她聊聊過去的往事以及她一生中認識的作家和藝術家。王渝一口答應。於是，我們安排了多次的會面。原來，我覺得寫一個人應該不難，沒想到，碰上王渝，這篇採訪文章就成了老大難。我雖然寫了上萬字，但一直找不到一個切入點，就放下了，因為我覺得王渝這樣的人不能隨便寫，要寫就要寫出她的本質，她的個性。

上星期新書發布會上，我驚訝地看到王渝也來了，她安靜地坐在後排，只向我揮了揮手。看到她一貫溫和謙卑的態度和样子，我的心再次被感動。她儘管看上去根本都不像她的實際年齡，但畢竟是前輩了。這麼酷暑的日子，冒著炎熱趕來，我相信她就是傾力來支持我，給我文學上的信心。

王渝給我發了一個微信，說剛剛地鐵站台階上常坐著的一個亞裔老乞丐起身向"我走過來。我忙忙開皮包找零錢。他竟然不是討錢，而是拿了一個新皮包要塞給我，嘴裡嘰咕道'給你的禮物。'我連忙謝謝他，告訴他我有了，請他送別人。他堅持要給我，好在此時有人遞錢給他。我乘機溜走。後來，我越想越有意思。這可是第一次乞丐要送我禮物啊！人生一次新經驗"。

不知為什麼，我忽然想到也許這是上帝藉著老乞丐的手給王渝一個禮物呢？！記得美國暢銷小說家弗·福賽斯 (FrederickForsyth) 曾說過：仁慈的無所不能的創世主把我們放生到這個世界上來，是讓我們互相幫助的。

拿這個在助人方面樂此不彼的王渝來說，我相信上帝是愛王渝的，也相信我和王渝的緣份是上帝這個創世主早就安排在我們人生的道路上，等著我們自己相遇而驚喜呢。

一王渝的客廳——紐約皇后區

王渝住在皇后區的一個不太容易找到的小區裡。我去過她家幾次，到了她家附近仍然要短暫迷路。據說，王渝是一個容易讓人迷路的人，凡是開車接送過她的人，只要她坐在副駕駛的位置上，司機都容易迷路。

王渝的家與她書裡描述的那個丟三落四的馬大哈個性並不相符，整整齊齊的，就是亂的部分也是作家獨特的亂，到處都是雜誌和書，估計別人送的多。

王渝在家里活動的空間除了臥室之外，就是客廳和餐廳部分。我們每次來都不喜歡坐客廳，寧願坐在陽光充沛的餐桌邊上，一邊吃著王渝端上來的各種糖果和茶，一邊聊天。王渝還保持著老派文人的那種生活方式，客人來了，先端上各種茶點，讓大家隨便聊。第一次看她居然端著一碟糖果放到餐桌上，我心裡忍不住笑，彷彿又回到了小時候。

在書架上看到王渝年輕時的一張照片，她青春靚麗，梳著短髮，嘴裡叼著一根煙，典型的青春反叛期的那種標新立異的做法。一種熟悉感掠過心頭，知識分子家的孩子最典型的反叛不過就是叼根煙，骨子裡已經覺得很不淑女了，與自己的家教相隔甚遠。

我相信，那個時期的王渝是她心目中最喜歡的自己，男孩子的氣質，單純的內心，充滿著與時代不相符合的夢想。

於是，我們的談話就從哪裡開始了。

台北武昌街「明星」咖啡館

大學時期的王渝最喜歡混的地方就是台北武昌街「明星」咖啡館前周夢蝶的書攤，在那個攤子上，她認識了擺書攤的周夢蝶，因此認識了一群當過兵的青年詩人。要知道，當年的「明星」咖啡館與周夢蝶的書攤在台北文學圈佔據著舉足輕重的地位。當時，台北現代詩歌風起雲湧，周夢蝶的書攤成為台北新詩人的聚集地。那時我們那批寫詩朋友最窮，沒錢進《明星》坐。餓了或到對街小攤子買幾個滷蛋分吃，或到《明星》買一包隔夜麵包亂啃。白先勇他們都是大學生，家境好可以進去花費。我的家境雖然和他們一樣屬於很好，但是我的詩友全是窮的，我就跟他們一起享受窮。我們和他們屬於《明星》內外的兩種群體，又同時都屬於熱衷現代文學。大家先在周夢蝶的書攤旁相聚，然後一起到「明星」喝咖啡。因為周夢蝶的書攤，吸引了更多的文人到明星咖啡館，當時，白先勇主編的《現代文學》一行人就常常把賣不出去的雜誌一摞摞拿到周夢蝶的書攤上去，然後大家到明星喝咖啡，度過一個文學的下午。有些雜誌的編輯甚至把「明星」變成了辦公室，在那裡校稿，送稿和聯繫。至今，提到「明星」咖啡館，台灣文人們就會想到包括王渝在內的那幫子新詩人如羊令野、彭邦楨、楚戈、一夫、羅英、辛鬱、許世旭、管管等。

關於與周夢蝶的相遇，王渝自己寫道：有天我到「明星」咖啡館買一種軟糖，出來發現門口有個書攤，攤子上放的全是詩集。我興奮的不得了，這本看看，那本看看。後來選了吳望堯，還有另外兩個人的詩。我準備付錢時，才發現書攤旁邊坐了一個奇怪的老頭。他抿著嘴對我笑。我問他多少錢，他說了個數目，我聽了大叫：「怎麼這麼便宜？」就這樣我們開始談起詩，越談越開心。一步就成了忘年交。第二天我便帶了好友洛冰來書攤。她要買吳望堯的詩集，因為她正迷上吳望堯的詩。

現今的周夢蝶已被譽為台灣著名詩人及文學家，而王渝時代的周夢蝶不過就是一個擺書攤的退伍詩人，無家可歸，每天的大部分時間都在書攤上。明星咖啡館對周夢蝶很好，每天打烊後都讓周夢蝶把書攤上的書留在咖啡館裡，這樣省了周夢蝶不少事。

王渝一直覺得無家可歸的周夢蝶可憐，雖然身為學生，她也沒有多

1961 年，年輕的王渝與詩人們的合影。左起張拓蕪、楚戈、楊衍、王渝和越一夫（苑玉明）

少零花錢，但卻常常買滷蛋以及明星咖啡館裡的價格相對便宜的隔夜麵包給周夢蝶吃。看到王渝也寫詩愛詩，周夢蝶就介紹了一大批後來成為她好朋友的軍系詩人給她。擺書攤前，周夢蝶已在《中央日報》等發表過詩歌，並加入了藍星詩社，但尚無任何名氣。後來，周夢蝶便靠擺書攤為生，專門賣詩集和文哲書籍。周夢蝶介紹給王渝的這幫年輕的“小兵詩人”對王渝的影響很大，他們坎坷的身世，底層軍旅生涯的鬱悶捉襟見肘的生活都讓他們的詩充滿了對人生不同的見解和張力。相對這些年輕士兵詩人以軍營為家的苦悶生活，王渝家中產階級知識分子的典型生活便顯得過份的安逸舒適，因此他們的一切對王渝更加充滿吸引力。她常常帶著楚戈去吃牛肉麵，與年輕的詩人葉珊（楊牧）一見如故。據說，楊牧就是王渝的初戀情人，與王渝感情深厚。後來，過了很多年，王渝在布拉格出席國際筆會，見到余光中，他的第一句話是“你怎麼沒跟葉珊結婚”。

回想起當年他們在一起度過的年輕美好時光的各種細節，王渝臉上禁不住浮現出微笑，彷彿又回到了當年。她記得他們那一幫年輕的詩人像楚戈、羅英、辛鬱、秦松、張拓蕪、曹陽、趙一夫、瘂弦、鄭愁予等等常常在一起做“咖啡館的游牧民族”。沒錢的時候，他們就會去找在中學當美術老師的畫家秦松，秦松就請他們去吃包子。而他們之中當時最有錢的算是鄭愁予，當時在基隆港務局工作的他常常會請這幫人去小吃攤上吃小吃。

說來，鄭愁予也蠻好玩的，他常常請王渝到攤子上吃飯，口袋裡沒錢的時候，居然還去借錢。王渝居然也無所謂，糊里糊塗地等著鄭愁予借錢回來買東西吃。我問她：鄭愁予是不是當時喜歡你？”“他一直是這樣的啦，真正只愛梅芳，他後來的妻子”，王渝微笑地不置可否。這就是典型的王渝，你休想從她的嘴裡聽到任何人的不好。

有一次王渝與羅英、楚歌等一幫朋友們一起去鄭愁予所在的港務局玩。王渝一眼就被港口一排排鋪在水面的圓木吸引，一大片像草坪一樣非常漂亮。於是，王渝就跑到了漂浮在水面像地毯一樣的圓木排上走了一圈。看到王渝這樣開心，其他人都跟著紛紛走上圓木。沒想到人一多，圓木吃不住勁，便開始浮動，於是，好多人都像餃子一樣撲通撲通掉進水里。這時，王渝剛剛回到岸上，聽到後面的撲通聲趕緊回頭，就看到鄭愁予他們都在水里掙扎，十分狼狽的樣子，王渝就忍不住大笑。那一次，所有的人都濕透了，不得不回到鄭愁予的宿舍輪流沖澡。只有王渝一個人一點事兒都沒有，渾身上下的衣服都是幹乾淨淨。隨著時光的久遠，很多往事都淡漠了，但唯有這件事成為了王渝和她的台灣詩人朋友們忘不了的往事，不管過了多少年，只要一提起來，大家都忍不住笑。

余光中與《藍星》

其實，在遇到周夢蝶之前，王渝已經是年輕的女詩人。她在國立中興大學讀書時就熱衷寫詩。大學三年級寒假時，她參加了專門為大學生舉辦的 [歲寒三友社] 的現代詩講座，授課老師就是台灣著名的詩人余光中。這個講座在東海大學舉行，參加的學員都住在東海大學的宿舍裡。余光中平易近人、風趣易懂的講座讓王渝受益匪淺，給她打開了一扇通往現代詩的窗口，讓她認為原來高不可攀的現代詩其實不難接近。這個講座的作業就是寫詩，讓王渝想不到的是，她的作業居然被余光中選中，拿到他主辦的台灣當代詩歌翹楚地位的《藍星》詩刊上發表。

講座結束後，王渝回到了台北，還經常去余光中老師位於廈門街的家裡去，坐在他的客廳裡，聽高朋滿座的前輩詩人討論當代詩歌。余光中對王渝非常照顧，經常介紹台灣當代詩人的作品以及歐美當代詩歌作品給她，並在當代詩歌的寫作上對王渝不斷加以鼓勵和建議的同時，在他辦理的各種刊物上發表王渝的詩歌。對王渝來說，余光中是她在現代詩上的啟蒙人，引領她走上了詩人的道路。雖然，王渝後來認識了周夢蝶介紹的台灣最早崛起的青年詩人群，成了明星“咖啡館的游牧民族”，與余光中漸行漸遠，但她心中從來沒有忘記過是余光中帶她走上現代詩創作從而成為詩人的道路。

後來，余光中發表了一篇聲討新詩人的檄文《幼稚的現代病》，抨擊了台灣當代的新詩人，泛指他們“學會了“迷途的一代”(Lost Generation) 那種否定人生的意義與價值，否定道德與社會的姿態；流動酒會，集體調情，自我放逐，作咖啡館的游牧民族，文化界的生番，生活的逃兵，而自命為現代，自命為反傳統。當時，新詩人們都覺得余光中指的就是王渝他們這幫人，甚至就是王渝。從此，王渝他們這幫年輕人反而自詡為“咖啡館的游牧民族”。這批人後來都成為了台灣舉足輕重的當代詩人，創造了台灣當代詩歌的新浪潮。作為他們中間的一員，王渝見證了大家在詩歌上的崛起，以及後來的生活軌跡。他們年輕時的交往隨著王渝在六十年代初期去美國留學而告一段落。雖然，他們每個人以後人生道路和機遇大不相同，但早期創新台灣當代詩歌的難忘時光卻讓他們一直終身為友，幾十年不變。

經歷南京、台北與紐約

去年秋天的一個明媚的日子，我坐在王渝的客廳裡，秋日明媚的陽光從陽台的落地長窗外傾瀉湧入，鋪灑在客廳的餐桌上，將王渝的臉龐映照的黃燦燦的，如同向日葵一樣。我說，你坐著，我給你拍兩張照片，王渝便坐好 , 老老實實地讓我拍照。當年那個年輕反叛的王渝已隨著時代的流逝離我遠去，取而代之的則是這個面帶微笑，容貌寧靜平和的鄰家女人，好像她隨口說出的那些往事都是別人的故事似的，讓你難以想像她的人生曾是如此風雲變幻、多姿多彩。

認識王渝以來，我從來都是被她的和善吸引，每次都會跟她拍張自拍。有一次王渝告訴我說，她的一個朋友看到了我發給她的我們自拍合影，難以置信的說你怎麼逆生長了。當然，王渝不知道我用的是美圖軟件，讓我倆看上去容光煥發，年輕了十幾歲。在這樣的嘻哈笑聲中，我從來都不覺得王渝在乎過去的經歷，或者把過去的經歷當回事兒。反而，那些歲月都沉澱成了眼前這個很有些年齡，但又感受不到年齡的紐約人的謙和誠實的態度所修成的祥和麵貌。

王渝是一個低調的人，如果她不講起過去的往事，不打開她的相冊翻給你看，你根本就不可能知道她曾經也是時代的風雲人物之一，與很多曾經馳騁台灣，香港、大陸兩岸三地的文化名人都是多年的知己，他們之中的有些人其實就是因為王渝的識才和惜才，才被廣大讀者熟知。

在華語文壇上，王渝是一個極具代表性的人物，尤其，她本人的經歷宛若跨越了幾個歷史與文化大時代的縮影，彰顯出每一個時代的不朽與沈重。

王渝出生在民國時期的重慶，小學五年級讀書時住在南京，1949 年隨父母搬到台灣。她在台灣經歷了蔣介石白色恐怖時期，大學時結識了台灣崛起的第一批現代詩人，並成為他們的一員。1962 年，王渝與先生到紐約讀書後，參與了台灣留學生髮起的保釣運動以及對台灣異見知識分子柏楊、李敖以及蘇東啟的聲援活動。七十年代中期擔當美國左派中文報紙《華僑日報》的副刊主編，廣泛發表了台灣和香港前衛作家和詩人的作品。中美建交後的 1975 年，王渝首次回到大陸，見識了後文革時代的中國社會以及劫後餘生的老作家巴金、沈從文，錢鍾書等人，王渝不僅在《華僑日報》副刊上發表他們的文章，還將他們的作品推薦到港台知名報紙雜誌上發表。八十年代的改革開放大潮帶來了文化的解禁和改變，結交了改革開放時期的星星畫展的畫家，以及傷痕文學的作家和詩人。

移居紐約的幾十年中，王渝親身經歷並帶動了美國華語文化從興起到旺盛的時期。因為她本身經歷的不同文化和歷史時代，尤其是她的平易近人與自由自在的個性，使得她周邊多少年以來匯聚了一群來自港台和國內各種各樣的藝術家、詩人和作家。從台灣五、六十年代崛起的現代詩人楚歌、紀弦、鄭愁予、余光中、洛夫、瘂弦，到中國七、八十年代改革開放之後崛起的文人王蒙、劉心武。當代詩人、作家與藝術家嚴力、北島、顧城、艾未未、查建英、陳丹青、張辛欣等一代人，都是王渝的朋友。

木心的作品也是最先發表在她編的副刊上。作為一個集兩岸三地幾個不同歷史時期以及文學時代的參與者和見證人，王渝本人就是一本內容精彩的當代文學、詩歌與藝術的資料書。幾次與她的見面和談話，不過翻開了這本書的淺淺幾頁，就讓我萌生了通過王渝這個時代所賦予的不同角色的詩人和作家，了解到她所經歷的那些不同尋常的歷史時期與人物的真實故事。

與王渝本人深談，恍惚有時空穿越的感覺。我們常常在不同的歷史時期，不同的階段和人物之間來回穿梭，探究構成他們各個不同的人生時期對他們的個性所造成的影響，唏噓感嘆時代與人的不同磨難以及人生的種種無奈。好在王渝天生樂觀，不同的人不同的故事通過她的講述，都變得非常可笑，讓我常常忍俊不禁。

王渝的人生大致經歷了三個主要階段，在中國重慶出生以及南京度過的童年時期，在台灣成長讀書到大學畢業的青年時期，以及到美國求學工作後見證了兩岸三地文化變遷的時期。這三個階段裡面經由時間和地點形成的歷史對於她的文學生涯，乃至人生都起到了至關重要的影響。

二王渝的家——台北

難忘大陸的親人

王渝成長在一個非常恩愛寬容的中產階級知識分子家庭，父母以寵愛孩子而名聲在外。王渝的父親王潞與母親是師生戀，兩人相差一定年齡，所以父親就稱呼母親為 Miss Hello。王渝家的稱呼都很好玩，比如王渝稱呼妹妹為Merlin，四川話妹妹的意思，但聽起來有點像童話梅林的調調。

小時候王渝常常與妹妹打架，家裡是日本式的房子，門窗都是日本式的米紙糊的。王渝和妹妹打架的時候，她一腳踹過去，妹妹一腳踹過來，一場架打下來，紙門就多了幾個洞，王渝的媽媽就忙著跟在後面拿紙重新糊門窗。妹妹小的時候被王渝打，等到妹妹長大了，就讓著王渝，王渝卻一直以為妹妹打不過她。後來，妹妹五年級了，開始長得人高馬大。王渝有一次又在吵架的時候動手打妹妹，妹妹就說，如果我數到三，你還要動手，我就不客氣了。王渝哪裡把妹妹放在眼裡，妹妹數到三，她依然不罷休。於是，妹妹一拳打過來，打得王渝哇哇痛叫，才知道自己根本已經不是妹妹的對手了。

說起小時候的故事，王渝笑個不停，好像坐了時光列車，重新回到過去一樣。記得醫生詩人蔚藍說過，懷舊的人都是善良的。王渝就是這樣，每次你跟她談過去的時候，她都是講述好笑的事情，自己笑個不停，也讓聽者有一種發自內心的愉悅。我想，王渝的人生也一定經歷過坎坷和悲傷，不然，她不可能有如此強大的樂觀心態。沒想到，她笑著說："其實我的一生蠻幸運的。"

其實王渝也是經歷過感情上的沉重的。

王渝在重慶出生，父親在國民政府工作，小學時代在南京度過。1949 年共產黨掌管中國前夕，正在南京念小學的王渝隨父母遷往台灣。當時，與王渝家同住在一起的堂兄弟堂姐妹都選擇了留在大陸迎接解放，從此與王渝一家開始天各一方。在南京的那段童年生活以及她最喜歡的堂姐定英和五姨都給王渝留下了深刻的印象，讓她一直在心底的潛意識深處對大陸有一種特別的嚮往，對留在大陸的堂姐王定英、五姨巫寧慧和其他親戚也從來無法忘懷。說起她的五姨，王渝臉上充滿了溫情的笑意，說"我跟五姨特別好，常常跟著她。她連交男朋友都帶著我。"

關於這段記憶，王渝在她的散文《南京，我一去不復返的童年》裡寫過。其中有一段寫了他們離開南京前的混亂和悲傷："這幾天我常傷心，特別是晚上躺在床上一個人悄悄落淚。我們班的同學越來越少，許多人都搬起家來；李國楨從上星期就沒來上課，連和我最要好的黃稻也跟我說，他們要搬回老家湖南去了。她說，湖南很遠，媽媽說要坐火車再換汽車，走上好幾天。我聽的直發楞。那麼我們以後怎麼再見面呢？她走了我同誰一起去上廁所？下課和誰玩呢？她說，我們兩個結拜姐妹，我們要一直寫信，等長大了再找到一起去。她送我一塊花手帕。她說，這是一個阿姨從上海買來的，我最喜歡了。我找不到送她的東西，就把頭上的紅色蝴蝶結形狀的發夾取了下來送給她。黃稻給了我他們老家湖南的地址，她端端正正地寫在一張紙上。她的字真漂亮！跟她人一個樣，我怎麼也學不像。我拿了那張紙很發愁，不知放在哪裡才好我就像媽媽說的那樣又糊塗又亂七八糟。如果放在太秘密的地方，可能我自己會忘記。如果不放好，我又怕會弄丟掉。想來想去，我把它夾在我最喜歡的小人書《李三娘》裡面。這樣還是不能放心，我又用髮夾在我睡房的牆上刻下：湖南省萍鄉青石街十八號。”

王渝也許沒有想到，這個地址留給她深刻的記憶和鄉愁讓長大成人的她始終沒有忘記南京，她生長過的地方，也因為這個情節，讓她走上了與別人都不一樣的道路。幾十年後，當王渝寫下這段童年記憶的時候，她仍然清晰地記著她家曾經的住址。

台北的年輕女詩人

到了台灣，王渝一家與大陸的親友都斷了聯繫，讓敏感的王渝內心沉甸甸地感傷。她想念她在南京時代的童年，她的家，她的親戚和五姨。1962 年王渝到了紐約後，有一天在哥倫比亞大學圖書館看到一份早期的人民日報，赫然看到她五姨巫寧慧的名字登在一篇文章裡。雖然那篇文章是批判文章，提到了二十八中右派分子巫寧慧，卻讓王渝心裡卻好一陣狂喜。時隔這麼多年，她終於又讀到她心愛的五姨的消息了。那時候，她對政治不感興趣，也不清楚五姨犯了什麼錯誤，為什麼被批判，但是得到五姨的消息的喜悅讓她已經分外的開心。

在台北上中學和大學的那些年裡，王渝對大陸的懷念和牽掛讓她總是對隔海相望的大陸有著一份說不出來的情感。然而，這種感情卻讓王渝感到孤獨，因為沒有人能夠了解她內心的感傷，其他一起從大陸來的的同學和朋友中似乎都不能夠理解她的這種心情。王渝的好友，後來成為台灣著名女詩人的羅英與王渝同歲，也是在 1949 年前隨家人到達到台灣的外省人，但是她似乎對曾經生活過的大陸沒有什麼特別的留戀，也無法夠理解王渝內心的敏感。當時，台灣實行白色恐怖和反共宣傳，一切來自大陸的文化藝術也因此都被禁止。然而，就是在這種說不出來的孤獨感中，王渝開始偷聽來自大陸的音樂梁祝，偷看禁書，比如魯迅、錢鍾書、巴金等人的書籍。她這樣做的目的不過是通過這些文人關於大陸的那些美妙的文字感受到遙遠的大陸江南那種熟悉的味道，一撫她心內的想念和牽掛。對於大陸，王渝的懷舊已經超越了她的實際年齡，讓她的心理年齡格外成熟。那個時代，對王渝影響至深的文人是被譽為"台灣的魯迅"的雜文家柏楊。柏楊的雜文讓家境生活優裕的王渝初次了解到普通勞動階層的不同命運，然而，真正的讓她打開眼界，了解到社會上真實人生的卻是她在校外結識的一幫寫詩的年輕朋友們。這批人都是文學界新冒出的一批軍系詩人，比如後來成為台灣著名詩人的商禽、楚戈、辛鬱、張拓蕪等。

關於這段時光，王渝這樣寫道：上世紀六十年代初，在台北，我剛開始寫現代詩就認識了秦松。還在上大學的王泉生和我竟跟一夥當大頭兵的商禽、楚戈、辛鬱、張拓蕪等成為莫逆之交。大頭兵是台灣對級別最低小兵的稱呼。我們肚子餓了就去秦松那裡，他會買一大堆肉包子來給我們吃。記得我出國留學前他們跟我喝酒，秦松頻頻嘆氣舉杯對我說："我同情你。"他的意思是我獨自離開以後會很寂寞了。

從中興大學畢業後，王渝開始在台灣首屈一指的頂級研究院中央研究院史語所工作，結識後來成為她一生伴侶，台大政治系畢業的夏沛然。當時，夏沛然在近史所工作，專門研究口述歷史。王渝所在的歷史語言研究所是最早成立的，也最有名。裡面都是老研究員。他們看到王渝都說："王小姐你來了，我們的平均年齡都可以降低點啦"。在史語所，王渝跟著名的人類學家高去尋先生一起工作。高去尋喜愛看武俠小說，王渝就給他找來了王度廬、梁羽生及古龍的武俠小說來看。古龍與王渝的朋友熟識，因為他姓熊，所以外號叫熊大頭。據說他當時寫武俠小說的時候，把不喜歡或者得罪他的女生的名字都寫到小說裡，然後被各位俠客高手打死。

60 年代初期的台灣的教育政策鼓勵青年去美國深造，加上很多美國大專院校都給予台灣留學生很多的獎學金，因此台灣的很多大學生都嚮往去美國讀書，流行著“來來來，來台大，去去去，去美國”的口號。

然而當時，去美國對年輕的王渝來說，概念是模糊不清的。她父親在台大做主任秘書，家境優渥，生活舒適，因此，王渝並沒有強烈的去美國讀書的念頭。然而，她的先生夏沛然卻不然，去美國似乎是當時的他最好的選擇。因為夏沛然的父親夏濤聲是台灣著名的民主黨派人士，曾創辦半月刊《民主潮》，宣傳民主思想。他與《自由中國》雜誌社社長雷震以及發行人胡適關係密切。後來，因為雷震等成立新黨，反對國民黨一黨獨裁，被當局以反共國策”等罪名判刑入獄十年。夏濤聲與胡適等四十八名社會學界名流上書蔣介石要求釋放雷震不遂，便辭去所有公職而隱居。在這種情況下，台大政治系畢業的高材生夏沛然未來最好的的命運似乎就是去美國深造，遠離台灣的政界。

三、王渝的留學時代——美國

獲獎的論文

1962 年，王渝與夏沛然一個通過紐約市立大學亨特學院的全獎，一個通過哥倫比亞大學的全獎，從台灣來紐約深造。

說到王渝的這個獎學金，也有一個背後的故事。王渝自認為她從小學習不好，因此考大學報考的也是“土地行政系”這樣的偏科。王渝的父親曾經是大陸設計委員會的會員，家裡有很多關於大陸土地的秘密資料。王渝經常偷偷摸摸地看這些資料，因此了解了很多其他同學都不了解的事情。

大學畢業寫論文的時候，王渝居然寫了一篇“收復大陸以後的土地政策”，並獲得教授的賞識，將這篇論文推薦到台灣土地銀行贊助的一個大獎參賽，王渝卻渾然不知。有一天，她上學的路上碰到一個寫詩的好友徐松梅，她看到王渝後就問："你知道不知道我們學校是否另外還有一個王渝？"王渝說："有啊，有個同名同姓的高班學生也叫王渝，不過那個在台中啊。"好友大驚小怪地說："不對啊，怎麼有一個叫王渝的得了一個論文大獎！"王渝這時候才知道自己的論文獲得了土地銀行的頭獎，還拿到了很多獎金。

雖然，王渝對這個獎項並不以為然，甚至有點糊里糊塗，但後來卻在她申請美國大學的時候，因為這個獎給了她夢寐以求的全額獎學金，讓她得以到美國紐約留學。

營救柏楊

1962 年的美國正處於美國最年輕的總統肯尼迪當政的第二年。那時，越戰進入了第五個年頭，美國與蘇聯代表的兩大陣營的冷戰正在加劇，約翰格倫成為第一個繞地球軌道運行的美國人，美國家庭汽車銷售達到新高。在這個大背景下，世界頂級大都市紐約充滿了朝氣蓬勃的氣場。60 年代的紐約處於一個不同凡響的改變時代，移民從全球各地開始湧向紐約，富人和中產階級白人家庭紛紛搬往富饒靜寂的紐約郊區，從下城格林威治村的藝術大本營，橫跨中城奢華的麥迪遜大道，到上城黑人平民充斥的哈林區，約市步入一個多元的多種族和多文化時期，呈現出與其他世界大都市都大相徑庭的狀態。這樣的紐約對王渝充滿了吸引力，她如魚得水，一下子就愛上了這個充滿活力、自由自在的都市。王渝覺得那個時候的紐約就像一個打開她視野的窗口，讓她看到了一個多元的文化藝術世界。曼哈頓遍地的藝術博物館提供了藝術的最新訊息，街頭表演藝術家們和牆上的各種壁畫塗鴉讓人看到了新藝術的崛起。藝術給所有的人一個平等的機會，讓大家可以自由自在地創新。

正是在美國，機遇讓王渝從一個不問政治的詩人變成了一個台灣異見人士，成為被台灣當局列入黑名單的政治人物之一。第一個把王渝拖入政治洪流的人物就是她曾有過一面之緣的柏楊。柏楊曾被譽為台灣的魯迅，專門在報紙雜誌專欄裡撰寫揭示台灣貧苦階層的生活，諷刺時政的雜文。1968 年，柏楊因為翻譯美國“大力水手”漫畫時候諷刺了蔣介石被冠以「共產黨間諜」及「打擊國家領導中心」的兩項罪名而被逮捕入獄。柏楊被捕在台灣國內國外掀起了軒然大波。台灣海外留學生紛紛表示支持柏楊，展開了集體援救柏楊的運動。

因保釣有家不能歸

在台灣的時候，王渝對政治並不關心，然而柏楊案事件卻讓她初次正視到了五六十年代國民黨獨裁時期籠罩台灣的白色恐怖。自國民黨 1949 年撤退到台灣後，依靠著美國的援助以及帶去的 91 萬外省人中的精英，開始了經濟改革和發展。蔣介石實施了政治與經濟分離的政策，在政治上實施白色恐怖以確保獨裁統治，在經濟上則全力發展各項基礎建設。雖然，一黨專權的獨裁統治使很多異見人士受到了迫害和打擊，卻為台灣社會創造了一個發展經濟的穩定環境。直到 1975 年蔣介石去世以後，台灣政治才開始解禁。1968 年，專欄著名作家柏楊因為“大力水手事件”被判刑二十年，標誌著台灣的威權統治達到頂峰。

王渝與柏楊曾有一面之緣。當初，王渝在台北市一女中讀初中的時候曾經與同學共同主辦校刊，同學的初中老師就是柏楊。因此，同學推薦她去見柏楊。王渝是柏楊的粉絲，讀過很多他針對時政替弱勢群體發聲的雜文，對他很敬重。柏楊和王渝她們見面以後，給校刊提出了很多建設性的看法，還親自擬定了一整套方案。柏楊的熱情和淳樸給王渝留下了極為深刻的印象。得知柏楊入獄的消息，王渝震驚之餘充滿了對台灣當局“文字獄”的不滿。她和夏沛然參與了台灣留學生集體支持救援柏楊的行動，並用他們最擅長的方式，通過寫文章來揭示柏楊的冤情，呼籲台灣留學生一起來救助柏楊。通過在台灣和香港的刊物上撰寫支持柏楊的文章，王渝認識了西屋的副總工程師孫光漢。孫漢光通過多年來與柏楊通信成為好友，因此，一直在海外呼籲救援柏楊。王渝和他一起撰寫編輯了包括柏楊在法庭上為自己陳述部分的《柏楊的冤獄》這本書，並在香港文藝出版社出版。柏楊之後，王渝和夏沛然又陸續撰寫文章支持台灣其他的異見分子如寫李傲和蘇東啟。從此，他們夫妻開始走上一條支持台灣異見知識分子，積極參與保釣運動以及"一個中國"的不歸路，也因此上了台灣政府的黑名單，被禁止回台灣，直到 1986 年台灣解除了黨禁和報禁之後才被容許重新回台。

《兒童月刊》創始人

1968 年正是美國歷史上最動蕩的一年，越戰正酣，反戰浪潮也開始高漲，繼約翰肯尼迪總統 1963 年 11 月被刺後，他的弟弟，那年作為呼聲最高的總統候選人的羅伯特肯尼迪也被刺殺。正如越南退伍軍人和歷史學家馬克萊普森所說："這是夾在愛之夏與伍德斯托克之夏中間的一年，有些男人蓄發成嬉皮，有些男人應徵入伍參加越戰，這個國家被嚴重分裂成鷹派和鴿派"。1968 年的美國社會風起雲湧的改變風潮也影響著王渝與成千上百的台灣在美留學生。那年，夏沛然得到 Ford 獎學金去芝加哥大學攻讀博士學位，王渝也跟著先生離開了她摯愛的紐約去芝加哥工作。雖然王渝從來都沒有喜歡過芝加哥，但在那裡，她認識了讀物理的林孝信，從而改變了她的世界觀與人生觀。

林孝信是來自台灣的留學生。他於 1959 年在台北建國中學畢業之後被保送台灣大學化學系，後來自己轉係到他更感興趣的物理系。從建中到台大物理系，林孝信經常苦於找不到簡明扼要的科學普及書刊。到了大學能讀原文書之後，林孝信和同學就在當時的《台灣新生報》創辦了《中學生科學週刊》。1966 年林孝信台大畢業，服役後前往美國留學，進入芝加哥大學攻讀物理學博士。就是在芝加哥，林孝信遇到了王渝，說服她來與他一起籌辦《科學月刊》。林孝信認為搞政治不如搞科學，因為他覺得台灣作為一個島國，缺少對世界及社會的正確認識，而培養這種正確的認識就要普及科學教育，更不是搞政治這樣治本不治根的方式。王渝被林孝信說服了，她成為了《科學月刊》的文宣和修辭編輯，寫了文章用筆名在台灣和香港的報紙上刊登。

關於這段影響王渝人生至深的事情，王渝這樣寫道：1968 年，沛然轉學到芝加哥大學，到了那裡，我們很快就和林孝信相識相知成了好朋友。於是我們都順理成章地參與了《科學月刊》的籌備工作。我只記得我們常常開會，永遠有討論不完的問題，當然也有吵不完的架。在這樣的情況下，我們並沒有忘記工作，通過油印的工作通報建立了聯絡網，美國各地的朋友越來越多地參與討論，並就各自的專門知識撰寫文稿，準備在未來的月刊上發表。創辦《科學月刊》的宗旨，是由於非常不滿臺灣教育注重背誦、以應付考試為主的做法。所以在推廣科普教育的同時，更希望能培養獨立思考判斷的能力。1970 年 1 月《科學月刊》在臺北創刊。但是在這之前，1969 年 9 月我們先出了第零期。那是實驗版，向我們未來的讀者展示，我們將要創辦的是怎樣一份刊物。這個做法恐怕是個創舉。……認識林孝信的人，大約都領教過他的一項特殊能力，那就是找工作給你做。像我這般不科學的人，他派給我一份頭銜美妙的工作—修辭編輯。而事實上他是用我作為測試。凡是王渝看得懂的就是符合科普標準的文稿。

當初，《科學月刊》的創辦所需要的費用都是由大批台灣留學生捐助，每人捐十塊或二十塊美金，積少成多而辦成了這個改變很多人一生的期刊。這給了王渝另一個觸動，那就是為什麼不利用她所學的兒童教育知識，辦一個為兒童普及科學知識和文化知識的《兒童月刊》呢 ?! 於是，王渝開始了為《兒童月刊》的創立舉辦捐獻活動。當時，她沒錢買飛機票到處跑，於是，她的捐獻人就買機票讓她到處去進行捐助演講。

她第一次去愛荷華大學演講時自我感覺良好，但台灣知名作家聶華苓卻私下跟她說：“你說話太糟糕了，哪裡像演講，簡直像訓人”。於是，她指導王渝如何說話，讓王渝受益匪淺。其實，聶華苓是王渝的大學英文老師，一向嚴厲。而王渝一方面自覺英文不好，另一方面從中學時代就仰慕聶華苓，因此她每次上課總是找個角落躲起來，這樣她認識聶華苓，但聶華苓卻不認識她。聶華苓的教導使得王渝受益匪淺，也忘了聶華苓曾是大學英文老師的事，此後一直稱呼她為”華苓姐“。

1972 年 5 月，《兒童月刊》正式創辦，特別鼓勵孩子創作，用很大的篇幅刊載他們的作品，諸如圖畫，連環圖，勞作，作文和詩。

四、《華僑日報》副刊主編——紐約

不同凡響的副刊主編

1975 年，夏沛然得到聯合國翻譯的職位，從芝加哥回到紐約，王渝也跟著先生搬回了她喜愛的紐約，在位於東百老匯街的中文報紙《美洲華僑日報》擔任副刊主編，開始了她廣交文壇名家，發掘文人的時代。

當時的《華僑日報》可謂編輯人才濟濟，除了王渝這個“台灣女詩人”之外，影視版由後來成為香港大導演的徐克主編。那個時期，報紙的文章大都是由美國當地的華人投稿，水平參差不齊，副刊的水平就更差勁了。王渝於是向周邊的好朋友約稿，連續刊登台灣作家陳若曦的長篇連載以及劉大任的短篇小說。陳若曦作為一個親身經歷過文化大革命的台灣作家，出版了揭露文革的長篇小說《尹縣長》引起轟動而飽受爭議，而劉大任則是保釣運動的中堅分子，與王渝一樣因為保釣而上了台灣政府的黑名單而無法回台。作為作家，這兩位都是以記錄周邊歷史，勇於講出內心真話而出名，王渝選擇這兩個台灣作家為副刊寫稿，也反映了王渝本人的內心世界。她從來都不為政治所動，而是為人性所觸動，凡是真情實意的作品，她都給予強力的推薦和支持。

隨著這些頗受爭議的文壇實力派的出手，副刊版面的質量和水平不斷提高，讀者越來越多，整個版面都煥然一新。被人們稱為海外的《人民日報》的《華僑日報》一直積極報導新中國的消息，包括當時轟烈進行的各種政治運動。作為保釣運動的成員以及反對台灣在政治和文化上實行白色恐怖的中堅分子，王渝也對中國大陸的關注從在台灣時期的潛在變成了美國時期的直接。她期望有一天回到中國大地去親身感受一下時代變革的風潮。最主要的是，她想回大陸找到並看望她一直想念的堂姐定英和五姨以及其他的親戚朋友。自從來美國，在哥倫比亞大學圖書館的《人民日報》上看到五姨巫寧慧的名字，王渝就心心念念地一直想回去找到她。

見到舅舅巫寧坤

1975年，《美洲華僑日報》編輯部成員受到中國政府有關部門的邀請，安排他們前往中國進行參觀訪問兼採訪。王渝一到大陸，就開始尋找她的五姨巫寧慧、堂姐王定英、舅舅巫寧坤和表妹巫一毛。

初次回到出生地的王渝看到1975年的中國大陸仍然處於一片政治蕭瑟的灰藍色的海洋時，心裡就咯噔一下。她沒有想到一心嚮往的祖國並沒有如同她想像的那樣"陽光燦爛的天空下飄揚著紅旗和笑臉"的理想王國，卻竟然如同她所讀到的小說《1984》裡的描述的場景，讓她心裡禁不住充滿不寒而慄的失望。

在上海，王渝見到了從未謀面的表妹巫一毛。當他得知一毛為了來上海見她，從頭到腳穿的衣服都是特意借來時，馬上帶著一毛到上海的百貨商場買新衣服。隨後，王渝一家坐火車從上海出發去蕪湖看望舅舅巫寧坤。他們穿過車站上的人山人海，到了自己的車廂才發現給他們坐的那節車廂居然是空的，成為只有他們一家人的包廂。坐在空蕩蕩的車廂裡，想著整輛人滿為患的列車裡面人擠人的情景，王渝被這種隔離式的特權感到不安，一路都坐如針氈。

火車到達時，王渝被接待的單位和革委會領導包圍著，她遠遠就看到人群後面有一個小老頭滿臉謙卑地給各位領導們遞煙。後來。她才知道這個小老頭就是她多年未見的舅舅。走進巫寧坤家裡一看，兩房一廳的居室雖然簡陋，但卻乾淨整潔，讓王渝感到意外。她見過很多國內人當時擁擠不堪、雜亂無章的簡陋住宅，不禁詫異舅舅居然生活的比普通人好。等到接待的領導都走了之後，舅舅才跟王渝說，他是沾了王渝這個海外親戚的光，頭天晚上才搬進這套新分給他的公寓。舅舅後來還告訴王渝，他多年不漲的工資也因此給漲了 30 元。這段真實的經歷後來讓巫寧坤寫到他那本被翻譯成多國語言的英文自傳《一滴淚》之中。

這次的大陸之行讓王渝感到心裡很不是滋味，自從離開台灣到了美國，她一直站在台灣留學生的左派這一邊，心裡嚮往著祖國的社會主義革命的宏偉運動。然而，真的來祖國，看到的所有情景卻與她心目中的想像相差十萬八千里，讓她在失望之餘開始質疑自己一直以來的信仰。知識分子特有的反思和敏銳，以及王渝一向自由自在的個性開始讓她關注並接觸中國的知識文人，那些曾經用文字和思想震撼她內心的作家如沈從文、巴金和錢鍾書等。

與沈從文的莫逆之交

王渝之後的大陸行，也讓她通過舅舅的朋友見到了她仰慕已久的沈從文，巴金和錢鍾書。她與沈從文和巴金一見如故，彷彿是前世的緣份，她感覺與他們在精神上近在咫尺，尤其是沈從文。1979 年王渝初次在北京沈從文的家探訪老作家，讓她印象深刻的同時，內心備感深重。她後來寫道：那天很熱，沈老伯與伯母熱情地招待我們，跟我們聊天，我整個人卻像結了冰，從頭頂冷到腳尖。從小我們在台北就從書本讀到過“北平“，也知道巴金、沈從文這些名字，甚至偷偷讀過他們的作品，但當我真的置身於叫北京的“北平”，坐在沈從文真身旁邊，倒有些不敢相信這竟是真實人生。在縱橫的斷層與分裂之間，我迷失太久，失路歸來的人聽著自己的腳步聲都恍若前塵。沈老伯絮絮地談著歷代的扇子、雜技、布帛和服飾，我努力使自己聽覺以外的感覺一律關閉，否則，僅僅因為他老人家絕口不提文學這事，就叫我的心一寸一寸碎裂。

做人單純的王渝也有深藏不露的一面，不管做人還是寫文章，她都是在微笑與謙遜的談吐之間，在看似風清雲淡的文字描述之中讓自己的觀點和思想暗流湧動。她筆下記錄的沈從文讓我感到一種時代悲歌造成的深刻感傷。多年後，在此談到初次拜訪沈從文的事情，王渝仍然處於一種情緒之中，她說沈從文家裡能坐的只有一把椅子，跟她談話從始至終，一直不談文學，也不談創作，只是談絲綢。王渝從沈從文家裡出來的時候心裡難過異常，禁不住淚流滿面。

王渝回到紐約之後，收到了沈從文的一份來信，才知道沈從文其實心裡明白的很，有著自己鮮明的看法。信中，沈從文說："最近九大院校廿多位'現代文學'教師，合編了一本《現代中國文學史》教材，竟沒有一個人認真讀過我的作品。小目上就沒有我姓名。即此可知'一面倒'的教師，一切都照解放以來的'權威批評家'定的基調作去，可說實已全面成功。雖然上面近來曾提出過'五四以來現代中國文學史，應當把作品成就放在主要位置上，不宜當成現代政治去著筆'，但能燒的已經燒盡了，為省事計，教材照舊作去，還是一種必然合理趨勢。也比較保險。'先內後外'，是不至於犯大錯誤的。所以新編的教材，指定由一個教師，隨便把我的作品翻看了二三本，即下個'判決書'方式，放我在蕭軍、蕭紅、蔣牧良之間，可謂不倫不類到可笑程度。由他們作來，倒像是十分認真的。說不上三句好話，末了還是否定。並不是意外事。我倒覺得這些三四十歲大學教師，值得同情。雖無知，卻有功，因為堅守原則，而尊重'正統師承'，在國內說來，是應當得獎的。至於國際方面的情況，滿可以付之不理。不然，把一些'官大作品少'的人無從安排。照國內習慣，作家似乎是排了等級一、二、三、四，不會錯的。學校內部即或已容許有研究生不必按程序、許可找些不同作家和作品進行自由研究工作，但結論可絕不會使原定的次序打亂推翻。我倒總為這些好事者擔一分心，怕他們因為閱讀我那些四十年前、不受任何拘束產生、早被'否定'的作品，不知忌諱，說幾句什麼'公道話'，終於被排除學校，而把飯碗打破，心中經常抱著不安！在寫作中我得到的好處，早已超過應當得到的甚多。'虛名過實，易致意外災星。'其所以即早改業，也即免作'絆腳石'意思。"

五、王渝風雲變幻的時代 - 紐約與大陸之間

我是長在重慶的南京人，本地人說我是外地人：回到南京後南京人說我是川娃子：後來我去台灣，我又變成了外省人：來了美國後成了外國人，等我回到中國，我成了華僑。

——王渝

大陸文人的伯樂

從中國回到紐約後，王渝被大陸的文人們的特殊經歷深深震撼和感動。她開始向大陸的作家和詩人們約稿，刊登在《華僑日報》副刊上，讓他們的想法被海外的人們聽到。由於《華僑日報》一度被稱為“海外人民日報”，可以在大陸發行，因此，王渝逐漸也接到國內文藝青年的投稿。從這些投稿中，王渝慧眼識珠地選擇首發了很多前衛的作品，比如王蒙早期意識流小說《風箏飄帶》《春之聲》等與徐星的小說《無主題變奏》。作為中國第一批意識流小說的實踐者，王蒙和徐星的小說都是《華僑日報》副刊上首發的，後來他們兩個人的小說都被譽為開創了中國當代意識流小說先河的作品，轟動八十年代的中國文壇。

八十年代是中國文學與詩歌走上反思、改變和創新的最熱火朝天的時代，出現了朦朧詩與星星畫展等與以往的藝術與文學截然不同的潮流和事件。中國年輕的知識分子試圖擺脫多年的政治運動的思想束縛，第一次從人性的角度抒發內心的想法和情愫，引起了廣泛的共鳴。在這樣的一個與眾不同的時代，王渝因工作需要而不斷回到大陸與各界的文人廣泛接觸，並與很多走在時代前端的中國年輕藝術家和詩人結成了無話不談的好友。她不斷以筆名在海外的各種報刊雜誌上介紹中國年輕一代的知識分子和他們的作品。可以說，這些人最終在港台文壇上展露頭腳，都與王渝最初的深度報導和採訪分不開。

八十年代初期，《華僑日報》在中國國內各地都有送報，所以國內看到報紙的人就來投稿。一位叫做桑曄的文人通過給副刊投稿認識了王渝。王渝覺得桑曄的文章寫的很好，思維也很縝密，因此就與他開始通訊，並在北京見面。桑曄提議做一個 100 個北京人的口述歷史，講述他們所經歷的歷史和人生的變遷，以此反應一個時代的縮影。王渝覺得這個主意很棒，就帶了傻瓜相機和錄音機回國見桑曄，讓他開始做這件事。桑曄苦於自己無名，決定找一個有名氣的作家聯手做這件事。正好，王渝那時候認識了當紅的女作家張辛欣，便邀請張辛欣一起來做這本書。他們兩人於 1984 年開始創作，1985 年初完成。這本取名為《北京人——一百個普通中國人的自敘》同時在《收穫》等五個文學期刊推出，好評如潮，引起轟動效應。這本書後來被翻譯成八種文字，在國外出版，贏得了很大的文學聲譽。如果說《北京人》如同第一個火星，開創了中國文壇的紀實文學熱，那最初點燃這個火星的人就是王渝。

八十年末期，很多來自中國大陸的藝術家和詩人都來到了紐約，如嚴力、查建英等。很快，他們都開始為《華僑日報》副刊投稿，成為主編王渝的座上客。

作為《華僑日報》副刊的主編，王渝把一個嚴肅保守的左派報紙的副刊辦得生動有趣，在中港台三地的作家中開始聞名遐邇。很多人也許未必知道《華僑日報》報紙的內容，但沒有人不知道副刊和副刊主編王渝的。八十年代時候中國大陸的很多作家、詩人和畫家都聽說過紐約王渝的名字，有的人甚至說，到了紐約就去找王渝，她一定會幫你的，可見王渝為人的熱忱已經是名聲遠播。

第一個發表木心文章的人

隨著時光的流逝，《美洲華僑日報》副刊由於王渝這個主編的眼光和約稿，以及對大陸文人的提拔和推薦，辦的越來越前衛，成為了中港台三地青年文人自由發表作品的最佳園地。也就是在那個時候，王渝結識了第一批從中國到美國來開創天地的青年詩人、畫家和藝術家們，其中一個最為大家熟知的就是後來成為文學大家的木心。王渝說她初次讀到木心的投稿時，馬上就被他看似隨意但卻獨特的文字吸引住了。王渝看過太多的大陸文人的投稿，對當時大陸文體一目了然。然而，從木心文字上看，他似乎不像一個來自大陸、經受過革命思想或者文字訓練過的文人。木心宛如一個時光膠囊，將他的文字全部封閉在他成長時代的民國時期，讓一直傾慕於民國時期文人的王渝讀到之後就像喝了一杯醇厚濃郁的咖啡那樣精神為之一振，耳目也跟著一新。

王渝初次見到木心是在曼哈頓下城的一家咖啡館裡，當時報社給了她一筆交際費，用來請作家喝咖啡吃飯，於是，王渝就邀木心在報社附近的咖啡館見面。1983 年時，木心已經五十六歲，卻打扮的非常儒雅精緻，讓人眼前一亮。王渝感覺得木心好像從民國時代穿越而來，有著民國時期文人的那種洋派，很愛美也很注重細節，精緻的甚至給人一點同性戀的味道。跟木心談話，王渝馬上就覺察出木心讀書很多，從傳統的中國文學到西方文學涉獵廣泛。他們那天的聊天並未曾涉及到木心在文革中遭受的苦難，木心不說，王渝也不問，他們就是聊文學，聊藝術。

"木心作品中最特別之處，是對在大陸過往的經驗，他永遠採取高高在上的姿態，不是不顧，而是不肯流於輕率的訴苦和責難。從他的作品中看不到他經歷過的種種，他對造成苦難的當事者只有蔑視。他若訴苦，那可是太抬舉他們了。他以精心保持的自我，以豐美的風采面對不屑的遭遇。他和大陸那時流行過的傷痕文學、尋根文學，後來一窩蜂的魔幻加重回鄉土的現實主義文學都不相干，徑自執著於他自己的創作道路，建築他自己的文學王國。他能夠這樣做，是因為底氣豐厚，當然這些都和他的經歷、秉性和淵博有關，以至於創作時筆鋒得以自在地遊走古今中外，並且熔鑄成獨有的感受與風格，筆下遂體現出通達的睿智和氣度開闊的兼容。通達如是，他便能將禪宗、釋家、道家，基督家都融匯並立，探討生命，關照智慧"。（王渝 2013 年文「木心印象」）

王渝覺得木心從為人打扮到文字的精巧都非常特別，便在副刊上發表了木心的散文《街頭三女人》。這篇作品在《美洲華僑日報》副刊上發表之後，被陳丹青意外讀到，從此開始了他們倆人的交往和友誼。

王渝建議木心“投稿給台北《聯合報》瘂弦主編的副刊。我向他保證:他的作品正是瘂弦在等待著的。雖然瘂弦和我是好朋友，但是我工作的《美洲華僑日報》是一九三九年“美洲華僑洗衣館聯合會”在中共地下黨人唐明照、冀朝鑄等人支助下而創辦。在這樣的左派報社工作，我不敢給台灣的朋友惹麻煩，和瘂弦久已不通音信。但是紐約的華人讀者到底太少，我為木心的作品感到委屈，希望更多人讀到。當時的情況下，只有選擇台灣了”。(王渝文「木心印象」)

說到木心，王渝提到他是一個儒雅好看的人，當時他剛來美國不久，經濟狀況不是很好，但自己從來不說。他就是那樣一個永遠說不出自己內心需求的人。比如，木心在哈默畫廊展覽看到陳逸飛的作品都可以來展，就覺得自己的作品肯定沒問題。他想找哈默去毛遂自薦，但到了哈默畫廊卻只是轉了幾圈又走了，因為他說不出口。陳丹青認識木心後，便一心一意地幫他，一點都沒有文人相輕，反而是文人相濟。說到陳丹青幫助木心的往事，王渝忍不住再次稱讚：“陳丹青這個人真好”。

尾聲：你的生命是圓形的口哨 *

中國人權 15 年

回看王渝的一生，她從來都不是一個有政治預謀和野心的人，甚至，她自己也一直說，她不是一個對政治感興趣的人。但是，就是這個對政治不感興趣的人，卻不斷被政治捲進是非圈裡。

剛來美國的時候，她因為支持柏楊參加了台灣留學生的保釣運動，第一次被捲入政治運動中去，上了台灣的黑名單，十多年都不能自由回台灣看母親。她是一個內心正直的善良人，總是想幫助那些陷入困境的作家朋友，甚至陌生文人，即便這種幫助可能把她拉下去，她也在所不惜。

因為台灣五十年代的反共高壓政策形成的文壇上的白色恐怖，使得她非常嚮往中國大陸，如同她嚮往在魯迅、巴金和沈從文禁書中讀到的故鄉，認為那才是她內心的理想王國。然而 1978 真的回了大陸之後，她看到到處都是灰黑藍色的海洋，統一的宣傳口徑，以及親眼目睹自己的親戚在政治運動中的痛苦遭遇帶來的撕裂，她心裡的理想王國夢徹底破碎了。於是，她利用「美洲華僑日報」副刊主編的職位，幫助了很多她欣賞的作家和文人，讓他們在國內發不出去的文章發表在副刊上。她沒什麼目的，內心很單純，就是想給予幫助。因此，她幫助了很多在政治上有爭議的作家，幫助他們到美國來游學，做交換學者的同時寫書。

1978 年，王渝去北京，正好碰上「西單民主牆」事件和「北京之春」，於是她就在西單那裡看大字報，看到魏京生的第五個現代化一文，很受震動。王渝自己是個作家，自然懂得文人內心的波瀾壯闊之情。她便連夜跑回去買地下刊物「探索」。王渝一口氣買了 20 本探索，帶到香港。交給了當時香港頗具影響力的中文雜誌《九十年代》的創辦人兼主編李怡。李怡馬上請王渝和先生夏沛然就這件事撰寫文章，於是，王渝和夏沛然根據手上的資料，詳盡撰寫了「北京之春」與魏京生案子的始末。1997 年，魏京生結束 18 年的囚禁被被流亡美國，已經在中國人權組織工作的王渝前往接待，首次見到她曾經寫過的魏京生。

1989 年天安門事件後，「美洲華僑日報」因如實報導事件真相而被迫關門，王渝與編輯部的成員集體辭職。她離開《美洲華僑日報》後到國際性的非政府組織「中國人權組織」HRIC 拿著低薪，有時甚至免費工作了十五年。對王渝來說，人權就是人與生具有的權利，跟政治無關，但卻與文學交織。因為她在與認識的很多大陸作家，像劉賓雁、劉心武和張潔等人的對談中，發現很多問題都是大陸不重視人權，甚至將人權與政治掛鉤的結果。一個很普通的人，可以因為揭發某一件事情就會遭到打擊，失去人權。而這些人自己往往都不知道自己的人權受到損壞。從某種意義上來講，王渝的一生是被文學和人權交織的一生。她的悲天憫人讓她充滿了對他人關懷的同理心，也讓她一輩子都是在幫人的過程中享受到終極的快樂。

雖然，在中國人權的十五年是王渝人生中一段開心的歲月，但後期因為對中國人權某些負責人的行為感到失望，王渝提出辭呈。雖然，王渝當時的內心極為傷感、痛楚，但她還是如一貫那樣的光明磊落，毫不掩飾她的真實想法。此後的王渝真正地過上了她最熱愛的作家和詩人的寫作生涯，她在文學刊物《今天》擔任編輯，為兩岸三地的報紙雜誌撰寫專欄。雖然，她從來沒有放下過手中的筆，但一直以來，工作上的需求使得她無法專注地寫作。如今。退休了的王渝開始擔任各種華語文化活動的評委，編輯和嘉賓，撰寫專欄和評論文章，忙得不亦樂乎。

幽默人生的作家

王渝彷彿是一個站在宇宙人生十字路口的風向標，任憑時代的不停變換，縱觀著歷史挾裹著人生從她的身邊走過，冷眼旁觀著那些叱吒風雲的時代人物，與自己志同道合、有著命運緣份的人們熱情相擁。隨便從她的視角順手摘取幾個人物拿來聊聊，便馬上能感受到這些個人物的各種軼事和趣事，以及來自他們的時代的各種思想衝擊。

我跟王渝聊了過往的許多人，比如我們都熟悉的嚴力。王渝說，她初次見到來自國內的詩人嚴力的時候，就覺得他是大帥哥一名。王渝從來都是喜歡帥哥的，尤其才情了得的那種。比如，她一直跟所有的人說，她覺得北島很“好看”，搞得國內的一大批風流倜儻的詩人和藝術家都覺得王渝眼睛有問題，多少年來一直拿這件事當王渝的笑談。最初讀到嚴力的詩歌，王渝就很喜歡，約他到副刊編輯部來見面。年輕瘦高的嚴力生龍活虎地一走進編輯部，所有女編輯的眼睛就跟著他轉。有一次，嚴力梳著一個奇形怪狀的朋克頭來編輯部，見者都大吃一驚。

王渝在副刊上刊登了許多嚴力的詩歌，編輯部的一個男編輯，說王渝肯定喜歡嚴力，所以才發嚴力的詩。而那個編輯喜歡發來自大陸的年輕作家查建英的稿件，王渝就嘲笑他說他是因為查建英長得漂亮才頻繁發表她的作品的。回想起那個時代，王渝的眼睛開始發亮，好像重新又回到了過去一樣。我想，當時看到大帥哥嚴力時的王渝大概就是用這樣的眼神追踪著他穿過辦公室空間的。

與王渝見面的次數多了，我越來越了解王渝，更加感覺到她的淳樸可愛。有一次，她說要邀請我和洪君植到餐館吃飯。於是，我們一行人相約與她在法拉盛的喜來登餐廳見面。等大家落座之後，不見王渝的面，打電話給她，她才慌慌張張地說我馬上就來。原來，她在圖書館聽宣樹錚的講座，打算講完了之後把宣樹錚也一同拉來。後來，她自嘲地說，“也好，宣樹錚不吃午餐，來了也是坐在那兒看我們吃”。

王渝跟大家鄭重宣布請我和洪君植吃飯的原因。原來我和洪君植有次去王渝家，她準備好晚飯給我們端上來，原來是冰箱裡的凍餃子。我吃了一口覺得餃子已經哈喇了，就放在一邊不吃了。洪君植也推說自己不餓，也只吃了一個餃子。我們把這事都忘了，王渝卻說，“他們那天餃子也沒吃就沈默地離開了，好久都沒有再跟我聯繫”。後來還是先生夏沛然跟她說，那些餃子恐怕放在冰箱好幾年了。於是，王渝便請我們出來吃飯彌補她那次的虧欠。我跟洪君植聽了，兩人面面相覷，不知道說什麼。你說王渝馬大哈吧，她卻有著極為細緻入微的一面，直覺上比我們當事人還敏感。

在很多作家、詩人和畫家撰寫的文章中，你不斷可以看到另類的、招人愛的王渝。在這些篇章裡，畫家沈忱這樣寫的王渝最生動。他寫道：在紐約華人文化圈裡王渝算得上是沙場老將，卻少有當家人的架勢。她善良幾近單純，健忘也那麼幽默，我們是雞犬之聲相聞老死不相往來的老朋友。她的兒子剛上大學，請她寄了幾本書。兒子收到郵件，從裡面取出來的，是兩包已經發霉的麥當勞漢堡包。那年我和夫人在巴黎去畢加索博物館，排隊拐彎剛要踏進大門，突然被熟悉而又久違的呼聲絆住了，扭頭一看，顛顛匆匆的王渝急步向我們走來，笑瞇瞇的，紅光滿面，酒氣襲人。我愣了一下，說王渝你真行大白天喝得醉醺醺的跑這兒乾嘛來啦。“我來看畢加索啊，之前無意喝了點兒剩酒。”我進得館裡望著《鬥牛士》，琢磨來琢磨去，這才覺得王渝厲害啊，要不喝點兒，還真不容易看畢加索。

我覺得這個王渝才是我認識的王渝，那個自然、可愛、善良到單純和搞笑的王渝，她的一生都不為權利和名利所動，為了熱愛的文學和詩歌一直都在提攜新人，也一直都在筆耕不輟。

（原載《傳記文學》2020 年第九期）

民國上海夢：滬江大學劇團

多年來，我發覺自己總是在下意識地搜尋、關注著網絡上任何關於滬江大學校刊的信息。滬江大學是我父親和母親年輕時候在上海就讀的一所美國教會大學，他們在滬江大學認識相戀，因此，滬江大學是我父母人生一個繞不過去的節點，也是我在想像中和文字裡不斷重溫的一個已經消失在歷史逝水中的地標。

我與滬江大學距離最近的一次接觸是在 80 年代初期。我還在北京 165 中學上學的時候，我們家裡忽然來了一個不速之客。他是一個穿著藍色制服的中年男人，夾著一本厚厚的冊子。他走進我家當時位於東四十條二十九號大院的後院時，我們全家人都感到詫異。我父母與我面面相覷，不知道這個陌生人是誰。中年人打開他手上的大冊子，我才看清原來是滬江大學的一本老校刊。那時候我對我父母的歷史一無所知，更從沒有聽說過滬江大學這個名字。但是我記得那本厚厚的製作精美的校刊，裡面的每一張黑白照片都充滿了歷史歲月的痕跡。我記得我的眼睛被這一本厚厚的硬皮本的冊子吸引，內心也蕩漾起柔軟的波紋，那是我第一次聽到滬江大學這個名字，第一次看到滬江大學的校刊。

我詫異地望著我父母，他們臉上的驚訝也顯示出對這個不速之客以及這本校刊的一無所知。那時我父母已經是四五十歲的中年人，經歷過

18 岁的谢榕津拍摄于上海清心女中高中毕业时

文革的「十年浩劫」與「五七幹校」的勞改。樣子滄桑疲憊，臉上帶著深度的近視眼鏡，與他們在滬江讀書時期的青春模樣相差甚遠。這一點我在不速之客的臉上也探尋清晰。雖然那位不速之客的男士，也是中年人穿著一身和我父親，以及那個時代的男人們都差不多的深藍色制服式樣的衣服，但他臉上看到我中年的母親時還是有所震驚，我當時並不知道為什麼，然而看到校刊裡面母親年輕時的照片時，我才恍然大悟。

校刊中有幾楨我母親謝榕津在滬江大學時演出的劇照。雖然是黑白照片，但照片裡的那個年輕女孩長得很像林青霞初出道時的模樣，她穿著旗袍，梳著微燙的短髮，臉上帶著微笑，一雙杏仁眼流光溢彩。我被母親的美麗瞬間擊倒，不敢置信這就是我的母親。

八十年代改革開放初期，一切都是我們所熟悉的粗糙灰色的後革命階段，在這樣的大環境中，忽然看到一本印刷精美的冊子，裡面充滿了民國時期滬江大學的各種繁華影像與繁體字，讓我感覺到一種如清流般湧過的美好感覺，而這種感覺與週邊的環境卻又如此格格不入。

那天下午，我們四個人圍坐在後院的一個小板凳邊上，那個中年男人把滬江大學的相冊置放在小板凳上任我們翻看。我們家的小後院雖然經過我和我父母的幾年翻修已經變得不再像當初搬來時那樣雜草叢生，然而，院子裡的泥土地上被我們用碎磚鋪成的磚路的縫隙裡，依然頑強地生長著被我父親拔了又拔的雜草。曾經是鍋爐房的客廳屋頂上仍然遺留著一個醜陋的大煙筒，外牆壁也被歲月侵蝕得斑駁陸離，總之，這個被我們多年辛苦整理出的還算整潔的小院子和那本精美的校刊相比一下子顯得這麼簡陋，粗燥，坐在院子裡的三個中年人穿著印著時代標記的粗衣布褲，完全沒有他們都曾生活過的老上海遺留下的任何精緻細膩，更沒有滬江大學時期的精神面貌。所以我初次看到那本滬江大學校刊時的驚艷，是現在生活中的人們無法都想像的。

我父母並沒有像他們以往那樣好客的邀請這位不速之客進我們家的屋子裡坐坐，而是就圍坐在院子裡觀看那本校刊。很明顯，對我父母來說，滬江大學的往事是他們不願意提起的，那校刊裡留住的青春時代也是他們不堪回首的。後來經過很多年以後我才明白，到底是為什麼。滬江大學在我父母參加革命工作後的人生生涯中是一個歷史的污點。不僅僅因為滬江大學是美國教會學校，五十年代初期就被拆解，更是因為滬江大學帶給我父母的美式教育以及流利的英文，使得他們在歷屆的政治運動中不斷受到打擊，我母親甚至為此被內定為美特嫌疑，得不到組織上的信任。因此，他們從來不提起年輕時在上海的往事，以及他們在上海上的教會學校的讀書經歷，生怕任何舊日的歷史會再帶給他們任何意想不到的衝擊。

那個夾著滬江大學校刊來的中年男人沒停留多久就離開了，我們甚至都不知道他的姓名，也不知道他來自什麼工作單位。我父母沒有讓他留下任何通信聯絡地址，他似乎也沒有想再跟我父母繼續聯絡，就這樣他再次消失在茫茫人海中，帶著那本讓我以後經常回憶的滬江大學相冊。從此以後，謝榕津在滬江大學劇團演出時的幾楨美照也永遠消失了。然而，那個下午所見所聞，那本滬江大學的校刊成為我記憶中的一個閃光點。

現在想，那個人很明顯是謝榕津的校友，也是她年輕時的粉絲。那本校刊是他保存多年的一本青春時代的記錄。能夠在經歷過文革的打砸搶、抄家和焚書後還能保留下來是非常不容易的。我常想，那個中年男人多年不惜冒風險保留下來的這本滬江大學的校刊，對他來說意味著什麼，是他不願意撒手放棄的青春，還是圍繞著那段青春時期的上海往事？直到現在當我已經是我父母當時的歲數才明白，對於往事和歷史的興趣及追究在中年以後變得越來越深切，想保留住關於家族歷史任何蛛絲馬跡的想法和心態隨著時光的流逝也變得更加清晰。因為，我們留住的不僅僅是自己家族的一段歷史，也是大時代歷史的一個側面。這種保留不僅僅是為我們，也是為了我們的後代。只有在人到中年之後才忽然明白歷史的價值，以及家族對我們人生的必然影響。它們是組成我們人生結構的必然因素。

再次用昔日的目光回顧我所見到的那本滬江大學校刊中的各種劇照，我驚訝地發現，歲月的流逝並沒有沖刷掉我初次看到那些照片時的驚艷，反而，那些照片像電影鏡頭一樣，在我的記憶中熠熠入生地散發著那個時代曾有的光輝。我看到我青春盛年的母親穿著旗袍，挽著其他演員的臂膀，面對觀眾開心地微笑，散發出一種強大的美麗自信的氣場，而這種氣場卻是我從來沒有在母親身上看到過的。顯然，經歷過華北人民革命大學為期七個月的思想改造，以及隨後連續不斷的政治運動的衝擊，謝榕津徹底改變了她在上海教會學校成長過程受到的美式教育思維，學會革命時期所謂的只管低頭拉車不管看路的老黃牛精神。

時光回到 1947 年的夏天，謝榕津從同為美國教會學校的上海清心女中畢業考上了滬江大學。對她來說，滬江大學改變了她的一生，成為她人生道路上的一個重要里程碑。

滬江大學 (University of Shanghai) 創辦於 1906 年，原名上海浸會大學，校址位於黃浦江畔的楊樹浦軍工路，鼎盛時期以文理商著稱於世。

滬江的夏天充滿了陽光和笑聲，草坪清蔥、綠柳成蔭的美景掩映著校園中散落的一幢幢紅頂灰樓和洋樓中的林蔭大道。夏天的微風帶著清草野花的芬芳從黃埔江面上一陣陣吹來，在校園中瀰漫著夏季令人迷醉的成熟氣息。一望無際的藍天下，鳥群在校園教堂的尖頂上盤旋飛翔，彷彿在述說著變遷的時代和時代的夢想。謝榕津最愛滬江的夏天。她喜歡在校園裡的林蔭道上漫步，看著綠色的長春藤在樓房上茂密生長；在黃浦江邊的青草堤上念書，眺望著遠處江面上的點點白帆。在大自然的寂靜和溫馨中，她可以讓自己的思想不受約束地自由飛翔。

夏天是滬江劇團最活躍的季節，各種形式的活動和演出紛紛出籠，吸引著滬江的老師和學生們前來駐足觀看。滬江大學劇團的成員是由滬江各系各年級愛好話劇的學生自由組成的，他們憑著自己對藝術的熱愛和才華舉行演出，並受到老師和學生們的注意和愛戴。

謝榕津在上海清心女中時就顯露出來的藝術表演細胞和導演能力在滬江得到了極大的發揚光大。她剛進滬江不久就受到在學校裡的風雲人物，大四學生周聯華的注意，並由他介紹進了滬江劇團。滬江劇團的團長是滬江三年級的一個姓杜的男生，外號叫“小黑”。他當時正在籌備上演一出話劇《樑上君子》，並打算由自己在這出戲裡擔任男主角，只是還沒有找到合適的女生來擔任女主角。這時周聯華找到了他向他推薦了謝榕津，說她在清心女中就擔任了學校的劇團團長，人長得漂亮又會演戲，絕對不會令他失望。

小黑見了謝榕津以後也覺得不錯，就把這出戲的女主角給了她。沒想到這出戲一公演就受到滬江學生的歡迎，謝榕津也因此成了滬江的名人。滬江劇團的團長是每年一選，第二年選團長的時候大家居然選了謝榕津做團長，掌管整個劇團的演員招募、劇本選擇和排練演出。選一個大一的學生做劇團團長在滬江還是首次，對這個結果謝榕津也感到非常意外，但還是很積極地開始了滬江劇團次年的演出準備工作。

謝榕津決定上演《戲劇與愛情》，這是她非常喜歡的一出戲，講的是一個頗有名氣的女演員在事業和愛情的矛盾中必面對對的抉擇。女演員熱愛戲劇也熱愛她的學生情人，但她情人的父母卻不願意兒子娶一個‘女戲子’。他們瞞著兒子前來見這位女演員，並要求她斷絕和他們儿子的感情關係。她出於自尊、無奈和對情人的熱愛，同意了他們的要求。她約她的情人前來見面，可是當情人依約前來時，卻發現等待他的不是漂亮的女友，而是一個蠻橫無理、舉止粗魯、自稱是女演員母親的老太婆。她對這位學生百般羞辱，表示絕不允許女兒和一個什麼家產都沒有的窮學生往來，以女演員的身份和美貌，她完全可以嫁一個有錢有勢的人，一輩子享用榮華富貴。年輕驕傲的學生情人，受不了老太婆的侮辱而氣憤地拂袖而去。情人離開了以後，老太婆卻傷心癱在椅子上痛哭，原來老太婆是女演員自己假扮的。

謝榕津之所以喜歡《戲劇與愛情》是因為這出戲和她自己的感情道路多少有相似之處，讓她想到自己和富家公子馬賓農的初戀失敗。

馬賓農是謝榕津在小學一年級時的同學。那個小學和其他學校一樣，是一個走讀小學，只有謝榕津和小馬因為家庭特殊原因住校。每天放學以後，學生們都回家，兩個孤獨中的孩子變成了親密的玩伴。小馬轉學以後，兩人便失去了聯繫。

十年後，謝榕津與小馬意外重逢。當時，謝榕津在清心女中讀書，而小馬就讀清心男中。清心男中和女中位於黃浦區陸家浜路，是上海很具規模的美國教會學校。太平洋戰爭時期，日軍佔領上海。清新高中臨時遷往租界。1945 年二次大戰結束，清心中學遷回陸家浜原址。清心女中為慶賀學校遷回原址，舉行了盛大的校慶活動。小馬和清心男中一群男生前來看熱鬧，卻意外地發現原來在會場台上領操的女生竟然就是他小時候的玩伴謝榕津。就這樣，兩個再次重逢的高中生開始了青梅竹馬的約會。

1946 年，謝榕津高中畢業，她母親想讓她趕緊結婚，嫁個有錢有勢的男人。謝榕津卻報考了聖約翰和滬江大學，準備繼續念書。考試的那天，小馬開著軍用吉普車送謝榕津去聖約翰大學考試，中午他又接她到他家吃午飯。我媽到了小馬家才發現原來小馬家住在巨大的花園豪宅里，過著她只能在美國電影裡才看到的上流社會的生活。午餐期間小馬的後母嫌棄謝榕津出身清貧，用福建話嘲笑她。沒想到謝榕津的父親家就是福建人，她從小就听得懂福建話。聽到小馬後媽的嘲笑，年輕氣盛、內心驕傲的謝榕津當場就離開了小馬家，下決心與小馬一刀兩斷。

《戲劇與愛情》這出戲讓謝榕津重溫了她與小馬不幸的初戀，喚起她刻骨銘心的痛、無奈和傷感。《戲劇與愛情》由謝榕津自導自演隆重登場了。在這出戲中，她一個人扮演兩個角色，溫柔多情的女演員和粗俗醜陋的老太婆。她演到老太婆氣走男友以後，倒在椅子上傷心痛哭時，台下的師生們都鴉雀無聲地觀看著台上的她。等她把老太婆的偽裝取下來露出女演員的真面目時，台底下的觀眾禁不住異口同聲地發出"哦"一聲驚嘆。大家根本沒有想到原來老太婆就是女演員自己，看到此處，台下掌聲雷動一片喝彩聲。謝榕津演出得非常投入和成功，不但騙過了劇中的男友，也騙過了台下的觀眾。

《戲劇與愛情》不僅在滬江造成了轟動，也吸引了一名電影導演慕名前來，邀請她參加拍攝一部以大學生生活為主的電影。攝製組前來滬江大學，讓她在校園裡的試鏡。然而，謝榕津所取得的這些演藝成就卻受到了她的恩師、滬江大學英文教授高樂民的批評。身為傳教士的高樂民認為她作為一個基督徒應該保留一個嚴肅良好的形象，不應該拋頭露面，吸引觀眾，風頭十足，有損基督徒謙遜低調的精神。高樂民當時嚴厲地說："我以為你要去美國深造，將來做一名學者或是傳教士，做一些對社會有益的公益事業。現在看來你是想做電影明星。你現在還年輕，我希望你好好地考慮一下自己這一生要走的路，是把自己的一生奉獻給上帝，還是出風頭追求名利？”就這樣，謝榕津放棄了她在滬江劇團的工作，也謝絕了那位電影導演的拍片邀請。

1949 年，滬江大學隸屬的中國十三所基督教大學聯合董事會原想堅持留在上海，繼續基督教會的高等教育活動，但很快，政府於 1950 年開始了基督教三自革新運動，要求基督徒“反帝愛國、與帝國主義及外國基督教差會劃清界限等等。”在這種大環境下，滬江大學聯合董事會開始安排滬江大學人員撤離上海遷往香港。1951 年秋，上海的教會大學包括聖約翰大學和滬江大學等都被拆散，分別併入復旦大學、華東師範大學等院校。從此，滬江大學從歷史上消失。

近兩年，我找到了謝榕津幾個失散已久的滬江大學老校友。通過他們的關係，再次看到了從一本校刊上翻拍下來的當年滬江劇團的演出劇照。儘管老人家們用手機翻拍的照片非常模糊，但是也能夠看出謝榕津當年稚嫩青春的模樣。在美國生活了幾十年之後再次看到滬江大學劇團的幾張老照片，我當初初次見到滬江大學劇照時的那種震驚和驚艷已經蕩然無存。最主要的這些劇照中只有《樑上君子》的劇照，沒有謝榕津自導自演的《戲劇與愛情》，更缺失了當初我看到的其它幾張照片。這也是我為什麼多年來一直在網上不斷尋找著滬江大學校刊，希望能夠再次看到滬江劇團的黑白老照片。

我與住在澳洲的一位名為李清平的老人聯絡上，他曾經是滬江大學的校友，對謝榕津也記憶尤深。他在回憶文章中也以劇團成員的身份記錄了上海滬江劇團的往事。通過他的講述，我得知滬江劇團的成立時間大概是在 1946 年底前後，成立時招收團員。謝榕津就是 1947 年的夏季入學的，因此她經周聯華推薦加入滬江劇團的時候，滬江劇團成立還不到一年，謝榕津也不過是剛入學的大學一年級新生。

據李青平回憶，滬江劇團原來的團長是田安強。田安強曾經參加過上海「苦幹劇團」。苦幹劇團前身為上海職業劇團 (1941 年 9 月成立),“上職”時期曾在卡爾登大戲院演出《蛻變》《阿 Q 正傳》《鳳娃》等。

在淪陷時期異常惡劣的環境下，經濟、劇場等諸方面都十分困難，“苦幹”成員黃佐臨、黃宗江和石輝等抱著“齊心合力，埋頭苦幹”的精神，於民國 31 年 (1942 年) 初開始籌建，逐漸形成一個學術性的同人團體。滬江大學劇團成立後，田安強提議演出黃佐臨編劇和導演的三幕話劇《樑上君子》。當初苦幹劇團上演《樑上君子》，場場爆滿，在上海連續演出了兩個月。於是，田安強請來知名藝人衛禹平和徐昌霖為滬江劇團擔任導演。當時，滬江劇團的經費是由滬江大學提供，導演的車馬費也由學校支付。兩位導演都非常認真，對演員的台詞、台步、位置、動作詳加指導及表演示範。有時，滬江大學的校長淩憲揚也來看排練，和大家談話，鼓勵大家。

根據謝榕津的記憶，田安強是她在上海中西女中的同學，曾經在中西女中時期邀請謝榕津參加過戲劇演出，至於演出的是什麼，她已經不記得了。她大學一年級參加滬江劇團時，團長的姓杜的男生，外號叫小黑。

李青平在回憶文章中寫道：當時的主要演員還有化學系的小黑，以及其他系的張玲娣，任堅、謝榕津、溫騰彪等。當時演大型話劇，道具、服裝、佈景和燈光等劇務和後台工作都很吃重。滬江大學的教務處負責滬江劇團的李效慈要我負責劇務工作。我邀同學唐載之，王建吾參加。我有個中學的同學在上海戲劇專科學校讀書。通過他，與劇專校長熊佛西聯絡。劇專同意免費出借全套佈景給滬江劇團。另外還支援 4 名舞台美術專科的同學來做後台工作，主要是置換佈景和控制燈光。演出當天，我們給他們每人一塊銀元袁大頭作為津貼。他們非常高興，幹勁十足，順利地完成了演出任務。閉幕後招待他們夜宵，當晚就拆除佈景，裝車，運回劇專。後台工作繁重緊張，但是我和同學們配合的得心應手，協同默契。因此，那個晚上送走劇專的同學後，我們都舒了一口氣，體會到辦成一件大事的愉快。滬江劇團還上演了一些獨幕劇，滬江劇團的人都上台演出過，還參加過讀經班的聖經英語劇。我們的工作也是協助他們搭建佈景，處理後台工作。滬江大學主持活動的美國老師對我們的協助感激不盡。到了 1948 年下半年，由於上海的政治情況，滬江劇團活動減少了，後來就停止了。

參加滬江劇團並被選為團長對於謝榕津以後的人生來說是一個噩夢，當年的她做夢也想不到滬江劇團居然在 1949 年後成為她後半生的「黑材料」，讓她受到到各種懷疑、批判、排擠，成為政治上的邊緣人。1949 年後的一系列政治運動調查中，滬江大學劇團被有關部門認為是一個背景複雜、受到滬江大學教會支持的非革命性組織。因此，她能夠在這樣的一個成分複雜的組織裡擔任團長一職自然被懷疑和否定。謝榕津渾然不知，她與高樂民的母女情深的關係，與周聯華的熟悉，以及在滬江劇團擔任團長的經歷都使得她在以後的歷次政治運動中被靠邊站，被打成美國特務嫌疑。1969 年，謝榕津被下放到「五七幹校」勞動改造一直到 1974 年。後來，「五七幹校」派了一個領導幹部到上海調查謝榕津的歷史問題，他回來後悄悄告訴謝榕津說滬江劇團裡面的成員有不少是秘密的國民黨員或三青團員，她在大學一年級就被選為團長，讓許多人懷疑她不是國民黨員就是三青團員，因此，她的檔案中有很多不利於她的材料。這位領導幹部到了上海找到了謝榕津過去滬江大學的同學調查，才得知謝榕津當年是被滬江學生被選為團長的。加上她本人幼稚單純，除了讀書優異之外，社會上的人情世故並不是太清楚。因此，這位幹部把她的很多所謂「黑材料」都從她檔案中去除了。謝榕津這才恍然大悟她在歷屆運動中一直成為被批對象的真正原因。

五十年代初期，隨著滬江大學的被拆解，滬江大學和滬江劇團都已消失在歷史的塵埃中，但記憶尚在。雖然，當年的滬江大學劇團以及當初為這個劇團做出貢獻的年輕人們都已經進入耄耋之年，但他們曾經的往事卻長存於他們後代心中。我每次想到滬江大學和滬江老校刊，就會憶起我高中時在我家出現的不速之客，以及我家在東四十條 29 號的文聯機關大院。九十年代，東四十條 29 號因為修地鐵和高架橋被拆除，成為了現今張自忠路的一部分。我父親胡思旅也早已過世，母親年事已高。因此，撰寫他們往事歷史的責任落在我的身上。每一次的搜尋，我都會因為找到滬江大學的新的記錄而震動，每一次我都會講給仍然健在的母親聽，與她一起再次回憶點點滴滴的往事，找回她記憶中的零碎歷史。

（原載《傳記文學》2021 年第 11 期）

民國滬江大學的「美國母親」高樂民

高樂民 (Inabelle Coleman) 這個名字對我來說如雷貫耳，因為我母親謝榕津多次跟我提起她，並在我們後來共同完成的回憶錄《浮生上海》中很長篇幅撰寫了她在滬江大學讀書時高樂民對她亦師亦母的關愛。高樂民在滬江大學的學生很多，受到她教誨的知名人士也不少。著名文學評論家夏志清在回憶他在滬江大學時期的文章中就曾多次提到過恩師高樂民，對她印象深刻，不僅因為高樂民是他在滬江大學求學時的論文指導老師，也因為高樂民在生活方面給他提供過很多幫助。“可惜我太窮，功課再好女生對我也不加青睞……”摘自《夏志清的滬江緣》。然而，對我母親來說，高樂民曾經與她關係密切，是她敬仰的「美國母親」，她人生命運的一塊里程碑。高樂民的思想和教育影響改變了她的一生，也決定了她的人生命運，以及她生命中的男人。

一

1946 年，謝榕津考入上海滬江大學政治系，選修了英文教授高樂民的英文課程。

高樂民是一個四、五十歲的美國老小姐，神氣莊重的圓臉龐上帶著

高樂民（左為滬江大學校刊上的照片，右為 1950 年代照片）

一副金絲眼鏡。她的頭髮是閃亮的銀灰色，長長的梳成一根光華閃亮的辮子像髮帶一樣盤在頭上，看上去整齊漂亮。除了手腕上的一塊銀灰色古董式樣的歐米茄女士腕錶以外，高樂民從來不戴任何首飾。漂亮的女人滿上海到處都是，但美麗的女人只有兩種，一種是天生麗質，有著驚人的美貌和身材，一出場就艷壓群芳的美女，還有一種是氣質高貴，品味特殊，言語得當而令人過目不忘。高樂民屬於後者，她雖然快五十歲了，但身材依然非常挺拔，舉手投足儒雅得體，講著一口據說是英語說到最高境界才帶有的一丝法國腔的新英格蘭英語。雖然她年輕時的美貌隨著年華的流逝已經蕩然無存，但貫穿她全身的高貴氣質使得她整個人看上去依然光彩照人，令人印象深刻。

英文課上了沒多久，高樂民就在一次課後突然問她："你的英語這麼好，為什麼不念英国文学系而念政治系哪？你對政治很感興趣嗎？"謝榕津告訴她說，因為報考時滬江的英国文学系已經沒有名額了，她只好報考政治系。高樂民聽了以後思忖了一下對她說：我可以幫你马上轉到英文系。謝榕津聽了喜出望外。

高樂民說到做到，很快就幫謝榕津辦好了轉系的推薦手續，轉到了英文系。謝榕津很感激高樂民，覺得她不僅氣質高雅還樂於助人，是一個不可多得的好老師。從那兒以後，她有什麼為難的事情都願意去找高樂民商量。

高樂民來自美國北卡羅萊納州的一個傳統的基督教家庭。她二十多歲的時候就告別家鄉，離開未婚夫，到美國各地傳教。一九三六年，她第一次到中國各地視察傳道工作，返美後以文字推展傳道工作，出版了多部書籍。一九四零年，她被派往上海滬江大學執教，但太平戰爭爆發後，她和其他美國人被日軍關入集中營長達幾年。抗戰勝利後的 1946 年，她重新回到滬江大學，在滬江教會做傳教士並在滬江大學教授英語和新聞課程。在滬江教書的有三個女教授，高樂民是其中之一，但她從打扮到氣質和其它兩個女教授完全不一樣。其它兩個教授身材胖胖的，衣著隨便，對學生的態度隨和到任其自由發展的地步，完全是典型的美國人作風。而高樂民則不一樣，她永遠是後背筆直、衣著講究、化妝精細，對學生的要求也非常嚴格。高樂民是一個自律嚴謹追求完美的人，這種自律和完美處處體現在她的衣著打扮、舉止行為和待人接物上。高樂民一直孑然一身，一輩子没有结过婚。她對耶穌基督的終生信仰和謙和的自信使她精神煥發魅力十足。雖然她對學生的學習要求異常嚴格，但她對學生的熱情和關懷也使她得到很多學生的热爱和敬仰。

謝榕津第一次在上英文課時看到高樂民就喜歡上她的打扮和氣質，而這種先入為主的喜歡好像預示著她兩之間的一種不可言傳的親密感。

謝榕津的父親在她四歲時就因公殉職，留下她和母親相依為命。她母親當初為了嫁給他父親，毀了天津的回教家族給她指腹為婚訂立的婚約，跟著他父親離開天津前往上海。她父親的突然離世讓她一下失去了依靠，年紀輕輕就獨自帶著一個 ' 拖油瓶 ' 在上海飄零，無法嫁人，在生活上及感情上的苦楚無處宣洩，便全部發洩在女兒身上。從小到大，謝榕津看著母親的眼色過日子，內心也非常孤獨苦悶，便把全部精力都放在學習上。她以優異的成績從上海清心女中畢業，想報考聖約翰大學和滬江大學繼續讀書。但是，她的母親卻不想讓她接著上大學，而是千方百計地設法讓她嫁個有錢人。謝榕津的母親在丈夫死後，就一直靠她丈夫生前工作的海關給的一份統計員工作生活，經濟上比較拮据。如果女兒嫁個有錢人，她也藉此雞犬升天，不用再靠每月微薄的工資度日。沒想到，一直順從的女兒翅膀硬了居然就不再聽從她的擺佈，堅持要去上大學，讓她氣不打一処來。為此，母女二人鬧得很不愉快。母親當時的男朋友陳先生知道此事後，覺得謝榕津的學習成績這麼優秀，不上學而去嫁人十分可惜，便答應如果謝榕津考上大學，他可以提供她的第一個學期的學費。謝榕津喜出望外，但等到她去報考滬江大學時，她要考的第一專業英國文學系已經沒有名額了，她便考上了政治系，拿著陳先生資助第一學期的學費去上大學了。

時光荏苒，第一学期轉眼就結束了，第二学期即將到來，謝榕津卻不知道如何支付學費，因此心急如焚。她知道她母親本來就對陳先生替女儿出學費的事情很不高興，她认为陈先生打破了她的计划，何况她还怀疑陳先生不圖回報地拿出錢來給女兒上学，是看上了年輕漂亮的女兒而有了什麼見不得人的打算。因此，她母亲是绝对不会帮她出第二个学期的学费的。

第二个學期的學費没有着落，謝榕津在滬江繼續念書的希望開始變得渺茫。在這種情形下，她沒有人可以依靠，只有像母親說的那樣，要么去找工作掙錢，要么去嫁人。因此，在第一學期即将結束時，謝榕津怀着沮丧的心情到高樂民家去向她告别。

高樂民住在滬江大學專門分配給教授們住的小洋樓公寓裡，公寓如同高樂民的打扮一样，布置得高雅簡洁。她看到謝榕津到家裡來看她，高興極了。她拉著謝榕津的手噓寒問暖，好像母親見到久別的女兒一樣開心。多少年來，高樂民把全部精力和時間都花在她的學生身上，對喜歡的學生就像母親一樣亲切。

“密斯高，我是來向你告別的。”謝榕津心情暗淡地說，“下學期我可能不會繼續來上學了。”

“為什麼？”高樂民驚訝地問，“你的功課這麼好，為什麼不繼續上学了？”

看著高樂民關切的眼神，謝榕津低下頭，抑制不住心中的悲哀，千言萬語一時不知從何說起。她邊流淚邊將她父親的早逝，母親的苦悶導致的她內心悲哀，以及她和母親之間的對立和矛盾都告訴了高樂民。

聽完謝榕津的講述，高樂民沉吟了半晌說：“你是一個很有前途的女孩子，應該好好培養。這樣吧，我可以幫你向教会申請學費和膳宿費，這樣你就可以安心地念書。另外我還可以推薦你去圖書館工作，掙點零用錢。這樣你就可以完全獨立而不必受制於你的母親了。你好好念書，等大學畢業以後，我可以保送你去美國繼續深造。你學成就業以后，你想幹什麼就乾什麼，誰也管不了你。”高樂民嚴肅地對謝榕津說，“記住，一個女人最重要的就是要精神上獨立，經濟上自立！”

高樂民的話如雷貫耳，在謝榕津的人生道路上轟然作響。一生中還從來沒有人這樣教導過她要做一個獨立的女性。她的親生母親從來就不管她精神上的需要，天天想的是怎麼找一個有錢的人把女兒嫁出去。現在，高樂民的一番話時她猛醒，讓她意識到一個女人應該自己依靠自己，而不是依靠男人。謝榕津覺得，如果高樂民能夠在二十多歲的年齡決定將一生奉獻給耶穌基督，拋家離夫、遠渡重洋到上海這樣一個陌生的土地上傳播福音，那她就应以高樂民為楷模，好好讀書，將來有一天到美國去留學，實現夢想。突然間，謝榕津好像重新找到了人生的方向，對眼前的生活和未來的憧憬都有了一個全新的認識。

高樂民後來告訴謝榕津，教会的助學金只頒發給信仰基督教的學生。謝榕津便覺得很失望，她不是基督徒，也不信上帝，怎麼能得到教会的助學金呢？高樂民便引導她說，那你可以先接受浸禮，成為基督徒，以後會慢慢地相信上帝的。謝榕津想想也是，滬江是教會學校，假如她連基督教都不信的話，人家哪裡會給她助學金，她功課再好也是白搭。於是，她就同意接受浸禮信基督。

高樂民的一個年輕的助手周聯華，是即將畢業的大四學生，他也勸謝榕津接受浸禮。他從科學的道理上給謝榕津講述基督教的來龍去脈和上帝的存在，使她產生了強烈的敬佩感。周聯華告訴謝榕津說他曾經有一段時間非常煩惱，看不到前途和未來的理念在哪裡。他在最苦悶的一個晚上，去找高樂民談論他的苦惱，高樂民聽了說："讓我們禱告吧，神會指引我們的道路"。他一邊開始禱告，一面向上帝傾吐他一生中的迷茫和煩惱。就在那個晚上他感到上帝好像跟他同在，第二天，他的煩惱似乎全都消失了。自從那天晚上，周聯華才決定成為一個真正的基督徒，像高樂民一樣奉獻一生來做傳道士。

周聯華的話讓謝榕津聽了非常感動。回想十八年成長路上許多痛苦無助的日子，那些沒有人說、也沒有人理解的心靈灰暗時刻，謝榕津覺得也許上帝會改變一切，幫她解脫。

自從接受浸禮後，謝榕津反而心定了，把一切煩惱都仍到了腦後，決心要向高樂民學習，也做一個像她那樣的有學問、有教養、樂於助人的傳教士。在高樂民的推薦和幫助下，謝榕津從滬江的教會拿到了助學金，解決了在滬江就讀的學費問題。

謝榕津開心極了，應高樂民的邀請到她家裡吃西餐慶祝。在餐桌上，高樂民教謝榕津所有進餐的細節，從刀叉使用到進餐禮儀，事無鉅細。謝榕津從小到大，從來沒有接受過淑女所應具備的、待人接物的禮節和姿態的教導與培訓。高樂民就從女人的正確站相，坐相到吃相下手，一步步演示給謝榕津看。她還把一本書放在她的頭頂上，讓謝榕津在屋中練習淑女走路的優雅方式，訓練她養成一個良好儀態，學會怎樣正確使用身體語言。謝榕津認真地學著，心裡充滿著感激。她就像只迷途的羔羊終於找到了高樂民這樣一個美國母親，感覺到了有一個好母親的親切感和溫馨感。高樂民給予謝榕津整個一個世界，在這個世界裡，謝榕津對未來的人生充滿了信心和勇氣，不再為個人的煩惱而孤獨徬徨。兩年下來，謝榕津像換了一個人，從以前那個自哀自憐、眼光狹窄的上海小女人變成了一個自信堅定的新女性。

二

在滬江大學，每一個美國老師家裡都有一个英語讀經班，每星期舉行一次，參加者都是各個科系的學生。許多學生加入這種讀經班的目的都是為了練習英語，同時利用機會進行社交，多認識一些滬江的同學。高樂民的讀經班办得十分吸引人，參加的學生素質好、人數多，便成為了滬江最有人氣的讀經班。每周一次的讀經班舉行時，大家先是隨便聊天活動，等人來齊後，就做禱告讀聖經並由高樂民講解聖經，然後就做遊戲和喫茶點。整个讀經班的组织者是高樂民指定的讀經班的主席周聯華，他是一個戴眼鏡的高個子四年级的学生，是謝榕津剛進滬江的時候第一個認識的男生。

滬江校園裡除了中心區的幾座大樓外，各處散落著一幢幢紅瓦頂的兩層小洋樓，供教授們居住，而供學生居住的幾幢宿舍大樓則在校門附近一字排開，分成男生宿舍樓和女生宿舍樓。滬江的校規規定任何男生不能隨便進出女生宿舍樓。雖然女宿舍樓並沒有人看門，但是大家都遵守規定不敢越雷池一步，男生有事要找女生的話都得站在女生宿舍樓底下大聲喊叫那個女生的名字，女生聽見後，一般都從窗口伸出頭來回答後才到樓下和男生見面。當男生在樓下喊叫女生名字的時候，全樓的女生都支著耳朵聽著，聽是不是來找自己的。往往女生來找的男生越多，越表示著這個女生的受歡迎程度。

謝榕津剛到滬江還沒有多久，樓下就有人在叫她的名字。謝榕津驚奇地探出頭去看，見樓下站著一個面帶微笑的瘦高男生，看上去精神奕奕的很有光彩，他就是周聯華。

開始，謝榕津還以為自己聽錯了。初到滬江，她什麼人都不認識，正在為這事情發愁，不知道怎麼才能熟悉大學的環境。

“周聯華可是滬江風雲人物，誰都認識他！”有個女生告訴謝榕津說。

周聯華已經在念大四，還有一年就要畢業了。他那年二十六七歲，年齡比一般的大四學生都要大。周聯華的經歷聽起來很有些傳奇色彩。

據說他在抗日戰爭時期曾經離開上海逃難到重慶。在南方顛簸流離了整整五年，輾轉生活在重慶、成都、廣東等地之間。他曾在廣西大學工作過，日本人打來的時候，學校老師都跑了，校長便委託他帶著學校的學生和工友二百多人避難，並負責將學校的圖書、儀器等設備運送到後方重慶。他不負眾望，圓滿地完成任務。校長回來後，對他充滿感激。以周聯華豐富的生活經歷來看，他是一個勇敢成熟，有著強烈責任心的人。

周聯華是高樂民最欣賞寵愛的得意門生。雖然，他的樣子並不英俊也不帥氣，但很有口才，講起話來頭頭是道，人又聰明靈活會交際，是那種典型的學生領袖人物。高樂民一直認為中國的未來建設靠的是年輕有為的菁英人才，她和教會的責任就是為未來的中國準備基督徒領袖和菁英。周聯華正好符合這個要求，高樂民認為他作為浸禮會忠實的信徒在傳播福音上有著遠大前途，可以做一個優秀的牧師。周聯華當時在滬江非常活躍，在滬江的學生團契中擔任讀經班班长及助道會的主席，深得學校各系同學的仰慕。

周聯華來找謝榕津是幫她熟悉滬江大學的環境，順便給她介紹滬江的各種團契。自此以後，周聯華就經常來找謝榕津，聽說謝榕津喜歡演戲，就幫謝榕津介紹滬江劇團，還邀請謝榕津當高樂民讀經班的副班长。

自從謝榕津在滬江劇團擔任女主角以後，她就成了滬江誰都認識的女生，經常有很多莫名其妙的各級男生來找她，自告奮勇地幫她各種忙，不過這些男生一個都沒能引起謝榕津的注目。而周聯華卻不同，他第一次出現在謝榕津眼前的時候，就引起她的注意。

周聯華年齡大閱歷廣，講起話來頭頭是道，做事也是穩重踏實。謝榕津有任何問題請教他，他從來都是滔滔不絕的講個不停，好像世界上沒有他不知道的事情。謝榕津從小缺少父愛，對於成熟男生的關懷就有一種特別的感覺。也許所謂的美人愛英雄吧，周聯華年紀雖輕，卻已經是忠實的基督徒。他對英文聖經的倒背如流，對教義的堅定不移的信仰和追求讓他早早就有了一種使命感，具有其它男生根本沒有的自信和成熟。

周聯華告訴謝榕津說他現在念四年級，不久即將畢業離校，如果她願意現在接受他的推薦做高樂民讀經班的副班长，他會帶她一段時間幫她熟悉工作，等他離校後，她就可以自己獨當一面當班长了。謝榕津很有些受寵若驚。能成為高樂民讀經班的班长是一種榮譽，不是每一個學生都有機會得到的。凡是成為讀經班班长的人都必須是儀態大方、有組織能力、能說一口流利英語，熟悉聖經的優秀學生。周聯華願意培養謝榕津做讀經班班长，表明他看得起謝榕津，覺得她是可造之材。

謝榕津在高樂民讀經班做副主席的那段時間，和周聯華接觸的時間比較多。他的舉止動作永遠是那麼得體那麼自信，好像他永遠都知道自己的目標是什麼，自己每天做的是什麼，這點很讓謝榕津羨慕和敬佩。周聯華和謝榕津認識的男生完全不一樣，他對宗教有著強烈的信仰和獻身精神，這種精神在他的身上像陽光一樣地照耀著，使看他的人都有一種強烈的認同感和敬佩。對於一個只有二十歲幾歲的年輕人來說，這是很不平凡的。

謝榕津喜歡周聯華的這種精神，對於精神上沒有任何依靠，一直在尋求感情支持的她來說是一個強大的吸引力。他就像一輪照耀的太陽在謝榕津黑暗的世界中閃光，讓她不得不伸出手來向他揮舞，周聯華第一次讓謝榕津這個不到二十歲的女孩子明白了什麼是領袖的力量。

謝榕津直覺地感到周聯華也很喜歡自己，每一次他們因為工作在一起的時候，謝榕津能感到他們彼此的周圍好像有一個磁場一樣交流著電流的感應。

在一次和高樂民的談話中，謝榕津把對周聯華的喜歡之情告訴了她。謝榕津在高樂民面前好像永遠沒有秘密，她對謝榕津的關懷和爱护使她感觉到她从未从她亲生母亲那里感到的亲情，她感到自己不能或不敢对母亲說的話，都能跟她說。

聽完了謝榕津的話，高樂民卻一反常態地沈默下來。謝榕津從她的沈默中直覺地感到了高樂民對此事並不贊成。那時候謝榕津還很年輕，根本不懂得什麼是基督教的獻身精神。她並不知道，高樂民對周聯華的期望很高，她打算送他到美国受神学教育，然后到中国当牧師。對一個未來的牧師來說，他的太太應該是一個腳踏實地，甘於為丈夫以及丈夫的传教事業獻身的低調謙遜的女人，而在學校風頭十足的謝榕津似乎並不適合担任這麼一個默默無聞的平凡太太的角色。

就在謝榕津和高樂民的這次談話后不久，周聯華來找謝榕津。“我介紹一個人給你認識。”

謝榕津跟他來到一間教室，推開門，裡面坐著一個面帶微笑的年輕女人。謝榕津一眼就認出她是高樂民的助理，因為她每次去高樂民家裡的時候，都見到這個女人在默默地做事，從來不聲不響，不引起任何人的注意。雖然見過多次，但謝榕津從來沒有跟她說過話，也不知道她叫什麼名字。

“這是我的未婚妻阮郁瑤。”周聯華介紹說。

謝榕津驚訝極了。她從來沒有想到周聯華大學還沒有畢業，居然已經有了未婚妻，而且，還是高樂民的助理。在她眼裡，阮郁瑤臉龐黝黑，個子不高，看上去既不年輕，也不漂亮，一點也配不上那神采奕奕的周聯華。

周聯華和阮郁瑤像對小妹妹一樣地招待謝榕津，請她吃奶油凍柿子，就是把美國奶粉攪拌在冰凍的柿子裡，吃起來還真有一點冰淇淩的味道。他們三個人一邊吃凍柿子，一邊聊天，好像已經是相識多年的老朋友。謝榕津內心多少有點傷感和失落，但她明白，高樂民把阮郁瑤介紹給周聯華當妻子是正確的，雖然她是一個普普通通，一點也不漂亮的女孩子，但她待人溫存賢良，做事麻利卻不聲不響，是天生的當牧師妻子的材料。在這一點上自己遠不如她。

那是謝榕津最後一次見到周聯華。不久，周聯華與阮郁瑤結婚，並在 1949 年一起去美國學神學，取得神學博士後到台灣當牧師，擔任了蔣介石夫妇的私人牧師，主持蔣介石的葬礼。

英國文學係是滬江大學裡最忙最難讀的科系之一，學生必須從英國文學的鼻祖喬叟的作品念起，到莎士比亞一直要讀到現代文學，再加美國文學。學生不知要看多少作品，寫多少讀書報告。所以英語系的學生整天埋頭於書本中還來不及。有的學生實在吃不消就轉系，班上的學生越來越少，到三年級時只剩下了一半。讀書對謝榕津來說卻如魚得水，不但每次完成了自己讀書報告，還要幫助幾個閱讀能力差一點來不及看老師指定的參考書的同學。

除了每個星期定期到高樂民讀經班以外，謝榕津幾乎把所有的精力都放在學業上了。

三

臨近又一年春天的時候，高樂民讀經班上的學生也開始減少。謝榕津已是讀經班班长，自然注意到這個變化，便去找高樂民讨论此事。

高樂民告訴謝榕津說，很多學生都生病了，沒法來上課。尤其讀經班副班长胡思旅病得最重，肺病復發，已經休學一段時間了。

“你是班长，能不能抽空代表我去看看他，我對上海的地形不熟，言語又不通，不便去他家裡看他。”高樂民說道。

於是，謝榕津按照高樂民給的地址來到思旅家探訪他。

思旅家住在市區邊上的兩幢日本式二層小樓裡，牆上爬滿長春藤，四周環繞著小小的青草蔥鬱的綠色花園，整幢小洋樓包圍在一片安詳靜謐的氣氛中。客廳裡清一色的中式紅木家具配上厚厚的羊毛地毯，牆上掛這各式鑲滿中國山水書畫的鏡框。客廳中間正前方有一個西式的壁爐，裡面隱約閃爍著小小的火苗，寂靜中噼噼叭叭的燒柴聲馬上給屋子帶來溫暖和睦的感覺。謝榕津從來沒有見過這樣洋氣，瀰漫著文化氣氛的家庭。

思旅的父親胡叔異畢業於美國哥倫比亞大學教育系，舉止打扮都是一副洋派知識分子的味道。他戴著一副金絲眼鏡，穿著一身四十年代美國電影明星蓋瑞格蘭特常穿的那種正統的深灰色美式西服，外面披著一件深灰色的西式開絲米大衣，頭上還戴著一頂黑色帶沿的西式紳士帽。據思旅說，他父親是第一批考上國民政府公費留學的留學生，在美國哥倫比耶大學念完教育碩士後回到上海擔任教育工作。從美國回來以後，他父親依然保留著美國生活的一切習慣，開著一輛美國進口的黑色福特老式轎車，穿的西服領帶和白襯衫都是原封不動地從美國空運進口的。

第一次去思旅家，謝榕津就喜歡上了這個充滿著溫馨書香的家庭，每個成員彼此之間親密的關係讓謝榕津感到異常溫暖。她從小跟着母親長大，從來沒有感覺到家庭的溫暖和諧。因此，思旅的家吸引著她，每逢週末節日，她都會到思旅的家裡來探訪。就是在這個溫暖的大家庭裡，她與思旅的感情慢慢開始，並與 1951 年在北平結婚。

1949 年的到來給上海這個曾經繁榮興旺的遠東第一大都市帶來了一種異常緊張的氣氛。國共兩黨的內戰已經到了尾聲，國民黨一敗塗地，共產黨乘勝追擊。

1949 年春天 4 月 21 日，解放軍百萬大軍冒著國民黨的飛機和炮火的轟炸在一千里戰線上橫渡長江。解放軍隨即拿下南京和杭州，完成了對上海的合圍計劃。4 月 30 日，蔣介石親抵上海指揮上海保衛戰，聲稱要把上海“變成東方的斯大林格勒”。國民黨京滬杭警備司令湯恩伯在蔣介石的親自部署下，指揮二十多萬部隊退守上海，企圖憑藉上海大城市的物資基礎和幾千個堅固工事死守，等待國際局勢的變化。

5 月初，整個上海市陷入戰爭爆發前的可怕寂靜中，所有的學校工廠機關都已經關閉，不再上學上班。滬江大學早在 4 月初就發出告示，宣布學期提前結束讓學生回家。學生們離開滬江的時候都沒有多想，以為不久以後學校會再次開學，他們很快就會回來。

謝榕津離校之前去找高樂民告別，高樂民好像已經預感到了什麼不祥的事情即將發生，已經在整理行李開始打包，準備回國了。

像往常一樣，高樂民帶著謝榕津一起在靜默中向主禱告，這已經是她們每次見面必做的事。幾十年過去，謝榕津已記不得當時禱告的話語，但那一刻的印象卻深埋心底，常存記憶。當時，她們都不知道這是她們此生最後的一面，謝榕津再也不會回到滬江，再也見不到這位曾經給她許多關懷和愛護的美國母親了。

1949 年，正在组建中的中共外交部在上海招考，说是考取了可以到北平去上大學。此时美国教会都已撤退，美国学校都已关闭，正在为她大學最后一年的学费发愁的謝榕津赶紧前去应考。她考取以后，北上前往北平后却发现自己进的是華北人民革命大學。從此，她的人生命運就成了政治洪流中的一葉浮萍，不再由自己掌握。

1956 年，謝榕津已經在對外文化聯絡局担任翻譯工作，在宾馆里陪外宾。有一天，文聯局人事處打電話來叫她回機關去配合從上海來的外調人員的工作。

前來外調的是兩個穿便衣的男人自我介紹說是上海公安局來外調的。他們直截了當地問謝榕津；“董雅芬你認不認識？”

謝榕津愣了一下，記憶中早已被她遺忘的滬江大學時光再次浮現眼前，便回答說：“當然認識，她和我在滬江同系，比我高一班。”

“她和高樂民的關係怎麼樣？”他們又問。

謝榕津的心顫抖了一下，高樂民是她在华北人民革命大學思想改造时向组织反覆交代過而因此受到批判的原因。如今，七年過去了再舊事重提，她不免心裡忐忑不安，但她知道自己臉上不能流露出任何情緒。

“大概不怎麼樣啊，我去高樂民家從來沒有見過她。”謝榕津故作淡漠地說。她知道阮郇瑤離開後，董雅芬就擔任了高樂民的助理，但她與董雅芬沒有私交，因此，她沒有什麼可以隱藏的。

“你知不知道高樂民離開中國時有東西存在她家？”

“不知道。那時我已經離開上海北上了。”

從外調的公安人员口中，謝榕津了解到高樂民離開滬江的時候，把一個箱子存在董雅芬家里。1952 年，上海的教會大學都被取消，滬江大學各科系分別併入復旦大學、華東師範大學、上海財政經濟學院、華東政法學院、交通大學。董雅芬隨著滬江大學的英文系合併到復旦大學後，一直在復旦教英語。1956 年，中國開展肅反運動，目的是要揪出隱藏在人民隊伍之中的反革命分子。復旦大學的肅反運動進行的轟轟烈烈，董雅芬坐不住了。高樂民的箱子一直放在她家，讓她感到不安，於是，她就把箱子上交給復旦大學有關部門。有關部門打開一看，發現裡面除了一些私人用品之外，還有一張中國地圖和一把手槍，馬上就報案，把箱子交給了上海公安局，上海公安局因此斷定高樂民是隱藏在滬江大學的美國特務，專門利用自己教授和基督教士的身份為掩護拉攏發展滬江學生成為特務，因此，他們便開始調查高樂民作為美國特務與董雅芬以及其他滬江畢業生的關係。

謝榕津聽了，心裡緊張極了。她無論如何也無法想像高樂民是美國特務。一個美國女人千里迢迢在戰爭年代到一個陌生的國土，有一張该國地圖和一把自衛的手槍，有什麼稀奇呢？怎麼就可以據此定性為特務呢？如果董雅芬真的與高樂民有特務關係，她肯定不會連看也不看就把箱子交給上級的。雖然謝榕津心裡這麼想，嘴上可不敢說。她心裡明白，自己與高樂民的關係不一般，當時很多滬江學生都知道，說不定她自己也因此被牽連上了。果真，謝榕津的擔心成為現實，从此以后，她长期被怀疑为美特嫌疑，内控使用，不许出国，不准进人大会堂。她陪同的外宾，一到毛主席接见，就换翻译。文革時期，在復旦大學工作的董雅芬被公开定成為美國特務，受到各種批判和打擊。

時代的洪流不斷向前，到七十年年代末期，通過政治上的「撥亂反正」和經濟上的改革開放，中国形势發生了巨變。上海公安局取消了当时对高樂民所做的美國特務的結論，所有有關人員都得到解禁。謝榕津所在的五七幹校專門派幹部到上海外調，終於取消了她檔案中所有的黑材料。從此，謝榕津不再被視為三等公民，從 1980 年开始，每年至少一次隨重要代表團出國訪問。1990 年謝榕津到紐約定居后，開始打聽高樂民的下落，希望能夠在美國見到她當年在滬江的恩師。然而，她得到的消息卻令她沮喪。1949 年後，高樂民離開滬江大學回了美國，但很快前往台灣，與其他兩位曾在中國大陸教書的美國傳教士開闢了新的基督教懷恩堂。1959 年高樂民不幸因癌症去世，享年 61 歲。

得知高樂民去世的消息，謝榕津心裡非常難過，她做夢也想不到 1949 年在滬江大學高樂民的宿舍裡她們一同禱告的時刻是她們此生的最後一面。然而，她無法改變命運的翻雲覆雨。即便時光可以倒流，她也很難做出不一樣的選擇，因為沒人可以阻止時代因政治變遷而落下的帷幕。

多年來，我一直以為，高樂民是我母親的精神啟蒙老師，卻沒有想到，她與我父親也有很不錯的師生情誼。前不久，我與小叔胡思頤談及我爺爺胡叔異往事的時候，他無意中提到高樂民曾在 1949 年前到我爺爺家裡來，提出她有能力安排我父親去美國深造，被我奶奶的拒絕了。當時，我父親胡思旅因患肺炎暫時休學在家隔離養病。我爺爺胡叔異在上海的家有兩套日本洋房，一套自己住，另一套給大兒子胡思旅養病住。當時滬江大學患肺炎的還有一個叫做唐登燕（音譯）的女生，因為她家条件不好，沒有單獨的房間用來隔離養病，因此，高樂民便請胡家讓唐登燕也住在他們給兒子胡思旅的那套房子裡養病。唐登燕是滬江大學的高材生，還獲得過英語演講比賽冠軍，深得高樂民的喜愛。唐登燕和她母親在胡家住了近一年的功夫，高樂民為此非常感激胡家。1949 年，共產黨進入上海之前，高樂民特意來到胡家探訪她的兩個學生，並且跟胡家說，她有辦法安排胡思旅和唐登燕跟她一起去美國。我奶奶聽了，生怕這樣會造成骨肉分離，堅決不同意。當我把這件事兒告訴我母親謝榕津後，她表示懷疑其真實性，因為我父親從來沒有提及過此事。然而，無論如何，高樂民這個名字在我和母親的心中始終佔據著一席之地，因為沒有她的間接促成，就沒有我父母的交往和最終婚姻，也就沒有我。命運之奇妙，往往在於我們不經意之間，曾經的一個決定，也許會影響我們一生的走向。高樂民未曾想到，她對我母親基督教精神的影響潛移默化，一直延伸到我這一代。

（原載台灣《傳記文學》2021 年第 8 期）

華北人民革命大學思想改造親歷記

1949 年後在中國知識份子中展開的思想改造運動是一段獨特的歷史，是中國共產黨执政后對旧社会的知識份子進行鑑別、審查、改造、使用過程的精神運動。華北人民革命大學的思想改造運動則是這場運動的一個典範。虽然现在有些政府文章也谈及華北人民革命大學的历史，但關於這一段思想改造的运动，因為政治上的禁閉，以及經歷過華北人民革命大學思想改造的大陸知識份子的「集體沈默」，幾乎無人談及。我曾在美國華文報紙上看到一篇提及華北人民革命大學思想改造的文章指出：思想改造的殘酷性，遠非我們一般所瞭解的洗腦可比，洗腦似乎僅僅是表示溫和的改良或是物理的變化，但思想改造則意味著暴烈的鬥爭或化學的變化。1949 年，我父母曾是華北人民革命大學的第一期學員，在那裡接受了為時七個月的思想改造，成為這場運動的直接目睹者和親歷者，因此，從他們的經歷談及華北人民革命大學獨特的思想改造過程，算是為這段難忘的歷史填補了空白。

一、從上海滬江大學到北平的華北人民革命大學

我家老相冊裡有一張我父母年輕時代在上海拍攝的黑白照片。照片

的背後有一行我父親留下的字跡，寫著：攝於 1949 年榕津离滬前夜。這是我父母唯一的一張 1949 年前拍攝的合影，記錄了他們青春的容貌，因此，讓我倍覺珍貴。後來我父親去世，我母親與我移居紐約後，我才知道，我母親當年离滬的原因，以及她與我父親在北平經歷的「思想改造」的往事。

1949 年 5 月上海被共产党「解放」時，我母親謝榕津與父親胡思旅在上海滬江大學讀完了三年級，正準備上大學的最后一年。上海滬江大學是一所美國教會學校，與另一所教會大學上海聖約翰大學並列，在上海享有盛名。

謝榕津上滬江大學三年全部靠的是教會的助學金，1949 年上海解放後, 美國教會撤了, 美國教員也走了, 我母親沒有地方拿到助學金了, 因此, 她開始為她大學毕业的最后一年的學費發愁。就在這時，上海學生會在西藏南路上海青年會禮堂舉行联欢会，会上散发各种传单，号召学生们北上或南下。

謝榕津看到有人在散發各種表格，動員年輕的學生們或是北上或是南下。他們宣称：“北上就是到北平去上大學，南下就是跟著解放軍到南方去解放尚未解放的城市。不過申請北上的要考試，考上的人才可以去北平。”

謝榕津聽了喜出望外，决定報考去北平上大學。報名地點是在圓明圓路的真光大樓 -- 滬江大學城中商學院，報名的各地大學學生很多，我父母也報了名。入學考試是在震旦大學的二樓大禮堂，分笔试、口试和政审三个部分。考生近千，滿滿一堂。

第一輪是英文筆試，通過以後才可以參加第二輪的英語口試。筆試考的問題都很簡單，謝榕津輕而易舉地通過了。第二輪英語口試由聖約翰大學的幾個上海地下黨的高年級學生主考，從生活到政治局勢各問一通。他们還問了謝榕津对滬江大學校長凌憲揚的看法。

謝榕津在滬江大學讀書三年，與凌憲揚的个人接觸只有一次。一個週末的黃昏，她從家裡坐公共汽車回學校，在楊樹浦的公共汽車總站下車走到黃浦江邊上的滬江大學需要走一段頗長的土路。她走在土路上時，正好遇到開車回滬江大學的校长凌憲揚。凌憲揚搖下車窗招呼她道"Miss谢，你是回学校吗？"他提出順路載謝榕津回學校，讓她感到受宠若惊。謝榕津万万没有想到像凌憲揚这样的一校之长，居然会认识她这样一个普通学生，还主动要載她回学校，一点校长的架子都没有。一路上，兩人聊起了戲劇。謝榕津在滬江大學的時候曾經一度參加了滬江劇團的演出，在兩部轟動一時的話劇中擔任了女主角。滬江校刊上刊登了這些話劇的劇照，因此，滬江大學的很多學生視她為偶像。凌憲揚也看過謝榕津的演出，赞扬她有戏剧天才之外，还谈起自己年轻时也喜欢戏剧，还上台表演过。後來，謝榕津才知道凌憲揚1935年時曾在上海的萬國藝術劇院和上海名媛唐瑛用英語演出了根據京劇改編的《王寶釧》，引起了不小的轟動。這次與凌憲揚的唯一一次接觸给謝榕津留下了极好的印象，因此当主考者问她对凌憲揚的印象時，她回答说："我觉得他很民主，并叙述了那次搭凌憲揚车的经历。"主考的學生相互對視了一下，笑了起來，当时謝榕津却无法理解，感到莫名其妙。

因為我母親與凌憲揚的這次接触，我對凌憲揚的結局很感興趣，看了很多關於他的相關資料才知道，凌憲揚是滬江的最後一任校長，他早年畢業於滬江大學，曾去美國留學，妻子是宋美齡的干姐妹。國共和談時，凌憲揚還作為國民黨政府派遣的六名代表之一參與了和談。凌憲揚曾任中央造幣廠廠長，於1946年辭職，轉而擔任滬江大學校長。1949年3月國民黨全線潰敗，財政部要求凌憲揚随政府撤退台灣，擔任設在台灣的財政部貨幣發行處長。躊躇之際，凌憲揚徵詢了他一向敬重的宋慶齡的意見，認同了宋慶齡對時局的判斷，選擇了"留"在上海。但據凌憲揚的兒子凌宏俊說，凌憲揚在1948年年底，就定下留守滬江的決心了。11月29日，他在校董會上講話，說："我堅信我的這一堅定立場(指留在滬江不走)，如果有所改變，必然會對全體學生的穩定帶來影響。面對新政權，凌憲揚分析："共產黨人可能對我們的課程設置會施加一些控制，但我們想他們不會接管學校。……我們將留在這裡，只要學校還能辦下去。”凌憲揚不願意離開上海，拒絕了國民黨的中央銀行發行處處長的職務。他在一封信中寫道：“我的妻兒都在這裡。在這個時刻他們選擇和我在一起，是我最大的快樂。……只要我對大學還有用，我就會堅守崗位。”

1949 年 5 月上海「解放」，有關部門展開了對凌憲揚的調查，凌憲揚在巨大的壓力下被迫辞职，並將學校的全部資產清冊交出，學校由校務委員會負責管理。1951 年 4 月，在“鎮壓反革命”運動中，有人舉報凌憲揚是國民黨印鈔廠廠長，凌憲揚被捕入獄。1957 年初，凌憲揚被釋放，当局宣布不予追究刑事責任。但同年 9 月凌憲揚再次被捕，判了十年徒刑，關在安徽白茅嶺勞改農場勞動改造。1958 年 9 月，凌憲揚因胃出血死於勞改農場，終年五十三歲。二十三年後，上海市高級人民法院推翻了对凌宪杨的十年刑期判決，維持原來的不予刑事責任追究的判決，凌憲揚終於得到平反。

謝榕津最終不但通過了笔试和口试，而且还通过了政审，被錄取了。我父親胡思旅虽然也通过笔试口试，卻沒有通過政審，没有被录取。後來，謝榕津才知道，她在滬江英文系的一位同班同學是中共地下黨員，因為搞地下活動耽誤了學業，就經常來找謝榕津幫她補課，對謝榕津的情況知道得一清二楚。政審時，組織上叫這位女同學寫了一份關於我母親的調查材料。女同學在材料中說謝榕津的家庭情況簡單，只有母女二人。她本人從不關心政治，只知道念書，在滬江英文很好，總是考第一。謝榕津憑著她的這份材料通過了政審。

胡思旅沒有通過政審是因為他父親胡叔異。胡叔異當時擔任上海新陸師範學校校長，1949 年，國民黨追捕、槍殺地下黨成員時，有人曾開過一張該校地下黨員的黑名單。中共上海地下黨一直認為黑名單是校長胡叔異開的，對他懷恨在心。上海剛一解放，上海市政府裡的上海地下黨執政人物就開始審查胡叔異，抄了他的家。幸好過了幾年，他們才發現黑名單原來是當時学校的教務長開的，與胡叔異並無關係，胡叔異的这件政治问题总算不了了之，逃過了一劫。

胡思旅、謝榕津拍攝於 1949 年，謝榕津離滬赴北平前夕

1949 年 7 月，謝榕津踏上了北上去北平的火車，她的人生命運就此改變。鑑於国共戰事尚未結束，通往北平的鐵路沒有正式通行，也沒有正常行駛的列車。北上的學生們一多百人坐著一輛仅帶幾節車廂的專列開往北平。整個北上的路途異常艱苦，由于人多座位少，许多人一路坐在地上，甚至躺在地上睡觉。白天經常有國民黨的飛機來轟炸鐵路和列車，頭頂上不斷響著飛機的轟鳴和炸彈落下來的尖銳叫聲，彷彿電影上看到的戰爭場面。

为了躲避国民党飞机的轰炸和袭击，火车时开时停，經過了短暫卻又似乎很漫長的四天三夜的旅行，最后總算安全地到了北平。他們這一大群年輕人剛下火車，就被裝上了若干輛軍用卡車一路奔馳。大家面面相覷，不知道他們要去什麼地方。卡車載著一車沈默開到北平西苑，最後來到一個破舊的大院面前，看見大門上方掛著一個書寫著“華北人民革命大學”的橫幅牌子。學生們以為這就是他們要上的大學，感覺很興奮。

胡思旅（左）、謝榕津（右）在華北人民革命大學招牌下

二、華北革大的生活紀實

第二天清早，校方領導就召集所有的學員在大操場上集合訓話說："我們曾對你們說，你們來北平是來上大學的，不假，這個就是你們的大學。不過，這不是一個普通的大學，而是一個學習革命理論的大學，一個改造思想的大學。你們來自全國各地，幹過各種行業，但都沒有學習過馬列主義毛澤東思想。要幹革命不懂革命理論是不行的，所以大家要好好學习。毛主席教導說："大學者，大家學的意思，人越多越稱得起大學。'這是咱們偉大領袖的偉大思想，你們過去熟悉的大學都是腐朽的舊東西，都應該改造。這裡才是真正的大學。"他講得很鄭重，大家聽的人都肅然起敬。

直到這時，謝榕津才知道這個所謂的大學其實不是大學，而是專門改造思想，培養革命幹部的地方。從上海來的很多人都有些後悔，但木已成舟沒有退路，大家只有硬著頭皮接受改造。謝榕津當時对华北革命大學的组织机构并不了解，只是听说该校仍接受学生，就单纯地认为胡思旅可以來與她同校學習，便去找了學校領導說，她的男朋友還在上海，也想來北京上學，可以不可以讓他來？没想到領導居然随口就答应说可以。謝榕津馬上寫信給胡思旅，叫他火速趕到北平。留在上海的胡思旅那时已經報考了清華大學並被錄取了，正預備轉去上四年級。但接到我母親的信後，他馬上放棄了清華大學，趕到華北人民革命大學。

「華北人民革命大學」（簡稱「華北革大」）是一個中共意識形態為標準的「大學」，宗旨是培養為「新民主主義」社會服務的政治、經濟、文化藝術、教育等方面的幹部。下設四部兩院。一部為政治訓練班，兩年後的十月變身「中國人民大學」；二部為教育學院，即今「北京外國語大學」；三部文藝學院衍生中央戲劇學院、中央美術學院、中央音樂學院及北京人民藝術劇院、青年藝術劇院、中央歌劇院、中國京劇研究院等；四部為研究部；兩院分別是工學院和農學院，發展為北京工業學院（現為北京理工大學），與北大農學院、清華農學院併成北京農業大學（現名中國農業大學）。

謝榕津所在的二部大多是政府各部门送來的青年學生，培訓完畢後，由各部门領回去分配工作。謝榕津被分配到二部十八班。当时她和别的学员一样，并不知道他们是屬外交部系統的学员，因此，各方面要求比較嚴格，除了通过上海招考的学生，絕不能接受額外的學生。其它系統的班就比較鬆，甚至都不用考試。胡思旅到达后就被分配到華北局系統的班。

「華北革大」位於荒涼的北京西苑的兩個相連的大院子裡。這兩個大院子的別名就是西苑兵營，建於清朝，原來是八旗大校場的所在地，曾經是禁衛軍的兵營。北平淪陷後，日本人用來做兵營，也關押來自中國的抗日戰士和無辜平民，就是傳說中的那個臭名昭著的西苑集中營。後來國民黨政府將集中營改成兵營，改名稱為西苑兵營。最後駐紮在這個兵營裡的就是傅作義的部隊。校園裡沒有草坪也沒有樹木，只有幾十幢灰色的兩層樓房，每層樓有十来間屋子，佈局完全像軍隊營房。校園裡有一個光禿禿的大操場，用來上露天大課和平時的集訓。

大家來的時候正是夏天，沒有綠色樹木的校園瀰漫著塵土的氣息，在陽光的照射下，黃色的塵埃粒粒可見。每天他們就在陽光的直曬下，坐在自己的小馬扎上，上幾小時的大課，第一次領略了北方陽光的焦燥和刺人。冬天，北方的天氣滴水成冰，寒冷異常，大家還是在大操場上上大課，冷得腳都凍僵了，有的人還長了凍瘡。

「華北革大」沒有正式教室，每一个班分一间空屋，既沒桌子也沒有椅子。每天，大家上完大課回來就坐在地上學習或討論。晚上，男生就打地舖睡在這間房裡。各班女生统一睡在女生宿舍里，女生宿舍相對來說條件好一點，房間裡雖然也沒有任何桌椅，但是有還有個大通舖，十几個人睡在一起，各自的衣物就放在枕頭上方。

「華北革大」的生活非常簡單清苦，與上海來的年輕人以前在上海過的生活有天壤之別。他們每天吃的主食是小米、高粱米、玉米窩頭、白薯等粗糧，过年过节才有白面饅頭，副食是燒得爛糊糊的、分不清是什麼東西的盐水熬菜。主食放在一個笸籮里隨便吃，副食則放在一個桶裡，由小組值班員领来以后分給大家盛在各人的碗裡。那些粗製濫造的飯食不僅難看，聞起來更是難以下嚥。我父母他們這些學生來自有著“魚米之鄉”著稱的南方城市上海，連白面都吃不慣，更不要說粗糧了。謝榕津長這麼大還從來沒吃過這樣的粗糧和盐水熬菜，覺得難以忍受。好在他們當時很年輕，對生活充滿了朝氣和衝勁，在精神上對這種生活上的巨變還有一定的承受力。

從生活方面來講，「華北革大」採取軍管制集體生活，同班的男女学员除了分開睡覺以外，什麼活動都在一起，沒有任何自由活動時間，所以小組成員互相之間對彼此都一清二楚，包括連每天吃多少飯，上幾次廁所。不過令大家開心的是，他們在「華北革大」的吃住上學都不用付錢，每個月還發幾塊錢的生活費，女生還加發兩三塊錢的月經用紙費。後來才搞清，原來他們這次北上已經算是參加了革命隊伍，可以享受共產黨工作人員享受的供給制。在「華北革大」，所有的人每年發一套棉衣兩套單衣，每月幾元生活費。幹部們的級別只有在吃飯的時候才看得出來，一般像學生們這樣的普通幹部吃大灶，教員都算中級幹部吃中灶，學校的管理人員算是高級幹部則吃小灶。

當初，學生們從上海來的時候是夏天，穿的衣服五花八門，什麼都有。到了初冬，北方的天氣變得異常寒冷，大家都沒有禦寒的衣服，一個個冷得呱呱叫。於是「華北革大」給大家發了冬裝。這些冬裝是從原來駐守北平的國民黨軍隊傅作儀部隊倉庫裡拿出來的男式黃土布棉軍衣，又大又長根本沒有辦法穿。女學生們就動手把軍服給改小了穿，外面再用一條軍用皮帶束緊。

1949 年的北平還是維持著原來帝王時代的模樣，安靜祥和，沒有一點人流嘈雜，車水馬龍的聲息。唯一現代的標誌就是大街上來往行駛的有軌電車，電車的駕駛員用腳踩著電車鈴，發出噹噹的清脆聲音，在安靜的城市上空發出空曠悠遠的迴聲，給古老安詳的城市帶來一絲年輕的聲息。看慣了上海此起彼伏的高樓大廈，繁華嘈雜的窄小街道和到處燈光閃爍的霓虹燈，北京的寬廣和平靜讓我父母流連忘返，尤其是學校附近的頤和園是他們常去的地方。然而不久，他們享受世外桃源的樂趣就被華北人民革命大學所進行的思想改造給打得粉碎。

三、思想改造的熔爐

1949 年 2 月在北平西郊的萬壽山湖畔的西苑成立的華北人民革命大學在當時因為集中了中國最優秀的知識份子進行思想改造而出名。著名作家沈從文和歷史學家史樹青等都在「華北革大」學習過。

中華人民共和國成立初期，中央人民政府沿用之前的大區製度，建立六大中央局（中共中央華北局，華東局，西南局，中南局，西北局，東北局），並與之匹配設置大區級革命大學，如華北人民革命大學，華東人民革命大學，南方大學等。華北人民革命大學是中共華北局在 1949 年成立的第一所新型革命大學，與其他的革命大學相比，「華北革大」是規模最大，影響最深的一個。當時，新成立的政府部門如外交部，急需會外語的翻譯，便專門在外語人員眾多的上海招考了一批外語好政治條件好的青年，放在華北人民革命大學培訓改造，畢業後去外交部工作。所谓培训改造，并不是技术上的培训，而是思想改造，將招募来人員的頭腦中存在的各種非無產階級思想統統清除掉，用共產主義思想取而代之，使他们的思想方式和思想状态符合新时代新政府的要求。在所有的思想改造的部門中，華北人民革命大學的思想改造更集中、更系统、强制性更强，因此，对于被改造者来说，改造的過程也更痛苦。

1949 年剛剛到達華北人民革命大學第一屆學生，前排右二為謝榕津

「華北革大」的思想改造从开始到结束一共历时七个月，分理論學習、对党忠诚运动、坦白交待、批評與自我批評、改造和總結等五個阶段。第一个阶段的理论學習主要學《社會發展史》《政治經濟學》《新民主主義論》等馬列主義和毛澤東的經典著作。學員首先在大操場聽幾個小

時的大課，由解放區的著名理論家艾思奇講社會發展史，學生人手一冊的艾思奇的《大眾哲學》，作為馬列主義辯證唯物主義的基礎課本。聽完大課以後大家回來分班討論。謝榕津從小上的是美国教會學校，對中國近代史知道的較少，更不用說是馬列主義和毛澤東思想了，所以對開始階段的理論學習，如從猿到人，從奴隸社會經過農奴社會、資本主義社會、發展到共產主義社會，感到十分新鮮有道理，把這些理论奉若神明，認真地學習背誦。

第一個理論學習階段對謝榕津來說還相對容易，但緊接著的對黨忠诚老实运动則讓她大吃一驚。二十一年來，她從來都沒有經歷過的人生在「華北革大」體驗到了，而這種體驗讓她無所適從，甚至開始「懷疑人生」。根據「華北革大」要求，所有學生必须根据所学的阶级理论，如實交代自己的家庭情況和社会关系，老老實實地把這些情況白紙落黑字地寫出來。为了表示自己对党的忠诚，謝榕津把所有的家庭成员和親朋好友，不管死活都一个不漏地寫了出來。她甚至把所有前往美国和台湾的認識人也统统交代了。她的坦白換來的不是表揚，而是檔案中留下来的领导给她做的结论：社会关系复杂。

謝榕津是一個單純的人，從小到大都是在美國教會學校度過，在美国传教士的影响下长大。她讀的都是英文原版书，學習善良、仁爱、人道、自尊等思想。她因為一直得到教会的助學金和獎學金，因此，她的頭腦充滿了好好学习，长大以后为人类服务的理想主義精神。而在「華北革大」，她學習的主題內容則是階級鬥爭，即一切離不開階級劃分，仁義道德是资产阶级用來骗人的虛偽口號。二十一年受到的美式的成長教育不是洗腦就可以徹底抹去，即便她的頭腦接受了階級鬥爭的概念，但在內心深處，謝榕津仍然無法徹底放棄人性的普世價值。這樣的口是心非的思想讓谢榕津受到了嚴厲的批判。坦白交代的過程中。谢榕津遵守「深挖自己思想」的規定，天真地将她过去喜歡的活動如鋼琴獨奏、獨唱表演、戲劇表演、演講比賽等，以及她在這些活動中得過的奖状和稱讚，受到大家嚴厲的批判，说她個人主義嚴重，愛表現好出風頭，談自己的資產階級愛好與作風時洋洋得意、如數家珍。謝榕津感到十分委屈和不解。为什么從小到大，她一直是學校以及班裡的優秀生，總是受到表揚。如今，她以往的所有優點都變成了缺點，成為班裡的重點批判對象，使她感到強烈的挫敗和心理壓力。

像我母親這樣感受壓力的人並非少數。據曾在「華北革大」學習過的文物專家史樹青回憶「華北革大」時說：“在華北革大時，大量學者都抱著看看再說的態度，不知共產黨能否長久？在那裡學習，主要是交代思想，丟掉對美國，國民黨的幻想，進行思想改造，洗腦筋。進去時壓力大，沈從文有，我也有。”談及華北革大的改造氛圍，他也表示過：“幾千人聽艾思奇做報告，場面很大。有的人表態的時候痛哭流涕，有少數不能畢業，後來都逮捕了。”可想而知，當時「華北革大」的政治氣氛有多嚴峻。相比當時人生閱歷豐富的學者史樹青和作家沈從文來說，我母親當時年輕，沒有人生閱歷，無法從思想上來分析和理解她自己所處的時代和位置，因此，內心也更加苦悶。

不久，批評與自我批評開始了，謝榕津初次嘗到了被集中批判的滋味，大家毫不留情地從各個層面地批評美國教會學校教育給她思想上留下的信仰痕跡，使她觉二十一年來受到的所有教育和觀點似乎都是錯誤的，必須去除才行。她感受到身心的痛苦與孤獨。當大家集中火力批評其他人時，她又無法做到與大家一樣從思想高度上去指責和伤害對方，使得她表現好像更不積極，更難過關。在難言的痛苦中，謝榕津學會了本能的自保。她學著約束自己，做任何事時都靠邊站或隨大溜，處處留心要與大家言行一致。別人不說話，她也絕對保持沈默。和大家在一起開會或活動，她一定找一個角落悄悄地坐著，盡量讓別人不注意到她。她努力向其它的女同學看齊，根據她們的穿著打扮裝扮自己，在任何時候都學會保持沈默。時間一長，謝榕津覺得就自己像霜打的花一樣地枯萎了，每天除了埋頭看書和做應做的工作，對任何事都保持緘默。就在她覺得自己變得越來越謹小慎微時，上級領導卻開始誇獎她，說她比以前老實多了，也聽話了，可以加入青年團了。

轉眼七個月過去了，學生們的思想改造已經進入尾聲。七個月前的夏天，這些來自上海滬江和聖約翰等大學的學生們初次來到「華北革大」時，還是一群天真爛漫的男女學生。女學生們有的梳著上海時髦美容院燙出來的波浪捲發，有的穿著開司米的淺粉色毛衣，從國外進口的毛料西褲。婉如剛進滬江時的短頭髮已經長及過肩，被她梳成扎著緞帶蝴蝶結的兩個小辮子。不過七個月，他們已經完全變了樣子，梳著齊耳短髮，穿著臃腫的軍隊制服，臉上曾經開朗的神色也變得嚴肅緊張。好像過去的夏天和秋天把他們的純真偷走，像一縷風吹走了滿地的落葉，曾經的歲月消失得無影無踪。

「華北革大」對學生們的改造成就非常滿意，舉行了新舊對比的照片展覽。這次的照片展覽選擇的照片都是「華北革大」認為變化最大最可以作為典型的的女同學的照片。通過這些典型人物的照片對比，「華北革大」在展示思想改造的成果。

謝榕津（前排左四）在華北人民革命大學

展覽在一個營房裡舉行，滿牆都貼滿了照片。大家事前對這個展覽毫無準備，進去一看滿牆的照片，都驚訝極了。展覽是「華北革大」幾個女同學新舊生活的對比照片，一邊是過去在上海的舊照，另一邊是在「華北革大」的新照。其中，一位名為胡英英的女生最引人注目，胡英英是他們這批人之中的頂級美女，聖約翰大學的校花。當初他們剛剛在上海集合的時候，胡英英還梳著一頭波浪優美的燙髮，穿著一件花色漂亮的短旗袍，披著白色的小外套，打扮的極其女人味，像明星一樣精緻漂亮。牆上掛著的照片中，一幅是胡英英在上海的舊照，樣子極為光彩，穿著絲質旗袍和高跟鞋，塗著胭脂，滿面綻開俏麗的笑容站在桃花樹下。而旁邊的「華北革大」新照中，胡英英一頭短髮，身著軍裝，充滿著颯爽英姿的神情，猛地一看，根本認不出這是同樣一個人。

指導員站在照片前進行總結："你們看到自己的變化了吧？短短的幾個月的功夫，我們就把你們這些資產階級的少爺小姐改造成無產階級的革命戰士。這就是馬列主義毛澤東思想勝利的偉大結果。"

歷時七個月的思想改造結束前，組織上對他們这批學員進行了最後一次的政治審查，合格的人可以進入剛剛成立的專為新中國培養外語人才的外國語學院學習，政審沒有通過的則另外分配工作，少數有問題的則被抓起來送到清河勞改農場。事後謝榕津才知道，這樣做的目的是防止有潛伏的國民黨特務鑽進外交部，為日後留下後患。

政審的結果是在會議上宣布的。指導員拿著一張名單，大聲點著每一個學員的名字，通知每個人的分配去向。名單上大部分念到的名字都被分到外國語學院學習，少數的人被直接分到各個單位。等到指導員念到謝榕津所在的小組一個大約四十來歲的大齡男生時，大家都吃了一驚，因為這個人被分的單位是清河勞改農場。

清河勞改農場距北京一百多里地，是著名的關押政治犯的勞改農場。謝榕津驚訝地看了那個男生一眼，只見他低垂著頭坐著，一聲不吭，好像他自己已經知道了這個結果似的。這個男生來「華北革大」之前在上海的一家外國銀行當職員。他為人和氣，從來不參加組裡各種學員之間的糾紛，跟所有人的關係都很好。他被分配到清河勞改農場真是出乎他們每一個人的預料。大家弄不懂的是他是自己來報名參加「華北革大」的，怎麼會落到這個下場。

小組長老張曾經是上海的地下共產黨員，他自告奮勇地去打探消息，回來後告訴他們，那個男生的確是因為政審沒有通過，才被送往清河勞改的。大家唏噓了一番，決定寫一封聯名信給上級，保證這位男生沒有問題，請組織上不要把他送去勞改。結果，老張和全組的同學都挨了一頓批評。上邊說："你們怎麼知道他沒有問題？居然敢保證他？真是糊塗幼稚！你們應該相信組織相信黨做的事情是正確的！"

政審以後，全體學員進行了一次外語分班級考試，我母親以優異的成績被分在最高班，成為進入北京外語學院（今天的北京外國語大學）學習的第一批學生。我父親因為是华北局所办班的学员，被分配到華北局農村工作部宣傳處工作。

「華北革大」留給我母親最難忘的就是思想改造的過程，作為一個二十一歲的上海大學生，一個從小在美國教會學校長大的女孩子，思想改造就是掃除腦子「舊社會」殘留的資產階級思想，徹底揭發自己與他人殘存的舊時代的意識形態，坦白交待任何腦子中不利於馬列主義思想的私心雜質。對於沒有經歷過艱苦鬥爭的年代，沒有經過任何革命教育的上海女生來說，這些都是聞所未聞，因此做起來困難重重的一件事。謝榕津經歷過「華北革大」以後，整個人從精神到外表都脫胎換骨，從一個喜歡唱歌跳舞，直抒己見，口無遮攔，打扮洋氣的女學生變成一個失去自我意識，凡事三思而行，時刻警惕自己不要有私心雜念，外表毫無修飾打扮，簡單樸素的女幹部。最主要的是，華北人民革命大學改變了我母親的一生，從此之後，她不再是一個單純的學生，而是作為共產黨建國後培養的第一批知識分子踏上了自己都不能掌握的命運之途，開始了革命工作的歷程。

後記：於沈從文擦肩而過

“我現在坐在西苑舊軍營一座灰樓房牆下，面前二丈是一個球場，中有玩球的約三十人，正大聲呼喊，加油鼓掌。天已接近黃昏，天云如焚如燒，十分美觀。我如同浮在這種笑語呼聲中，一切如三十年前在軍營中光景。生命封鎖在軀殼裡，一切隔離著，生命的火在沈默里燃燒，慢慢熄滅。擱下筆來快有兩年了，在手中已完全失去意義。國家新生，個人如此萎悴，很離奇。”著名作家沈從文於 1950 年在華北人民革命大學改造思想時期，曾在給朋友，建築師程應銓（梁思成第二任妻子林洙的前夫）的信中這樣寫道。當時，沈從文在「華北革大」感到格格不入，自評對「政治問題答案低能」。他曾在畢業前的一份總結中公開承認他對這種集體學習的方式不適應，感到「越學越空虛，越無話可說」，把自己「完全封鎖隔離於一般言笑以外」。他的這種感覺不僅與我母親描述的相似，從歷史細節的角度，具象地描述了「華北革大」當時的氣氛。歷史固然是需要想像力的，而想像力則需要情緒性的文字渲染。即便從母親的描述中，我曾想像過他們在「華北革大」時的生活細節，而沈從文熠熠如生的幾句話就讓我透徹地感到了那個時代的脈搏和華北革命人民大學的生活情景，壓倒了所有關於華北人民革命大學的回憶。

儘管過去了幾十年，但華北人民革命大學的思想改造給我母亲留下的深刻烙印依旧难以泯灭。她多少次跟我講述了她在華北人民革命大學的艱苦生活和緊張壓抑的思想改造過程，但我都從來都無法感受她在「華北革大」經歷的那種思想壓力和緊張氛圍。直到讀了沈從文關於「華北革大」的這段文字，我才感覺到那個時代，年輕知識分子對周圍發生的歷史事件的敏感，迷惘和徬徨。

我的父母作為第一批畢業生於1950年2月從華北人民革命大學畢業，與 4 月才進入「華北革大」的政治研究院學習的沈從文剛好擦肩而過。但我想，他們所共同經歷的那個時代是相同的。至今，我還保留著我父母從華北人民革命大學得到的兩張畢業證書。雖然時光過去了七十年，畢業證書的原件已經有些發黃，但是，透過粗糙的紙張，依然可以嗅到過去歲月的味道，感到歷史留下的沈重。在今天這個巨變的時代裡，再次回顧往昔的塵埃，依然可以感到那些激情歲月的某種神秘呼喚，穿越時光向我們招手。在這兩張畢業證書中，我看到我父母嚴肅而年輕的臉龐穿越了人生沈重而難忘的歷史時代，向我凝視，似乎在述說著不為人知的故事。他們在華北人民革命大學度過的時光猶如歷史的磨盤，被歲月雕刻出累累的痕跡，終生難忘。

“生命封鎖在軀殼裡，一切隔離著，生命的火在沈默里燃燒，慢慢熄滅”，沈從文於七十年前跟程應銓描述他在華北人民革命大學時期的信中寫下的這幾句話形成了我對「華北革大」那個時代最直接的印象。時光如水，我彷彿看到了那個時刻，他臉上的暗影斑駁，如同他和我父母那個時代的理想之花的璀璨和幻滅。

（原載台灣《傳記文學》2021 年 6 月期刊）

往事經年流水夢：北京東四七條 61 號

一

2017 年年底的一個冬日，我再次回到東四七條 61 號大院。天氣雖然寒冷，但格外透亮。北京的霧霾隨著城市周邊工廠的停工而消失得毫無踪跡，在灰藍色天空的背景下，胡同兩邊的樹木光禿禿的樹杈在陽光的照耀下顯示著鮮明的輪廓，在狹小的街道上投射出優美的陰影。有一瞬間，我彷佛又回到了兒時的北京冬日，同樣深遠的藍天，同樣的街道與樹木。經過七條胡同里某一扇讓我記憶重溫的院門時，偶爾一抬頭，我看到了大門頂端殘磚舊瓦上的花紋在藍天下排列整齊地襯托著大門的朱紅色一角，帶著一種時光老去的痕跡，讓我怦然心動。

東四七條在我的生命中佔據著一個重要的地位，它是我兒時的記憶，伴隨著我童年一起長大，隨著時光的流逝而在記憶中羽翼豐滿。每次回想起東四七條來，我就會想起姥姥住的 61 號大院，想到我在那個院子裡度過童年的時光。

我六歲的時候正值文革的高潮，在對外文委工作的父母作為千千萬萬被改造的知識分子一員，被下放到位於河南息縣明港的五七幹校進行勞動改造。我最初與姐姐跟著他們一起去了幹校，然而沒到一年，我母親因為幹校的政治氣氛日趨緊張，加上我父親也開始被批鬥，怕在精神上給年幼的我造成不好的影響，就託人將我送回了北京的姥姥家。不久，留在幹校跟著父母生活的姐姐騙母親說她要回北京等待她原本讀書的燈市口中學分配工作，也回到了北京，然後報名去內蒙古建設兵團，坐火車去了遠在內蒙古的杭錦旗巴拉亥。從此，我們四口之家就開始四分五裂，天涯海角的日子，我跟著姥姥開始了在 61 號大院生活的童年時代。

帶著往事的記憶，我跨進了 61 號大院已經破落的大門。原先的這兩扇開的木頭大門是朱紅色的，隨著歲月的流逝開始斑駁，加上從未整修油漆過，變得顏色陳暗，越發的沒落，剝落的油漆形成了一道道溝壑，裡面佈滿了灰塵日積月累形成的污垢。記憶中的 61 號大院跟很多北京胡同大院一樣早已經頹廢成一個大雜院，橫七豎八塞滿了各色私蓋的房子，房子的犄角旮旯裡面堆滿了各色的雜物。這個早年是清朝滿族鑲黃旗大將海蘭察的府邸的大院曾經有過的一段時期的輝煌和氣派早已蕩然無存，剩下的就是東倒西歪的破房舊院，以及各家各戶違章加蓋出來的東一塊西一塊的類似小廚房的雜屋，橫陳在原來的大院中的天井裡。

北京東四七條 61 號大門

61 號大院是北京典型的四合院，共有三進院子，前院，中院和後院。前院南為大門，經過一個四方形的院子，直通北面的二道門。前院東西兩邊都是雕漆的迴廊，迴廊下面是一溜擺列整齊的房間，中間是露天的大院，院子裡有一顆很大的老槐樹，到了夏天枝繁葉茂，成了“吊死鬼”的天堂。整個夏天，老槐樹上的“吊死鬼”吐出一根根透明的絲，從樹上將自己垂掛下來。平時，肉眼根本看不到這些絲，但走近了，就會看到每一根絲底下掛著的小小綠色肉蟲子，密密麻麻織成一片，我會驚嚇得幾乎抱頭鼠竄，根本不敢再從樹下走過。

姥姥家住在 61 號大院前院的西邊的迴廊下的廂房。廊下原本有一套三間屋子，由當時大院的擁有者機關海關總署在中間隔斷，成為兩個套間，分給兩家人住，姥姥家就住在其中一個套間裡。套間的屋子分里外兩部分，里屋和外屋由一整排古色古香的雕花薄木柵欄相隔。這雕花柵欄都是像古董屏風一樣的門扇，上半邊是鏤空的窗子，下半邊是雕花的實心木。這木頭像是上好的梨木，雖然有很多年頭了，但被姥姥沾點火油擦起來仍然透著油亮。木柵欄的窗子部分都用白色厚米紙裱糊起來，越發顯得精緻。整個雕花柵欄除了中間的兩扇可作為門可以活動之外，其餘的都是釘死的，每扇門的中間都用銅一樣的金屬扣連接。西邊的廂房原來是三間，中間是最大的堂屋，通向左右兩邊的睡房。那排古色古香的雕花木門就是隔離原來的堂屋和睡房的牆。後來，為了分給兩家人，海關有關部門就在堂屋中間拉了一道牆，隔成兩間。

現在，前院東西兩邊的迴廊、露天的方形院子與院子中間的老槐樹都已經消失了，空出的地方加蓋了各式雜亂無章的簡陋小屋，橫七豎八地把大院子隔成小區域。繞過這些房屋，我憑著記憶來到了姥姥曾經住的西廂房，在記憶中努力搜尋著曾經的模樣。曾經的西廂房和迴廊已經無踪無影，加蓋出來的屋門把這個地方變得我完全不再認識了。隔壁的鄰居，一個中年男子看到我，與我寒暄起來。原來，這位自稱是老盧的男人是我姥姥的鄰居，他在我 14 歲搬離姥姥家回到我父母所居住的東四十條 29 號後，跟隨他父親一起搬過來的。想必，他那時也不過十三四歲，與我年齡相仿。於是，我們開始攀談起來，從姥姥談到我已經去世的姐姐，才了解到原來我姥姥去世後，他受我姐姐的委託，一直幫著看管出租我姥姥的舊屋。他告訴我說姥姥的舊屋已經出租，因此我無法再進去看看老屋了。

站在前院，我向二道門後的中院望去，那裡也存儲著我少年時期的記憶。那個時代，我們小孩子們常常從前院奔到中院和後院追打嬉戲。當年挖防空洞的時候，61 號大院的人們響應政府的號召，把中院四方形院子地下挖成防空洞。那時候，從前院通往中院的二道門還比較氣派，沿著幾級台階拾級而上，就是一扇向裡推開的朱漆大門，台階兩邊是一對上馬石，也是院子裡小孩子們最喜歡聚集玩耍的地方。進入朱漆大門就是中院的天地，這裡的地勢比前院高，但比前院小一點兒，也是東西兩邊的雕漆迴廊和廂房，中間是院子。東西廂房的迴廊下面都有石頭台階上去。後院最小，不是四方形，而是長方形，一排房屋的前面是露天院子，估計早年是傭人們的房子。整個 61 號大院的廁所就位於後院這排房子的邊上，為三個院子的住戶提供方便。

東四七條 61 號第二道院門的背後的福字

隨著時光的流逝，通往中院的二道門已經斑駁陸離，原來感覺很高的石頭台階變得很矮，感覺一跨腿就進入了中院似的。老盧告訴我說，前院通往中院的地重新墊高鋪過，所以感覺一切都矮了一塊。我看著剛到膝蓋的一對上馬石，想著少年時代的我曾經和女孩子們在上馬石的漢白玉般的石頭檯面上玩抓拐子時，檯面還不過到我們胸口，不禁詫異著它們驚人的縮小。走過已經看不出漆面的破敗的二道門，我查看門後刻著的一對我曾經最喜歡的燙金福字是否還在。謝天謝地，福字尚在，只是朱顏已改。雖然字體隨著時光的侵蝕開始變得模糊不清，但是整體輪廓還在。我不禁伸手去摸那來自清朝的福字，彷彿重新觸摸我已經變得遙遠的童年和少年。小時候，一直聽姥姥說這個大院是清朝官宦人家的院子，所以有一對非常氣派的上馬石。我小時候偷看了姥姥的全本《紅樓夢》之後，就一直想像著我住的地方是紅樓夢裡的某一個府邸，想像著清朝的男人們披掛好之後在上馬石上騎上馬，去覲見皇帝。確實，61 號大院很有些歷史典故。這座大院是滿族鑲黃旗大將海蘭察的府邸。海蘭察曾經是乾隆的參贊大臣，因為驍勇善戰，立下大功，乾隆皇帝特賜東四七條的一座公爵府給他居住，人稱海公府。據說，海蘭察就是在這個院子裡病逝的。

1949 年建國後，這座院子歸了海關總署，成為了總署的宿舍。我姥姥年輕的時候是上海海關總署的統計員，從三十年代初一直做到解放。1950 年，海關總署遷往北京，姥姥也跟著來北京工作。由于她是单身被分配住在海關總署的職工集體宿舍里，後來嫁了一個海關高級職員之後，就住進了 61 號大院。住在這個院子裡面的人原先都是海關總署的員工，隨著時光的流逝，老一輩的人去世了，新人不斷住了進來，61 號就慢慢演變成一個雜院。

二

我七歲住到姥姥家時，61 號還不是大雜院，仍是海關總署的機關大院，裡面住的都是機關員工或者直系親屬。姥姥住的前院裡有兩家讓我印象深刻的鄰居，一家是進大門左手邊的周爺爺和周奶奶一對老夫妻，七十多歲了，跟姥姥比較合得來。周爺爺喜歡下象棋，但苦無對手，便教會我下象棋，隨時可以跟他玩幾盤。周爺爺喜歡種花草，在院子裡的老槐樹邊上種了幾顆向日葵，黃燦燦的很是好看。周爺爺的這幾顆向日葵讓我知道了向日葵每天都是跟著太陽轉臉盤，每天光影到了哪裡，向日葵的盤子就轉到哪裡。當我在學校學到蜜蜂是如何傳播花粉的，便搬個高凳子爬到向日葵花盤的高度，學著蜜蜂的樣子把向日葵花蕊上的花粉塗抹到它的盤子上。到了秋天，周爺爺的向日葵收穫的瓜子比誰家的都肥大，把我樂壞了。

姥姥的另一家鄰居楊秀英一大家子住在前院右手一進院門的幾間房裡。楊秀英矮矮胖胖，穿著一身工人的藍制服，成年累月戴著兩隻套袖。她臉頰兩邊各自有一塊像農村大嫂一樣的紅潤，臉龐總是顯得紅撲撲的。她性格外向開朗，生就一副大嗓門，像個揚聲器一樣經常在院子裡嚷嚷。楊秀英的丈夫是海关食堂厨师，杨秀英是東四七條的居委會主任，也是61號院子的核心人物，給年幼的我留下了很深的印象。楊秀英孩子多，工廠工作的大兒子結了婚也帶著老婆住在這裡，顯得人丁興旺。他們不像周爺爺和周奶奶老兩口那样深居簡出，也不像姥姥那樣有著海關白領職員的做派，而是像工廠工人一樣每天都在院子裡跑出跑進，尤其到了節假日，所有的親戚都不知從哪裡冒出來，聚在一起吃吃喝喝的，給人感覺熱鬧非凡，讓我心生羡慕。

姥姥與楊秀英一直合不來，除了彼此出身不同相互看不慣外，還有文革時候結下的梁子。文革初期，出身工農兵的楊秀英就挺身而出，帶著紅衛兵挨家挨戶搜查四舊。他們首當其衝盯上的就是來自上海的老海關職員。老職員都來自上海的海關總署，生活做派都是南方人的那種精緻讲究，讓北方人看不慣。姥姥有一座非常漂亮的德國造的彩瓷自鳴座鐘，是她 1925 年結婚嫁給我姥爺時的陪嫁之一。我還記得那座彩瓷座鐘，有著流線型花邊的長方橢圓形彩瓷的座子，中間一個金色的自鳴鐘。彩瓷粉花綠葉相間，上面還鑲著細緻的流金線，畫著展開翅膀的溫馨小天使。每到一個時辰，自鳴鐘便會自動發出清脆悅耳的叮咚音樂，頓時，讓人感覺到一種舒適祥和的氛圍。姥姥從上海來北京時把所有的東西都變賣成了小黃魚（金条），带着幾箱衣物、厚厚的一本記錄者她在上海生活的老相冊以及這座自鳴鐘，可見這座鐘的不菲價值，以及她對座鐘的喜愛。這座彩瓷自鳴座鐘一直放在她的後來在北京買的古董梳妝台上，進進出出的人一眼就會看到這座漂亮的鐘。文革開始除四舊的時候，楊秀英就衝到姥姥的屋子裡跟她說，這座自鳴鐘應該作為四舊上交。姥姥堅決不同意，跟楊秀英爭執起來，楊秀英便吓唬姥姥說，她第二天就會帶領紅衛兵小將來砸四舊。當天夜裡，姥姥就用紅漆將自鳴鐘的瓷座塗成鮮紅色，等到第二天楊秀英真的帶著紅衛兵來的時候，姥姥就指著紅色的自鳴鐘說，你們看，這是革命的顏色，是毛主席紅衛兵的顏色，根本不是什麼四舊！楊秀英萬萬料不到姥姥來了這一手，只好悻悻然走了。從此，這座彩瓷自鳴鐘的紅色取代了小資產階級的粉綠色，經受住了文革的洗禮而倖存下來。我一直記得那座鐘的最初淡雅的粉白和嫩綠的花朵，並不喜歡它後來塗成的紅色，因為一到晚上，那座被拙劣的油漆塗成深淺不一的紅鐘在暗淡的燈光裡看起來非常怪異可怕，好像刻意地要在我的童年歲月裡，投下一個陰影似的。

姥姥不喜歡楊秀英的原因很多，她說楊秀英是街道居委會主人，就是街道安插在 61 號院子裡的眼線，專門向組織上匯報姥姥的表現。楊秀英一家是工人出身，根正苗紅，不像姥姥一樣是來自上海的小職員，在舊社會生活過很長時間，因此，姥姥和楊秀英就是合不來，彼此看對方不順眼。因為姥姥一直告誡我要小心楊秀英，所以我對楊秀英自然而然充滿了戒心。楊秀英的小女兒，比我大幾歲的平平是我們院子的孩子頭，她如同得了她媽媽的真傳一樣，喜歡領導管理別人。也許受了她母親的影響，平平也常看我不順眼，動不動就讓院子裡的孩子們孤立我，迫使我向她的領導權低頭。因此，我對平平又恨又怕。有一年秋天，姥姥給我買了個很小的皮球，我就興沖沖地拿出去跟院子裡的孩子們玩。沒想到平平很嫉妒我的新球，便跑過來把球往遠處使勁一扔，就找不到了。我眼看著我的新皮球被平平丟了，氣急敗壞地哭嚷起來叫她賠。平平便號召院子裡面的小伙伴孤立我，不再跟我玩。回到家，我越想越氣，決定不再做縮頭烏龜，而是想辦法報復一下平平。半夜三更無人時，我就偷偷跑到楊秀英家門口的的花圃裡，將她養的正在盛開的七八朵白菊花的腦袋全部掐斷，扔到了院子大門的外面。那天夜裡，我聞著滿手的菊花清香氣進入了夢鄉。第二天清晨，我就被楊秀英的大嗓門驚醒了，聽著她用哭音向全院人進行實況廣播，“哪個兔崽子把我的花掐了，還扔到了大院門口！”她叫嚷哭罵著，弄得院子裡盡人皆知。姥姥幸災樂禍地進門跟我說了這件事，問我知不知道是誰幹的。我冷靜地搖頭否認，心裡面卻樂開了花。

站在正對著楊秀英家屋子的院門口，想起孩童時的往事，我心裡面帶著些許的感傷與些許的歡愉，那種往事回潮時候帶來的故人與往事的歡愉。楊家的花圃早已沒有了，成為了新增蓋出來的房子的地基。

曾經，61 號院子的院門口有一圈石頭做的四方池子環繞著院門，將大門與胡同的街面間隔開，顯示出院主人曾經顯赫的地位。這麼多年過去，這個石頭池子已經破落不堪，很多部分都已經摧毀了，呲牙咧嘴都是豁口，完全看不出曾經的模樣。站在大門口，我的記憶回到了七歲的一個冬天的暗夜，我就是站在這個石頭池子的台階上，向遠處漸行漸遠的父母背影揮手，壓抑不住滿腹的孩童的傷心。那年，我到姥姥家住下一年後，我父母藉著從幹校回北京看病的机会，到姥姥家來看過我一次。我平時總覺得楊秀英一大家子熱熱鬧鬧的，充滿羡慕。此時，看到父母遠道來看我，我內心充滿了興奮，希望他們可以留下或者把我帶走。對於一個七八歲的孩子來說，能夠跟父母在一起就是最大的幸福，處境是否艱難困苦根本就不在孩子的意識裡面。然而，我父母還要回到幹校繼續勞動改造，無法帶我一起走，也無法跟我講清楚為什麼。於是，到了晚上，我只好懷著滿腹的失望到 61 號大院的門口外面送他們。我站在門口石頭池子的沿儿上，看著我父母的背影逐漸消失在暮色中，心中感到從未有過的悲淒，眼淚順著臉頰潺潺而下。在夜色的掩飾中，我擦乾淚水回到姥姥家的一間半屋裡，努力裝作什麼事都沒有發生的樣子。然而，一看到姥姥轉過身去忙活，淚水又不爭氣的奔湧而出，我趕緊偷偷抹去淚水。“有什麼好哭的！”姥姥好像後腦勺有眼睛似的回過頭來斥責我說，於是，我趕緊低下頭來，憋住呼吸試圖止住淚水。但是，更多的淚水卻不爭氣地成串滾落下來，打濕了我衣襟。那個傷心的夜晚給我在 61 號院子的生活留下了極其深刻的一幕。

三

我在 61 號大院的大部分時光是與姥姥以及姥姥的第二任丈夫，我稱作“阿公”的楊里昂一起度過的。那時，姥姥和阿公都已經從海關退休。他們兩個人之間的關係一直就很不好，經常吵架。等到我住到姥姥家後，姥姥與阿公的關係更是降到冰點，甚至都很少說話。阿公每天一大早就搬個馬扎出門，每天坐在胡同西口的東四北大街看風景和行人，避免呆在家裡。他們兩個的關係是我孩童時代目睹過的最壞的夫妻關係，彼此之間已經根本沒有了愛意，剩下的全是怨恨。回想五十年代初期，姥姥作為上海海關總署的統計員自願從上海搬遷到北京海關總署後一直住在集體宿舍，經人介紹，認識了海關同事楊里昂。姥姥與楊里昂結婚的最大動機就是他住的是東四七條 61 號前院的一套一間半的房子，她與他結婚後就可以離开海關的集体宿舍，有一個自己的蝸居。雖說姥姥看上的是阿公的房子，但是她自從 29 歲守寡，在上海拖著幼小的度過了二十多年動盪不安的生活，她還是希望可以有一個心儀的男人一起終老的。可惜阿公不是一個風流倜儻的男人，床上床下都很難討得像姥姥這樣在金錢和感情上都曾經滄海的女人的歡心，因此姥姥越來越看不上木納的阿公。

我搬來之後，就睡在套間用幾個姥姥從上海帶來的樟木箱拼起來的床上。套間是細長的，一進門的左邊就是用樟木箱拼起來的像炕一样的床，上面放著一隻矮矮的炕桌。吃飯的時候，人就盤腿坐在炕桌的兩邊，像北方人一樣吃飯。人多的時候，就會到睡房裡面的一張方桌前坐在四邊的椅子上吃飯。逢年過節，大人們會坐在桌子前吃飯，而小孩子們則坐在小桌子前吃飯，孩子多了再給幾隻小馬扎坐。狹長的套間後面則拉著一個長長的布簾子。簾子後邊堆放著各色雜物，以及一只痰盂共家里人方便。每天早上，姥姥就叫我端著痰盂到後院的公廁去倒。於是，我捏著鼻子，端著痰盂一路緊趕慢趕走到後院倒痰盂，生怕遇到人。在小孩子眼裡，倒痰盂不是一件光彩的事情，因此，每天早上倒痰盂需要避開所有人的視線，乘人少的時候去。

姥姥和阿公的睡房除了一張窗前的方桌子和椅子，就是兩張分別靠著牆的單人床，床中間靠牆是一個帶著鏡子的梳妝台，中間是鏡子，兩面是床頭櫃一樣的櫃子大理石的檯面下面就是擱東四的木頭櫃子。一頭的櫃子裡面擱著姥姥的很多寶貝，包括一套紅樓夢的全冊老書，她從上海帶來的夾著透明米紙頭的老相冊，還有她不知從上海帶來的還是後來到北平以後淘的各色彩色的幾隻清朝時代的法郎器皿。有時候，姥姥會讓我把玩她的這些器皿，這些器皿的斑斕的色彩和製作的精緻給我留下了深刻的印象。

姥姥與阿公的不和大約從我搬進姥姥家就能感覺到的。兩個人從來都是各自睡在東西兩側靠牆的單人床上，中間隔著由一塊塊青石板地磚鋪成的地，青石板被姥姥每個星期都用火油擦洗一邊，散發著一股刺鼻但沁人的油香。那時候，胡同和大院裡面能聞到的味道基本上都是臭味，痰盂的尿味、臭氣熏天的公共廁所、不洗澡的人體散發出來的各種怪味。相形之下，火油帶著它獨特的味道成為了我最喜歡的一個香味。姥姥睡覺的時候也不喜歡與阿公面對面，而是寧願頭朝著牆面睡。有天我聽到姥姥在大罵阿公，原來阿公晚上打呼嚕的時候噴出一塊痰，像一顆子彈似的飛過兩個人之間的空地，偏巧就落在了姥姥的額頭上。正在沉睡的姥姥被腦門的一塊冰涼的子彈射中，驚訝地醒了過來順手一抹，摸了一手粘痰。姥姥跟我訴說這件事情的時候滿臉都是厭惡，充滿了對阿公的討厭。

姥姥一直保持著她在老上海生活多年的生活習慣，喜歡吃點心。她經常帶我去東四的上海小吃店吃糍飯糰，到東風市場買西式奶油餅乾。姥姥買了奶油餅乾回來後，喜歡放在一個瓷罐子裡面，時不時拿出一塊來給我吃，從來不會給阿公吃。有一次，我正在吃餅乾，阿公坐在我對面看著。姥姥忽然就火了，衝過去一邊將阿公的頭扳到一邊，一邊氣沖沖地說："讓你看，讓你看！"我嚇得不知所措，呆呆地看著他們兩個。姥姥回過頭來，看到我的驚愕，忙展開一個笑臉對我說，"你接著吃吧，喜歡吃就再吃一塊"。我想，姥姥是疼愛我的，因為她總是喜歡給我買點心吃，不讓阿公分享。每過一段時間，姥姥還會帶我去七條西口東四北大街上的澡堂子"松竹園"洗澡。姥姥不喜歡使用公共洗澡間，往往會多花點錢租個單間，讓我們祖孫兩個花個把小時在一個浴缸裡面泡澡。我還記得"松竹園"的白毛巾，亮晃晃的，讓我這個每天在胡同玩得灰頭土臉，一身臟兮兮的孩子感到不習慣。

我小學快畢業的時候，阿公去世了，據說他是像往常一樣帶著馬扎坐在胡同口的時候死的。姥姥不知道怎麼辦，還是楊秀英叫居委會幫助，要了卡車把阿公的屍體拉倒了火葬場燒了。別看楊秀英在文革的時候非常令人討厭，但是文革後，她變得隨和多了，跟姥姥的關係也緩和了許多。阿公死後，姥姥四處在屋子裡找錢，看看阿公是否留下了什麼財產。阿公每個月都有退休金，原來是交給姥姥看管的，後來兩個人不講話了之後，阿公就不再把退休金拿回家，這讓姥姥更加憤怒，不再做飯給阿公吃，也不許阿公吃她買的任何食物。阿公也不在乎，他每天像上班一樣白天在外面，晚上就是回來睡個覺而已，他的退休金每個月都花在外面的館子裡，一天三頓吃在外面。阿公去世後，我就睡在他的單人床上，總算不再睡外屋用樟木箱子搭的床了。

四

我上的小學就是東四七條小學，位於七條31號，一條稱為"德華里"

的胡同斜對面。我們每天早上都是出了院門往東走去七條小學上學，中午回來吃午餐後再回去上課。當時的七條小學也是個大院，進了大門的第一道院子有迴廊教室，後邊靠左就是學校的一個大操場，每天塵土飛揚。我還記得我們學校的校花是戴丹和牛光兩個長相秀氣，瘦小機靈的小姑娘，她們都是學校文藝宣傳隊的隊員，經常參加東城區組織的各種慶祝活動。牛光住在 61 號大院左邊的一個三進院落裡，而戴丹則住在 61 號右手邊的一個大院子裡，比 61 號大院顯得更加氣派，大門口還有一顆參天的大榕樹，春天結滿粉色的花朵，在微風中搖曳生姿，給我近乎黑白色的童年記憶塗抹上一道靚麗的光彩。

小時候，我的好友除了牛光和戴丹之外，還有一個叫做薛誼蒲的女孩子，是我們班上的學習委員。她住在牛光家院子的最後一進院子裡。我還記得她家的門窗都是朱紅色的，屋裡家具稀少，燈光暗淡，白天的光線照射進去時，透過窗子形成奇特的光影。姥姥似乎很不喜歡我跟薛誼蒲一起玩，因為薛誼蒲跟我講的很多話我都聽不懂，回來問姥姥的時候，姥姥神色大變。於是，在一個下午，她獨自去了七條小學找老師談話，回來的時候就告許我不許跟薛誼蒲一起玩了。回想起來，記得姥姥說薛誼蒲經常跟我說些小女孩不該知道的話題，比如男女關係什麼的。姥姥一向對男女關係看的很緊張，每次跟我講起來都是不斷說男人不可信的各種奇葩逸事。

61 號大院的日子大多是平淡地流過，小孩子們在前院的上馬石邊上玩丟拐子，玩逮人，一夥孩子大大小小地彼此追逐著從前院奔跑到後院。自從中院地下開始修防空洞後，就引得我們這幫孩子老是往那土堆裡鑽。後來，我們嫌不過癮，便開始跑到院子外面的胡同里面追逐打鬧，或者跑到隔壁的院子裡面追逐，搞得街坊鄰居雞犬不寧。我記得，除了 61 號院子不遠處有一個街角，變成了胡同里面倒垃圾的地方，每天垃圾堆起來的時候，就有撿破爛的人出現在垃圾堆邊上挑挑揀揀，到了周末垃圾就被垃圾車拉走。七條分東口和西口，七條小學在東口那邊，後來我上了中學後就每天走西口，去位於東四的 165 中上學。

在七條 61 號院的童年現在回想起來是無人管轄的自由自在以及遠離父母家人的內心孤寂。我的生活最親近的人就是姥姥，她對我最大的疼愛就是一日三餐的周到，以及对我的學習放任自流，从不过问。我們之間除了小時候聽她講她年輕時候在上海的故事，我們之間沒有任何精神和思想的交流，我唯一的精神伴侶就是各式各樣我可以找到的書籍，在書的世界裡找到一點點內心的安慰。雖然東四七條 61 號佔據了我的整個童年歲月，但回憶起來的時候居然沒有什麼特別值得記憶的印象。最深的印象就是夏天老槐樹上密布的“吊死鬼”，以及每次需要出門或者回家經過老槐樹下的猶豫。每一次，我都是鼓足勇氣，一口氣沖過老槐樹下，跑到姥姥住的迴廊下面。我還記得秋天的黃色的落葉灑滿了前院的土路和磚地，平平伸手將我新買的皮球朝著院牆外扔去我氣急敗地哭泣。後來發現原來球滾到秋天的落葉里面，隨著冬天的到來被雪覆蓋。到了來年的春天，姥姥在前院的地上找到了我丟失的皮球，才解開皮球失踪的秘密。當然，最讓我忘不了的還有每天早上要端著痰盂穿過三道院子到最後院的小公共廁所裡倒痰盂，以及時不時端著垃圾到 61 號不遠處的胡同垃圾點倒垃圾。

我 14 歲那年，政治運動終於消停了，父母也從五七幹校重新發分配回到北京，住在東四十條 29 號的一個破廠房改造的院子裡。初中三年級後，我搬回了父母在東四十條的家，但是每個週末我們依然會回到七條看望姥姥。我們一路步行，順著朝陽門北小街從七條東口進去，一直走到 61 號。一路上，經過七條小學，經過打醬油的大嬸和抱著孩子在大門口曬太陽的老人，更躲不過在胡同里奔跑玩耍的小孩子們，以及他們推著滾圈揚起來的塵土，我總是會想到我在此度過的童年。

青春期的我不再喜歡胡同，而是嚮往著搬到樓房裡去住，過一個知識分子們都過的書香門第的生活，遠離胡同里的飛揚的塵土，滿街相互追逐的孩子，臭味熏天的公共廁所，以及燈光灰暗的小賣部裡面各種沈澱澱著污垢的雜品以及櫃檯後面態度惡劣的售貨員。等到有一天，我們真的搬到父母所在的機關分到的高樓公寓裡去住的時候，我幾乎很少再願意回到七條 61 號，那裡，對我不斷長大的青春以及外面看到的充滿光亮的世界已經變得很狹隘，成為我生命中最不願意回顧的一段成長史。

再後來，我準備出國了。出國前最後一次去七條 61 好去看望姥姥。她已經變成一個滿頭銀髮、帶著眼鏡，身材瘦小的七八十歲小老太，她看到我依舊慈眉善目，滿臉微笑，但我知道，在那些笑意背後走過的人生卻充滿了多少風雨波折後的掙扎和沮喪。姥姥度過的歲月如同她 1949 年從上海帶到北京的那隻棕紅色的樟木箱，隨著歲月的流逝變得色彩越來越暗淡無光。樟木箱裡還藏著她從上海帶來的幾身她最不捨得扔掉的真絲旗袍，有時候她會拿出來看看，用她被時光摧殘得粗糙的手撫摸著仍然光滑的段子面，回憶著記憶深處的上海碎片。我記得她曾經在我初中畢業的時候忽然突發奇想，讓我試穿一下她當年在上海海關做女職員時候穿的旗袍，但是骨骼發育的壯碩的我居然套不進做工精緻的旗袍。原來還想通過我再看一眼她曾經的年輕歲月時苗條身段的姥姥，對此非常失望。她輕輕地搖著頭，感嘆著真是一代不如一代。姥姥的梳妝台上一直懸掛著一張她風華絕倫年代的一張照片，還是上海的一家照相館照的。照片上她梳著一頭上海十里洋場上最時髦的油條卷，半側著臉望著遠方，高挺的鼻樑深陷的明眸，讓她看上去如此漂亮，那種我從小成長的時代中從沒有看到過的精緻典雅的美。這張照片就是如火如荼的政治運動時期她都從來沒有拿下來過，說明她對年輕時容貌的熱愛是多麼直拗。每一次來她家的人眼睛都會首先被這張黑白色的老照片吸引，端詳著照片上的上海美女，被那個他們都不曾見過而感到高深莫測的時代所吸引。雖然，我們家拍過不少全家福，但那些黑白照片完全無法與姥姥的這張黑白照片相比，革命的年代，所有的拍照的人姿態都是那么生硬做作，充滿了紅領巾紅袖章的時代烙印。真是一代不如一代，姥姥輕搖著頭的感嘆總是讓我覺得那麼無奈。

最後那次見到姥姥時候，她一直送我到大門口，拉著我的手充滿了留戀的感覺。她的手冰涼而乾枯，給我以後的歲月留下的深刻的記憶。那天，我記得她說也許等我回來時，她已經不在了，沒想到真是一語成讖。

那天我轉身走出大門，走進胡同漸行漸遠的時候，忽然轉回身來看她。只見姥姥一個人站在大門的石礡台階上，一隻手搭在眼前遮太陽，一隻手臂向我揮著。那個鏡頭被刻在我關於她的最後記憶裡，每每想到的時候就會拿出來在心底看一看。我忽然想到我小時候曾經站在大門口的石礡台階上，望著漸行漸遠的父母，抑制不住滿臉的淚水。

這也是 61 號院留給我的最後一個鏡頭。

五

在這個十二月冬日的下午，我站在七條 61 號院門口再次審視著這個我曾經最熟悉不過的院子，大門口磨損的石頭池子圍起來的大門已經破爛不堪，如同被時光消磨的歷史以及殘存的記憶。自從我八十年代末期離開 61 號院就再也沒有回來過。隨著歲月的流逝，北京城市的面貌改變巨大，每一次的回京辦事都會變成迷路和找路的旅程，於是乾脆放棄，主要生活在 CBD 的新區。有時，路過老城看到北京的胡同一度變成拆遷的地段，心裡總有些不是滋味。畢竟，北京的胡同曾經是北京建築的獨特美，也是幾代人人生的記憶。

2012 年的回北京辦事，終於打定主意回到七條 61 號，想看看姥姥的老屋，回味一下我成長的往事。我穿過四腳朝天地敞開著大門，那扇曾經被鄰居們每家每戶輪流值班時，都會用一根沈甸甸的大橫木插銷關起來的院門，繞過橫七豎八的小廚房一樣的建築，來到左邊曾經是遊廊下面的老屋。那時，姥姥住過的屋子已經變得面目全非，一間半房子被打通，原來的古色古香的隔扇門不見了。我探頭往裡面一看，裡面好像已經成了單身宿舍，上下舖都住著外地民工一樣的租客。站在屋門口，我環顧著四周的淩亂不堪的擁擠，感覺非常陌生，似乎我從來都沒有在此住過一樣，找不到一丁點的童年記憶。我當時的心情也如同此刻，被雜亂不堪的景象塞滿了內心的那點懷舊感，充滿了五味陳雜的感覺。兒時孩子們相互追逐時候的歡聲笑語再次在耳邊想起，但是卻與眼前的情景對不上號。有一瞬間，我似乎覺得恍然隔世，記憶中的一切不過是一場夢而已，心底里“雕闌玉砌應猶在，只是朱顏改”的感覺縈繞不去。

如同姥姥曾經預言，我再次回來的時候，她已經不再。90 年姥姥去世時，我在紐約，沒有身份無法回京。聽到消息的那晚，我沉吟許久，心裡對沒有能夠在姥姥去世之前回去探望感到難過。她是我小時候的中流砥柱，在我失去父母關愛的孤獨和痛苦中，給予了我她能夠給予的最大安全感。記得我小時候，姥姥有過發燒生病的夜晚，我常常會在夢中驚醒再也無法入睡，聽著姥姥的呻吟，難過焦慮的淚水打濕臉龐。我生怕她離我而去，將我一個人孤零零地留在 61 號院子裡。而姥姥真的離開這個世界的時候，我卻在遙遠的紐約，無法給她送終。

姥姥離世後，我在北京的姐姐叫了一個收破爛的把姥姥所有的東西都拿走當作廢銅爛鐵賣掉了。除了姥姥的那本黑色的相冊與一隻樟木箱子，她所有的家具物件都被扔掉了，包括姥姥最喜歡的梳妝台，那隻被她漆成紅色的德國造西洋自鳴鐘。關於姥姥的一切就這樣消失了，留下的只有我對她的記憶，和想起來的時候仍然飄在鼻尖的火油味道。我有時候想，她的那幾件珍藏了多年的絲緞旗袍不知淪落在了何處，她保留了幾十年，到頭來還是給收破爛的一錢不值地扔掉了，彷彿她常常跟我講起的她在十里洋場生活的過去，被變換的大時代丟棄的時候，也是一錢不值。

走出院子，我沿著七條胡同朝東走去，尋找到我小時候就讀過的七條小學。原來的朱漆大門和平房已經消失殆盡，一道鐵柵欄後面矗立著高大的九十年代式樣教學樓，高出周邊胡同的所有老舊平房，顯得非常突兀。我站在那裡愣了很久，在寒風中似乎感覺不到往昔。附近的一個老四合院正在修繕，工人們用仿舊的瓦片與水泥雕花的仿古牆壁修繕著這個已經破爛的院門，讓它成為新式的與時代相符的四合院。我忽然有舒了口氣的感覺，畢竟還有人珍惜曾經的四合院的面貌，願意花大錢來維修。

沿著胡同，我向東口走去。在記憶中重新走回那條兩邊不曾停滿私家車，而是樹木蔥綠、充滿生機的老胡同，回憶著在東四七條度過的日子，以及七條小學時代的人生。我眼前浮現出老七條那條彎曲的胡同，臭味熏天的公共廁所，街角上燈光暗淡的小賣部，以及夏天吆喝著"紅豆冰棍三分錢一根"蓋著棉被的賣冰棍的小軲轆車，還有經常吆喝著"磨剪子來啊鏘菜刀"的磨刀師傅以及收舊貨的小販。雖然歲月流逝了這麼多年，他們當初的叫賣聲音依然迴響在我的耳邊，刷新著我童年時代的碎片式記憶。偶爾，走過幾個修繕過的四合院的院門，我不禁舉起手機，拍攝下乾淨整齊的院門，在藍天下屋脊上灰色的瓦片，以及大門上紅色的新漆。鏡頭中，我看到過去的老胡同和四合院似曾相識的影子。

對於我來說，東四七條 61 號在我生命的日記本中畫下了幾筆重彩，形成了我了很多年之後才明白的一種生命的軌跡。在這個軌跡上，姥姥的各種逸事，包括她給我講述的上海舊夢，以及她的西洋自鳴鐘，綢緞老旗袍都扮演了各自的角色，使得我對從未謀面的上海舊時光也有一種椎心蝕骨的記憶。從某種意義上說，東四七條 61 號是姥姥曾經的家，也是我生命旅途上的一個避風港。

（原載《傳記文學》2022 年 4 月期刊）

「芭蕾女孩」吳靜姝

序

2017 年，一幅豆腐塊的悼文吸引了我的目光，它給芭蕾舞蹈家吳靜姝的一生畫上了句號：中央芭蕾舞團第一代舞蹈藝術家、著名舞蹈藝術翻譯家、拉班舞譜研究學者、深受尊敬和愛戴的吳靜姝同志，於 2017 年 4 月 25 日因病醫治無效，在北京逝世，享年 79 歲。吳靜姝同志遺體告別儀式定於 2017 年 4 月 29 日（週六）上午 9 點在北京市監獄管理局中心醫院地下二層告別廳舉行。謹此表示沈痛悼念！

配著這段極短悼文的是一張黑白照片，上面，中年的吳靜姝安靜地凝望著鏡頭，臉上平靜如水。沒有人知道在這張臉後面，吳靜姝經歷的人生。我久久地凝視著這張照片，腦子裡不斷疊印著她年輕時靚麗的模樣，出眾的身材，甜美的微笑，無法想像這個曾經如此美麗的女孩居然就這樣悄無聲息地離開了塵世。

一、康同璧家的座上客

我對吳靜姝的興趣源於一張拍攝於五十年代初的照片。照片中，年輕的女孩吳靜姝安靜地站在庭院深深的北京四合院中，像一朵盛開的白牡丹亭亭玉立。她苗條挺拔的身材高挑秀麗，五十年代流行的短衣長裙將她的身材烘托得典雅端莊。初次看這張照片時，我就被她的美吸引，那種美是儘管歲月流逝，但“桃花依舊笑春風”的美，是一種可以抵擋任何時代，任何歲月的永恆之美。她的恬靜氣質穿越時空而來，向我講述著她的那個時代，以及她在那個時代的故事。

傳來照片的是我的高中閨蜜周曉輝，那時，我們正在一起整理撰寫康有為的女兒康同壁的往事。曉輝不斷給我發來康同壁不同時期的照片，以及根據康同壁的日記整理出來的一些文字，幫助我撰寫文章。有天，她發來了這張五十年代的美女照，讓我眼前一亮。

“這就是章怡和寫的那個芭蕾女孩”，曉輝告訴我。

章怡和撰寫的暢銷書《往事並不如煙》中有一篇題為《最後的貴族》的文章，揭示了康有為之女康同璧與其女兒羅儀鳳在文革期間的往事，以及他們生命中最後的歲月，讀了讓人不勝唏噓。在這篇文章中，她提到過一個芭蕾女孩，她驚人的美貌給章怡和留下了深刻的印象。她寫道：

一位女性穿的是銀色軟緞旗袍，腳下是銀色高跟鞋，淡施脂粉的嬌好面孔，煥發著青春的光彩。

我問羅儀鳳：“她是誰？實在是太漂亮了。”

“她姓吳，芭蕾舞演員。上海永安公司老闆的外孫女。”

這時，我聽見康同璧問她：“你的媽媽好嗎？”

吳小姐答：“媽媽被趕到一間閣樓，閣樓窄得只能放下一張床。每月發給她十五元錢。領工資的那一天，媽媽必去‘紅房子’（上海一家有名的西餐廳）拿出一塊錢，挑上一塊蛋糕吃。她說，現在上海資本家家裡最寶貴的東西，就是裝著食品的餅乾筒了。如果紅衛兵再來抄家，她說自己一定先把能吃的東西都塞進嘴裡，再去開門。”

吳小姐還說：“媽媽說話常帶出英語單詞。越是著急，英語就越是要蹦出來。為了這個，批鬥時吃了不少苦。”她還模仿了一番母親怎樣“英漢雙語”地說話。那活靈活現的表演，讓大家拊掌大笑。

章怡和筆下的這個吳小姐就是吳靜姝，我在五十年代黑白照片上看到的那個亭亭玉立的美女。她穿的是五十年代流行的泡泡白短袖上衣，長到腳踝的花紋布拉吉式樣的長裙，白色的平底皮鞋。我看到我母親五十年代年輕時的照片，也這樣的穿著，這在當時五十年代的北京算是非常時髦。那時候中國大城市，尤其北京的年輕女性的裝扮都效仿蘇聯婦女穿的花布連衣裙，俄語叫布拉吉。

擁有這些照片的是曉輝的先生張啟禎，他是康同壁的朋友張滄江教授的兒子。張滄江在五、六十年一直幫助康同壁整理康有為的手稿，是康同壁的得力助手。康同壁生前將很多康有為的手稿，以及她撰寫的所有關於康有為的手稿，以及她自己的個人經歷手稿都統統交給了張滄江。因此，張滄江的後半生一直都在整理著康同壁留給他的文化遺產。鑑於張滄江去世之前年老體衰，張啟禎便開始幫助父親進行手稿的整理，因此對康同壁的人生有著清晰的了解。

吳靜姝的母親戴西 (Daisy Kwon, 中文名為郭婉瑩) 與康同壁的女兒羅儀鳳 30 年代在燕京大學讀書時是室友和同學。在燕京讀書時，戴西在周末的時候，常常跟羅儀鳳回家住，與康同壁也十分熟絡。據吳靜姝自己說，她母親與羅儀鳳談得來，是精神上可以相互鼓勵的好友。1954 年，16 歲的吳靜姝考上北京芭蕾舞學院，初次從上海到北京上學。戴西不放心女兒，就將她託付給羅儀鳳照顧。吳靜姝每個週末都會去康同壁家，她的這張照片就是在康家的四合院裡拍攝的。後來我才知道，張滄江的兒子張啟禎與吳靜姝的弟弟吳中正關係密切，張啟禎稱他為大哥。1962 年，張啟禎去上海看望吳中正時，他家還住在那個帶網球場的花園洋房裡，家裡還有保姆。張啟禎的父親張滄江去世時，吳中正從美國發來唁電及與家人的合影，并附上了一封感情充沛的親筆信。這張吳靜姝的照片就是吳中正給張啟禎的。

張滄江生前曾寫的一篇《再談康同壁母女》，裡面附了一張康同壁與友人們五十年代在頤和園拍的照片，其中就有年輕的吳靜姝。在這篇

文章中，張滄江詳細地寫了他所認識的吳靜姝：

“康老的晚輩中，有三個女孩兒常在節假日時住在她家。一位是吳靜姝，芭蕾舞學校畢業，戴愛蓮之愛徒。她的母親是上海永安公司郭家的四小姐——戴西，郭是羅儀鳳在燕京大學同窗同宿舍的閨中好友。康老母女家居寂寞，得此三女孩兒在身旁，承歡膝下，得到不少的親情慰藉。吳靜姝的暱稱叫 Lollie，我們常以此稱呼她。她的父親是上海 Transmarina 公司經理，為上海和全中國引進了許多先進的精密儀器和醫療手術器材。Lollie 從兒童時期便在上海隨一位俄國女教師學習芭蕾舞，後來到北京舞蹈學院進修，是新中國最早的一批名演員。她天真活潑，清新秀麗，常為我們在客廳裡表演美麗的舞姿。她英语水平很高，常在學校里為外籍教師和外國代表團做翻譯工作。有一年，她媽媽和弟弟吳中正來北京探親旅遊，老人和儀鳳都非常高興”。

我讀《往事並不如煙》時還沒有與失聯二十多年的閨蜜周曉輝聯絡上，也並不知曉有一天我居然會寫康同璧的往事，因此，我當時對芭蕾女孩吳靜姝並沒有特別留意。2018 年底，我與失聯了 23 年後的周曉輝終於再次聯絡上，才得知她先生是康有為的研究專家，因為父親張滄江的緣故，與康家有著源遠流長的關聯。當我看到曉輝發給我的那張吳靜姝在五十年代在康家四合院的照片，馬上對她產生了濃厚的興趣。

其實，在章怡和之前，作家陳丹燕九十年代就寫過一本暢銷書《上海的金枝玉葉》。這本書是關於吳靜姝的母親，上海永安公司郭家的四小姐戴西的傳記。在這本書裡，也出現過吳靜姝的一些兒時照片以及零碎往事。我當初讀這本書的時候，完全被戴西一生的跌宕起伏，充滿戲劇性的人生所吸引，根本就沒注意到她的女兒吳靜姝的存在。看到吳靜姝的美人照之後，我又重新讀了《上海的金枝玉葉》，只不過這次，我的注意力全部放在吳靜姝身上，對她進行了重新的了解。可惜，這本書中關於吳靜姝的片段實在太少，我不得不查閱網上僅有的零星資料。

吳靜姝與她母親一樣，從小就是一個美人，個性也比較爽朗。就像陳丹燕描述的那樣：靜姝是個爽朗的女孩，生活很難在她心上留下陰影。雖然她常常教訓弟弟西式的男女相處之道，一起出去应由男子拉開大門，幫助女子脫大衣，要是和一個女子一起去咖啡館，男子要為女子買咖啡，要是在街上走路，男子應該走在女子的外側。有時中正忘記了，她會用腳去輕踢遲鈍的弟弟。但是從本性上來說，她不是那種真正斤斤計較的細心的小姐，她能夠很快就把一切看開了，即使是遇到了後來家裡被全面查封，她解釋起來，也是雙手一甩，說：“沒什麼，我們家照樣好好的，呼拉呼拉，他們把我們的家具拿走了，然後，我們家到了‘七重天’樓上郭家已經離開了上海的那些人家裡去，把他們放著的家具選了選，拿回來用，呼啦呼啦的，又是滿滿的一大家子，什麼也不缺了。”

就是這樣一個大氣卻低調的女孩，對於章怡和在《往事並不如煙》里關於她的描述並不認可。她覺得章怡和書中描述的那個吳小姐的穿著打扮並不符合自己當時的實際情況，因為她在北京芭蕾舞學院上學時從來不化妝，也從未在康家穿過旗袍和高跟鞋。

二、上海長大的美少女

吳靜姝於 1938 年 1 月 2 日出生在上海一個富有的家庭。她的母親戴西出生在澳洲，10 歲跟隨家人來到上海。戴西的父親郭標在上海開辦了最時尚的永安百貨公司，成為上海最富有的人家之一。戴西 1934 年畢業於北京燕京大學心理系，曾與國民黨元老張靜江的女公子張菁英女士於 1935 年在上海靜安寺路國際飯店 405 號開設了服裝設計和裁縫店「錦霓服裝社」，轟動滬上。吳靜姝的父親吳毓驤是麻省理工學院的留洋畢業生，後來於 1948 年開設了上海「興華科學儀器行」，生意做的頗為興隆。

吳靜姝出生的前後，卻是上海最混亂的年代，也是她家庭最糟糕的時期。1937 年太平洋戰爭爆發，日本飛機開始轟炸上海，有錢的人們蜂擁逃亡香港避難。戴西懷著肚子裡的女兒，也逃到香港，躲避日本對上海的轟炸。直到吳靜姝快出生了，戴西才又返回上海。據說，戴西懷著她的時候，她的父親吳毓驤還與一個女人發生了婚外情，若不是戴西的大度和挽回，這段婚外情差點破壞了他們一家的幸福。吳靜姝三歲的時候，她家裡的經濟境況不好，戴西靠辦雜誌拉廣告掙錢養家。

抗戰勝利後，吳毓驤在上海的生意重新走上了正規，吳家又開始過上富貴的日子。1947 年，母親送吳靜姝到一個白俄芭蕾舞演員在上海開的私人學校裡去，學了一年俄國式的芭蕾舞，中國的好幾個著名的芭蕾舞演員，小時候都曾在這裡由俄國老師啟蒙。這是靜姝童年時代最美好的一段日子，芭蕾舞就像一道生命中的追光點燃了吳靜姝生命中的全部活力。

1949 年上海「解放」後，吳靜姝的父母還經常往返與上海與香港之間做生意。後來，形勢變了，他們去香港的申請不再被批准，靜姝的父母就無法到香港做生意了。1956 年，公私合營的時代開始了，靜姝父親吳毓驤的公司「興華科學儀器行」被公私合營，戴西的父親的上海永安公司也被合營。從此，吳靜姝的父母就不再是老闆，而成了自己公司裡的普通員工，隨著時代洪流的澎湃洶湧而隨波逐流。1958 年，吳毓驤被扣上所謂“通敵賣國，侵吞國家財產”的罪名而被捕入獄，三年後病死在上海提籃橋監獄。吳毓驤死後的 1963 年，他被判為現行反革命，需向國家償還巨額美金和人民幣，他的家產，連同太太的首飾衣服，甚至那件當年在上海葛文斯基照相店裡照了許多相的婚紗，皆被充公。靜姝的母親和弟弟被趕出他們的花園洋房，搬到一間 3×2.4 平方米的亭子間裡。學建築的弟弟在這裡搭了一個閣樓，這樣母子可以有各自的睡覺空間。

幸好，吳靜姝因為她熱愛的芭蕾舞專業，16 歲就離開上海前往北京芭蕾舞學校（現為北京舞蹈學院）學習，因此遠離了上海家裡的母親和弟弟經歷的坎坷。

三、北京芭蕾舞學校的高材生

1954 年，北京芭蕾舞學校前往上海招生，已經上初中的吳靜姝憑著從小學習芭蕾舞的紮實基本功考了進去，直接插班上了三年級。當時，北京芭蕾舞蹈學校的校長是著名的芭蕾舞蹈家戴愛蓮。1955 年，蘇聯性格舞專家列瑟維奇來北京幫助北京舞蹈學校排練《胡桃夾子》，吳靜姝作為四人“紗巾舞”的主要演員之一參加了排練。當時領舞的就是校長戴愛蓮。

1958 年 8 月，吳靜姝畢業後進入了新創立的中央芭蕾舞團，在舞劇《天鵝湖》中被蘇聯專家古雪夫挑選飾演母后一角。她身材頎長，線條優美，加上長得漂亮優雅，在台上一亮相就成為了矚目的中心。靜姝的學妹，曾經也就讀於北京芭蕾舞學院、後來在香港成為電影明星的江青曾說：她美麗而優雅，說不出的一股傲氣自然地流露出來，兩個酒窩溫柔地鑲嵌在鵝蛋型臉上。她的氣勢壓得住台，在台上那麼亮麗，有鶴立雞群之感。憑個人條件，吳靜姝完全可以勝任主演的角色，但因為她個子太高，找不到配舞的男伴，只能退居其次，成為主要配角。後來，她還在中央芭蕾舞團第一代的芭蕾舞劇《紅色娘子軍》中扮演連長的角色。

每到週末，16 歲的吳靜姝就到母親的好友羅儀鳳家裡度過，把康同璧和羅儀鳳母女居住的東四十一條的家當成自己家。凡是來康家的人都見過這位漂亮的 Lollie 小姐。康家的廚師每個週末都為吳靜姝做她最喜歡的菜餚和牛排。

靜姝的父親出事後，在北京中央芭蕾舞團當芭蕾舞演員的靜姝找了一個演出的空當回到上海。已經被發送到上海東北部遠離市區的江灣正奔路外贸农场劳动的母親特意請假回家带她去了锦江饭店楼下的裁缝店做大衣和裙子。那家店是上海最昂贵的裁缝店，還保留著 1949 年前民國時的樣子：老式精致的木头柜台上，亮着明亮的灯，空气里悬浮着呢子布料的羊毛气味，还有已经在别处无法闻到的香水气味。在那家店里，時光宛若靜止，將外面的革命運動時期的世界隔開。而她的母親彷彿又回到了從前上海名媛時期的樣子，面帶微笑，舉止美麗自如，彷彿她所遭受的抄家、丧夫，劳改等一切打擊都不曾存在。這些給靜姝留下了深刻的印象。

六十年代初期，吳靜姝膝蓋受傷，手術後恢復困難，甚至無法完成立腳尖等基本舞蹈動作，上台表演的機會日漸減少。最主要的是，她因為受家庭成分的影響，不能隨芭蕾舞團出國演出。因此，一旦有重要演出的機會，靜姝只能留在北京的芭蕾舞團看家，跟一些同樣因為家庭或者政治上有問題的團員一起守團。

1962 年夏天，靜姝的母親和弟弟到北京去看靜姝，住在靜姝母親當年在燕京大學的同學，康同璧的女兒羅儀鳳家裡。這就是張滄江寫的那篇《再談康同璧母女》裡面提及的往事回憶。

在北京，康同璧與羅鳳儀母女親自陪靜姝一家三口去頤和園玩，蕩舟於昆明湖上，陽光明亮地照在靜姝年輕的笑臉上，她興高采烈地劃著木槳，穿著母親在錦江為她新做的連衫裙。那個時刻如此美好，似乎現實生活中的無奈與困苦都離她遠去。

1965 年，靜姝在北京嫁給了一個來自上海的足球運動員，那時她母親正在上海經歷殘酷的“四清”運動，因為在家族永安公司擔任股東的「大資本家」的背景，成為被批判的對象。靜姝的男朋友出身於一個上海的平民家庭，與靜姝門不當戶不對，因此，靜姝的小姨，曾經是宋美齡閨中密友的一位上海名媛寫信表示反對，但她那位經歷了人生大起大落的母親卻說：只要靜姝真的愛他，就可以嫁給他。婚後，靜姝一直生活在北京，很少再回上海。靜姝的母親 1971 年退休後，常常來北京照顧她的一對孩子。

四、舞蹈家戴愛蓮的助理

1979 年，中國大陸經過三十年的閉門鎖國的政治運動，終於開始了改革開放。靜姝的老師戴愛蓮接到赴英國和法國參加“拉班冥誕百年紀念”活動及拉班舞譜會議的邀請。文化部同意戴愛蓮出國，但條件是必須帶助手同往。因此，戴愛蓮提出請既懂業務又熟諳英語的吳靜姝當她的助手，得到了批准。

說起來，吳靜姝和戴愛蓮最初的接觸是 1955 年，她還在北京舞蹈學院讀四年級的時候。當時蘇聯性格舞專家列瑟維奇負責在學校裡排練《胡桃夾子》中的“紗巾舞”，靜姝擔任四群舞之一，領舞的就是當時的校長戴愛蓮。雖然戴愛蓮貴為校長，但依舊與學生們一起排練、演出，為人謙和敬業，給小小年紀的吳靜姝立下了榜樣。戴愛蓮當時也在舞團教芭蕾，課上看吳靜姝聰明又勤奮，就選她當芭蕾助教。吳靜姝從小在家裡與母親交談都是英语，在上海上的學校也都是英文為主的私校，因此，靜姝可以直接用英语與中文不好的戴愛蓮溝通，讓她感到得心應手。

就這樣，吳靜姝正式成為了戴愛蓮的助手。從 1979 年改革開放開始，直到戴愛蓮 2006 年辭世，她們一起合作了 28 年。吳靜姝的主要工作就是幫助戴愛蓮從事芭蕾舞團的文化交流活動和舞蹈研究工作。

靜姝的母親來北京看靜姝時，為了感謝戴愛蓮對靜姝的栽培和親人般的照顧，特意請戴愛蓮吃飯。戴愛蓮被靜姝母親的美麗外表，以及教養風度的內在氣質迷倒，對她特立獨行的品性贊不絕口。

五、母女情深

1998 年 9 月 25 日黃昏，靜姝的母親戴西在上海家裡去世。從 1918 年她跟隨家人從澳洲來到上海生活到她在上海居住的亭子間去世，戴西在中國生活了 80 年，經歷了從富家女到被專政對象的跌宕起伏的一生。1949 年後，當絕大多數家庭成員都離開這地方，她留了下來。1961 年她失去了丈夫，1963 年帶著兒子被趕出上海的花園洋房，住在與鄰居合用的亭子間，1969 年她被送到上海崇明島勞動改造，被別人叫做“外國老太婆”。而 1990 年時，她回到澳大利亞自己的出生地，拿到了澳洲公民護照，卻又回到上海，她的全部家產早已經被充公，因此，她說她沒有錢在國外生活下去，也已經沒有足夠的時間重新建立自己的生活，更不願意靠國外的親戚接濟生活。但她卻鼓勵她兒子於 1980 年代初期去國外重新生活。1971 年她退休以後就一直獨自生活，住在一間非常小的北向亭子間裡，靠自己每月三十六元人民幣的退休金生活。

靜姝在母親的葬禮上哭了，她想到當初母親從醫院回家時堅持自己上樓梯，靜姝想要扶一扶她，她都不要。幾天以後，母親就因為衰竭而去世。回想往事，她意識到自己並不完全知道母親到底遇到過多少可怕的事，戴西從來沒對她說起過自己在勞改地，在“文化大革命”中，以及看到丈夫在監獄醫院的遺體時的心情。戴西從來沒有說過自己遇到過什麼可怕的事。

自從靜姝 16 歲離開上海到北京舞蹈學院讀書，她就一直生活在北京。因為母親對她的保護，使得她不甚清楚她離開上海後父母的具體生活狀況。她父親吳毓驤 1957 年被打成右派，1958 年被逮捕入獄的具體經過都是她後來才得知的。她父親被捕入獄的當天還開著他的黑色福特車去到自己被政府合營的公司去上班。那時候，在外灘上班的資本家們早已不敢開私家車了、而是僱三輪車或者乘公共汽車上班。只有吳毓驤，哪怕被貶為自己公司的清潔工，也每天開著自家汽車去上班。吳毓驤被捕的當天，靜姝的母親帶著她弟弟坐公共汽車前往九江偷偷把父親的老舊福特車開回家裡的車庫中，隨後這輛車也被收繳充公。1961 年，吳毓驤在監獄中病逝，她母親帶著弟弟去辨認三年未見的丈夫的屍體，看到曾經高大健康的丈夫變成瘦骨嶙嶙的一縷屍體平貼在停屍台上，戴西在自传中难过地回憶道："他腦袋大的就像插在一根筷子上的蘋果，看上去好像是餓死的一樣"。

幸好靜姝沒有親身經歷過這些，否則也一定像母親一樣受到心理上的暗傷。她在北京的生活相對平穩，雖然文革時，她也像千千萬萬的知識分子一樣被下放勞動，在軍管制的五七幹校度過好幾年，但相對於她母親在上海遭受的災難卻顯得無足輕重。然而作為一個芭蕾舞演員，下鄉幾年的體力勞動徹底終結了她的舞蹈事業。如果不是遇到戴愛蓮对她欣賞，並成為她的助理，靜姝都不知道她自己的舞蹈生涯該怎樣度過。因此，靜姝把戴愛蓮當成自己的第二母親那樣關懷愛戴，戴愛蓮也把她當做女兒看。

吳靜姝退休後，仍然堅持一周兩次到戴先生家中幫忙處理家務及工作事宜。戴先生經常留她在家吃便飯。知道她喜愛海鮮，戴先生便讓阿姨買來做著吃。久而久之，她們之間的關係與母女無異。對戴先生來說，她最信得過的人便是靜姝了，就連遺囑也是由戴愛蓮口述，吳靜姝執筆的。吳靜姝後來與別人合寫了《戴愛蓮：我的藝術與生活》，記錄了戴先生傳奇的藝術生涯。她也曾為《中國大百科全書舞蹈卷》撰寫有關外國舞蹈（現代舞、芭蕾舞等）的條目，提供了重要的學術價值和藝術價值。

尾

吳靜姝于 2017 年去世。在措辭簡短的訃告中，人們無法知曉她的家族史：民國時期上海著名的永安百貨創始人郭標的孫女，母親戴西曾經是上海名媛，後來在美國出版了個人自傳。如果說吳靜姝母親的一生諸多傳奇，像煙花般璀璨照耀在民國上海的天空上，那么生於 1938 年的吳靜姝的一生則顯得簡單平靜。1949 年來臨的時候，她不過是一個 11 歲的愛美的小姑娘，頭上永遠戴著漂亮的蝴蝶結。她 16 歲考上北京芭蕾舞學院，成為中國第一代芭蕾舞蹈演員，從此就一直定居在北京直到去世。如果不是她 1950 年代在北京康同璧家的庭院拍攝的那張照片，可能，我就無從留心到她。世上所有的事都不是偶然，相互之間都有千絲萬縷的聯繫。從康同璧到女兒羅儀鳳，從吳靜姝的母親戴西到她，彼此之間的淵源從民國延伸到今天，都有命運無法預測的軌道。

（原載《傳記文學》2022 年 8 月期刊）

民國往事回眸：
南京「國立中央大學」軼事

胡昌治（左為 1940 年代，右為 1980 年代）

我的爺爺胡叔異在民國時期是上海知名的兒童教育家，他和他的弟弟胡昌治都毕业于南京國立东南大學，不過，東南大學在 1928 年時被改名為國立中央大學，因此，胡昌治算是國立中央大學的第一屆畢業生。

1926 年暑假，胡昌治從他父親教書的蘇州省立第二中学畢業，曾想報考北京大學。因為北大是五四运动的发源地，非常符合少年胡昌治遠離家鄉，前往北平追求自由的心態。而比他大幾歲的哥哥胡叔異因為已經從東南大學教育系畢業，則總是跟弟弟讲東南大學如何好。胡昌治的父親，我的曾祖父胡石予不願意小兒子遠離家鄉去北方上學，因此，也建議他去就讀他哥哥畢業的大學。於是，胡昌治便聽從了父親和哥哥的建議，報考了南京東南大學。胡昌治在中學時學習成績就名列全校第一，因此，考取東南大學也是順理成章。考上國立大學後，胡昌治在他的家鄉昆山蓬朗镇一下子有名了，因為他是當地唯一考上國立大學的，其他沒有考上的則只能復讀，或者選擇私立大學。

東南大學當時是民國時期浙江省組建的一所綜合性大學，校址在南京，胡昌治考取東南大學的 1926 年是東南大學存在的最後一年。1927 年學校改組，合併河海工科大學等八校，改為第四中山大學。1928 年又改名為國立中央大學。

暑假過後，胡昌治带了簡单的行李从沪宁铁路陆家浜站搭上慢车，路上經過十多個小時的旅行到達南京。胡昌治對南京城的最初印象有些失望。他來自昆山蓬郎鎮，是典型的南方魚米之鄉的鬧市到處山明水秀。而到了南京浦口站後，他坐人力車去學校的一路上，看到的两边房屋都是破旧不堪，没有什麼像样的店铺。马路是黃砂铺的，高低不平，路面上到处是马粪。路上行人不多，只看到一群群当时割据東南五省号称联军总司令孙传芳（与张作霖、吴佩孚并称为“北洋三大军阀”）部下的士兵经过。他們每个人身背两支步枪，雄赳赳、气昂昂地一排排快步前进。这是胡昌治第一次離家遠行，看到傳說中的孙传芳的軍隊，印象深刻。

回看歷史，1926 年前後的中國時局處於動盪不安中，1925 年 7 月，國民政府在廣州成立後，於 1926 年 6 月，任命蔣中正為國民革命軍總司令，自 7 月起誓師北伐。當時，胡昌治在马路上看到背双枪的士兵，就是孙传芳的军队奉命去前線與北伐軍作戰的。

那时，胡昌治對政治一竅不通，並不懂得這是一場被歷史記載的北伐戰爭。入校後，他从报纸上看到一些北伐軍的零星消息，知道北伐軍進攻吴佩孚和孙传芳的部队。9月，北伐軍击败吴佩孚，进攻江西省，孫传芳赴江西省迎擊，但是敗北撤至南京。胡昌治在學生宿舍阅报室看报时，看到高年級学生聚在一起大谈起這場战争，似乎非常关心谁胜谁负。對此，胡昌治感到奇怪。當他看到一名學生激動地站到阅报室的凳上振臂高呼：“这是孙总理在天之灵的保佑！”，他大惑不解，心想“怎麼高等學府的大學生還這樣迷信”。

那天到了學校，胡昌治找到了宿舍，把行李打开，整理一下，赶快去吃饭。東南大學當時的伙食月包费八元，每頓飯都是一菜一汤，味道还不錯。胡昌治住的宿舍名叫口字房，顧名思義，宿舍房屋的排列得整整齊齊，環繞著中間的一塊空地，形成一個四方块，看上去像一个口字。

口字房是東南大學的第一宿舍，在校外城贤街還有一个第三宿舍，建築是西式楼房，租金稍高。胡昌治聽說了，就申請搬遷到第三宿舍居住。那時，東大對對學生選擇宿舍的方式沒有成文的规定，因此，學生門都是随心所欲地挑選宿舍樓。胡昌治的一個遠親因當年考大學未取，便进入東大附中補習班補習，预备第二年再考。他搬進胡昌治的宿舍与他同住，也沒人過問。每天晚上，兩人做功課和複習時，遠親就會买包花生米做零食，兩人邊吃邊學習。就這樣，一個大學生，一個中學補習生同住一間宿舍，並無人管轄。

胡昌治進入東南大學時，創校校长，留美的著名教育家郭秉文已因為黨爭而被免職，曾任江苏省教育厅厅长並在東南大學任教的蒋维乔成為代理校長。關於郭秉文被罷免校長一事在當時的東南大學鬧得沸沸揚揚，據史料指出，郭秉文因為東大在教育界正如日中天，國民黨元老汪精衛有意染指東大校長一職，和吳稚暉、李石曾等國民黨人士指稱郭秉文是“教育界的吳佩孚”，屬於“直系人物”。當時執政的段祺瑞授意北洋政府於 1925 年 1 月 6 日突然免去郭秉文校長職務。郭秉文被罷免的消息傳出，師生震怒，以集體退學力爭，展開護長運動。東大學潮與易長風波歷時長達三年之久，難怪連胡昌治這個新生也略知一二。

東南大學給胡昌治的第一個印像是太自由了，每個學生宿舍都有一個學生自治委員會，由學生自己推選委員來代表學生與校方派來的職員共同商討管理宿舍。學校派來的職員也受這個學生委員會管理。在整個學校氣氛中，學生當家作主的精神佔著壓倒性優勢。胡昌治理在學校的三年半中，從未看到學校發生過處罰學生的事。入學不久，講話和辦事能力都極強的胡昌治便在選舉中當選為主席，以後還常常被選為委員，負責管理宿舍，並向校方反映宿舍發生的問題，以便盡快得到解決。

中央大學對學生的吃住選擇並不進行管理。校內有兩個宿舍，一個是第一宿舍，即舊式的口字形房和第二宿舍。校外有三個宿舍。第三宿舍是一幢新式樓房，租費最貴。第五宿舍最靠近女生宿舍。那時的女生宿舍像是一座花園洋房，有單人住的，也有幾個人合住的。好在中大女生極少，不過幾十來個人，因此，女生宿舍只設立一處。有學生不願住宿舍，便在附近租民房住。學生伙食都在學校附近的小飯館裡吃包飯，每月付款，每頓飯都是一菜一湯，既可口又便宜。最讓胡昌治感到厭惡的是廁所。北方學生不愛乾淨，喜歡蹲在坑座上面大便，往往弄得四周又髒又臭。

胡昌治報考的是文科，文科當時有兩個系，西洋文學系和中國文學系。胡昌治當時一心一意想到美國留學，就選西洋文學係為主系，中國文學係為副系。他按照規定在四種外語中選讀了英語、法語和德語三種語系的必修課。

1927 年初，在東南大學上學的第二個學期伊始，胡昌治患了思鄉病。他那時不過 19 歲，第一次遠離父母鄉親，獨自在千里之外的南京生活，感覺孤獨無助。他無法適應在南京的生活，每當南京陰雨绵绵时，他就倍感孤獨，只能遙望雨絲織成的陰鬱天空，思念遠在家鄉的雙親與家的溫暖。南京與蘇州和崑山一帶相比，感覺上像是北方，一到冬天就異常寒冷。在連綿不斷的思鄉情緒中，胡昌治病了，每天發熱，到校醫處看了多次也沒有用。憂煩之下，胡昌治寫信回家，懇請母親同意他回家修養一段時間。母親接到小兒子的信後焦急萬分，馬上回信要他速速返家。

胡昌治接信後馬上心花怒放，歸心似箭。他趕快拿著家信向學生註冊室請假。得到批准後，整裝上車回家。當他風塵僕僕趕回家中時，所有的病痛突然消失了。父母，家庭，家鄉給予的親情如同一針強心劑、振作了他的情緒，讓他精神重新開朗起來。胡昌治回家後不久，即 1927 年 3 月中旬，由於戰事爆發、政局動盪，東南大學被迫停課，直到 9 月才重新開課。

1927 年 3 月 24 日，國民革命軍攻克南京定都，6 月，國民政府教育行政委員會改革教育管理制度，提出並試驗“大學院”和“大學區制”。依省份劃為若干大學區，按北伐進軍的序次，命名為第一中山大學（廣東），第二中山大學（湖北），第三中山大學（浙江），第四中山大學（江蘇）等。國立第四中山大學將東南大學、河海工科大學、上海商科大學、江甦法政大學、江蘇醫科大學、南京工業專門學校、蘇州工業專門學校、上海商業專門學校和南京農業學校等 9 所專科以上學校合併組建而成。1928 年 2 月更名為國立江蘇大學，遭師生強烈反對。

當時，教育部改名為大學院，院長是蔡元培。新官上任三把火，蔡元培實行一套從法國學來的“大學區制”，就是在每個大學院下面由各省成立一個大學區。每省成立一所國立大學，校名都叫中山大學。這一個省就是這個大學的大學區，這所大學的教育行政工作就由大學校長領導。因而廣州有一個大學叫第一中山大學，而南京的東南大學就改為第四中山大學，校長張乃燕是國民黨元老張靜江的侄子，是英國留學生，在史學方面亦頗有研究。

然而，“大學區制”沒多久就消失了，校名也被大學院欽令改為江蘇大學，引發了學生們的不滿。學生們認為江蘇大學這個名稱是一個莫大的侮辱。國民政府定都南京，首都學府卻用一個省名來命名，簡直豈有此理。學生們在體育館召開大會，一致反對改名“江蘇大學”。然後又來到大門口，摘下勉強掛了 40 天的“江蘇大學”的牌子，一路遊行，抬著送到位於成賢街的大學院，“奉還”校牌，以示抗議。幾百個學生扛著牌子在大學院門前抗議示威，引起市民的駐足，一下子喧鬧不已。

胡昌治記得那天他正在上課，忽然被外面的喧嘩吸引，看到窗外成群結隊的學生抬了校牌招呼學生們："大家快去請願啊！"。胡昌治和幾個同學不管三七二十一，馬上就挾了書本跳出窗外，跑進了請願隊伍。一起到大學院示威。胡昌治加入遊行完全是頭腦發熱，根本都不清楚這個行動的起因和目的是什麼。

在這次的"易名風潮"中，學生組織了請願代表團，懇請改校名為"國立南京大學"等，但政府大學院沒有回复，為此學生罷課三天。最終，中華民國中央政府大學委員會於 1928 年 5 月 16 日做出決議："江蘇大學改稱國立中央大學"，"易名風潮"始息。學生請願的目的達到了，學校也從未追究過那些參與罷課學生的責任。不過這件事對胡昌治來說，卻啟發了他好管閒事的勇氣，中央大學民主自由的校風也助長了他對當局的反叛心態，以及後來選擇加入國民政府的對手共產黨的決心。

中央大學規模比東南大學大很多，擴展到十個學院，除醫學院和商學院設在上海外，南京有八個學院。這八個學院中，除農學院設在城外，其餘七個學院，文學院、理學院、教育學院、工學院、法學院、體育學院和藝術學院都擠在原來東南大學的校舍內。好在原來東南大學校舍寬敞，還能擠得下。中央大學佔地面積很大。課堂分佈各處，上下課都吹軍號。校內來往通道都是林蔭路。校門四面暢開，沒有門衛，任何人都可以進出，無人檢查。所以校內常見黃包車來往。教授們都自備人力車或者小汽車，以便他們在上下課時，可以從一間教室迅速到另一間教室。大學的路面寬廣，各色汽車可通行無阻。中央大學可以說是胡昌治在求學時代上過的從規模到校園都是最「大」的大學。

當年，中央大學完全採取開放自由的管理和教育。學校、教授與學生的關係實際僅限於上課與做作業。學校行政組織很簡單：在校長下設院、系主任。這三級都不設副職。辦日常事務的組織只有註冊組和事務室，這兩個組織的人員分別都在十人左右，教授都是校長聘請的，合則留，不合則去，校長、院長、系主任對他們都禮若上賓。在學生心目中，教授的地位最高。但教授的聘請非常嚴格，要取得正教授名義必須是在國際上獲得公認並夠條件的人才。因此，中央大學儘管有很多在國內享有盛名的學者任教，但大部分職稱都只能是副教授。

除教授職稱外，中央大學基本上都沿用東南大學原來的美式大學制度。必修課不多，選修課特別多。學校規定，所有設立的課程必須達到規定人數。如果達不到規定人數，這個課程就可以停開。所以，教授們都盡力授課，這樣選修課程的學生越多，課程才有保證，他們也才有被學校續聘的可能。因此，教授們對學生的態度都非常謙遜，從未出現過老師訓學生的事。這樣一來，學生的地位就變的很高，學生的輿論無形中也主導著教授的聘任和來去。學校聘請新教師更要聽聽學生的意見。1928 年，中央大學想聘劉海粟來教美術，藝術系的學生聽說了，不僅表示反對，還聯絡其他系的學生一起向校方抗議，要求校方改聘在繪畫上提倡革新的徐悲鴻來教美術。

徐悲鴻最終被中央大學聘請為美術教授。他來上任的時候，中央大學的幾個包括胡昌治在內的學生代表在學校附近一家菜式頗為蹩腳的西菜館裡請徐悲鴻吃西菜，對他表示歡迎。席間，徐悲鴻向學生們講述了他的經歷，胡昌治覺得與後來他的第二位夫人廖靜文寫的《徐悲鴻的一生》中描述的差不多。當時，徐悲鴻不過三十來歲，唇紅齒白，風流瀟洒，言談舉止是非常海派的性情中人，讓同為性情中人的胡昌治一見如故。真是聽君一席話勝讀十年書，在座的學生們無一不被徐悲鴻的心裡話打動。一頓飯下來，胡昌治瞭解了徐悲鴻的內心對藝術的追求及對現實生活的苦悶，對他的欽仰可以說達到了崇高的地步。胡昌治當時卻不知道的是，徐悲鴻家住上海，每月只能一半時間到南京授課，另一半時間則住在上海。徐悲鴻與妻子蔣碧薇兩地分居的生活，導致兩年後，他愛上中央大學的女學生孫韻君（後來徐悲鴻為她改名“多慈”，與“悲鴻”呼應）。這件事成為徐悲鴻與蔣碧薇的感情分歧點，使得蔣碧薇最後發展了與國民黨黨棍張道潘的情緣，深受世人指責。當年與徐悲鴻在西餐館的一場聊天讓胡長治一生都難以忘卻，對悲鴻的遭遇充滿了同情。

中大西洋文學系學生也曾發起過要林語堂到校授課的運動，但因林語堂本人不願意離開上海而未達到目的。後來應中文系的學生的要求，中大請來了詩人徐志摩授課。徐志摩第一次上課，就坦然承認自己的英語水平不如中大的很多教授如張欣海，樓光來等。但學生們對他的歡迎並沒有因為他的英文不如其他教授而減弱，可見，學生的意見在當時的中大起了很大的作用。

中央大學教師上課時從不點名，偶然會有註冊組派人暗中在教室外看一看有多少人上課。當時，中央大學管理不是很嚴格，非本校的學生也可來聽課。胡昌治有個同鄉叫戴公毅，並沒有考上中大，卻也來聽課。他甚至與胡昌治同住一個寢室，听課時間長達兩年多。南京夫子廟有一個出名的王姓歌妓，極有上進心，也常到中大聽課，中大對此從不加干涉，使得這件事還上了報紙，作為當地新聞來報導。

在選課方面，學生也可隨心所欲，自己選的課如果覺得老師講的不好可以不去聽，未選課目也可以因為喜歡老師而去聽。因此，中央大學賣座的課程老師如王冠惠，謝冠生，周佛海，葉元龍等上課時，不僅座無虛席，連課堂窗檻上也坐滿了人，好像聽響檔的說書一般。很多學生為了提前佔座位，會把一本書交給上一节課的學生下課後放在座位上搶佔位子，好像是在菜市場買菜時用菜籃子佔位一樣。

周佛海的《三民主義的原理》是當時學生們最喜歡的熱門課程。他可以一次連講兩節課，中間也不休息。雖然胡昌治沒有選這門課，聽了也沒有學分。但他被周佛海的頭腦和口才吸引，覺得他講得實在太好了，常常去聽。周佛海這門課程永遠座無虛席，聽課的聽得爽，講課的也講得自鳴得意。周佛海講到得意之處，就大夸海口說，當初總理（指孫中山）講三民主義都沒有我講得好，聽的人都打瞌睡。胡昌治讀過孫中山的《三民主義》，覺得這本書的內容並無多大高明之處。但周佛海的講稿卻不一般，後來印成書出版也是銷路極廣。周佛海在後來所著的《往矣集》上講到他本人 1920 年曾受陳獨秀邀請，與他一起發起建立了中国共產黨。當時，陳獨秀任委員長，他任副委員長。1924 年，周佛海退出共產黨，在戴季陶的引薦下，為蔣介石擬定重要文稿，出謀劃策，成為與陳布雷齊名的“文膽”。在中大授課時，周佛海因為口才好，又深諳馬克思主義的理論，講課時會時不時插進一些馬克思主義的理論，所以把三民主義講活了。當時的學生誰也沒有讀過馬克思的書，便感到新奇而有理。聽了都忍不住喝彩。

中央大學學生會權力很大，經常自行做出決定請人到校演講。國民黨的最高層官員如譚延愷（行政院長）、戴季陶（考試院院長）、胡漢民（立法院院長）、孔祥熙（財政部部長）、王世傑（外交部部長）等不少人都來做過演講。演講者在台上講話時，下面學生要么喊好喝彩，要么發出噓聲表示不滿，有時甚至退席表示抗議。因此，在中大演講，必須要有足夠的信心、膽量和現場應付能力。學生會曾經邀請蔣介石來演講，蔣介石表示拒絕說：“中央大學共產黨太多”。其實不是共產黨太多，而是學生的自由太多了。

當時擔任軍事委員會副委員長的馮玉祥也被邀請前來以一個反對政府者身份講話。為了顯示他與其他官員不同，馮玉祥常頭戴鄉下人戴的草編帽子，身穿軍裝，足蹬一雙草鞋，不坐轎車而坐大卡車，不坐在車頭而站立在車頭後面的敞開車身上。到了學校門口，他下車步行到會場，身後還跟著一個背馬槍的士兵。有一次，馮玉祥進來時被胡昌治看到，馬上走上前去和他比一比身材高低。馮玉祥身材魁梧，據說個頭足有 6 英尺高 (1 米 83)，胡昌治當年個頭也很高，有一米七九，在當時的民國男人中間算是高個子。但與人高馬大的馮玉祥相比，胡昌治終於承認自己不夠馮玉祥高大。馮玉祥在演講時，時常批評嘲笑國民政府。他講話通俗易懂，還非常搞笑，受到了學生們的普遍歡迎。他一邊講，他帶來的那個士兵便用筆在薄子上速記。馮玉祥的這種出乎尋常的演講作風給胡昌治留下了深刻的印象，讓他產生了由衷的欽佩。

1930 年 9 月，擔任民國政府行政院長的譚延闓突發腦溢血去世，國民政府為他舉辦隆重的國葬，蔣介石率領眾元老官員親自送葬，極盡哀榮。譚延闓出殯的那天，胡昌治得以找到機會站在大總統蔣中正身邊僅一公尺左右的地方，親眼目睹了整個情形。譚延愷的住宅就在中央大學旁門的對面。按照當時的風俗, 出殯那天, 先要把棺材從家中抬至門口, 在馬路上停下, 等待送喪隊伍排齊後再全體整隊出發, 把棺柩送至中山陵墓地。棺材由僱工抬著, 四周立滿執佛人。棺材周圍另有一圈繩子扎上花朵, 站在周圍的所謂執佛人各人用手執著繩, 跟著棺材緩緩同行, 表示棺材是由他們抬的。這一抬棺風俗由來已久, 當時有錢有勢人家出喪都行此禮。這些執佛人都必須是死者的最親密的好友。譚延闓作為國民政府的行政院長, 蔣中正和夫人宋美齡的證婚人, 他的棺材執佛人自然都是國民政府的頭號人物, 如胡漢民、戴季陶等。這樣一件大事自然而然驚動了中央大學的全體學生, 大家都爭先恐後湧出校門, 親眼目睹一下譚延闓的出殯。棺材暫停的地方恰恰是在中大側門前, 離校門極近。胡昌治人高腿長, 搶占到有利地形, 在人群前面的位置, 恰恰離蔣介石所站的地方不過一公尺左右距離。胡昌治仔細打量著蔣介石, 發現他皮膚乾黃, 唇上稀疏著幾根黃色鬍鬚。蔣介石身穿黃色的舊軍裝, 一臉嚴肅地獨自站立著, 一動也不動。他目光直視前方, 目中無人, 但他眼眶裏的眼球卻顯而易見地向四周巡視著, 似乎在觀測周邊動靜, 以防不測。胡昌治注意到, 這些國府政要周圍都都沒有衛士看守。儘管街道兩側都有士兵荷槍實彈地站崗, 但都離這些執佛人很遠。中大的學生和聞聲趕來的市民們蜂擁在街道周圍觀看, 秩序雜亂無章, 也無人前來阻止。

胡昌治對中大的校長張乃燕印像很好, 覺得他風度儒雅, 作派好, 在學生面前絲毫沒有校長的架子。當初, 大學院的主管蔡元培打算派物理學教授胡刚复 (數學家胡敦复的胞弟) 來接替張乃燕當校長時, 學生一齊起來反對。胡昌治也捲入這個事件中。那時, 他年輕力壯, 精力充沛, 一面在人群中和人談話, 一面揮筆速寫了千言大字報。大字報的大標題是"反對蔡狀元(蔡元培)! 張乃燕來看學生大字報時, 被學生團團簇擁著。他只是靜靜地讀大字報, 並不說什麼。胡昌治寫的的大字報洋洋一大篇, 看的人很多, 張乃燕那天穿著一件普通的灰布長衫, 獨自一個人來靜靜地看大字報。看完, 他問了胡昌治幾句話, 卻對胡昌治的回答並不置可否, 給胡昌治的印像極深。

胡昌治哪裡知道張乃燕與胡剛復之間的矛盾牽涉的政治背景很深，根本就不是年輕的他所能理解的。根据南京信息工程大學教师张守涛所著的《先生歸來：南京民國老大學的那些人和事》中透露，1928 年 5 月 12 日，新任命的中央大學會計組組長兼商學院院長程振基上任後，與前任會計人員移交工作時，發現有六萬七千八百餘元現金巨款不見踪影，經詢查發現此款作為辦理自來水之用時由中央大學高等教育處處長胡刚复保存和代辦，現在却以胡妻的名義存於上海某銀行中。這種做法明顯違背學校會計製度，為此，程振基要求胡刚复將此款交回會計組，而胡以不便辦理為由拒絕交出。於是，程振基於 6 月 1 日致函校長張乃燕，稱"此項破壞會計系統之做法，不知是否校長所特許，究竟如何糾正，務懇迅予裁奪。”因胡刚复地位重要、背景複雜，張乃燕便將程振基的原信送給蔡元培和吳稚暉過目，胡刚复當即給蔡元培和吳稚暉去函辯解，並迫於壓力於 6 月 7 日辭職。此事引起大學院當局不滿，於是胡刚复去職第二天，便突然出現調張的變動。調張看似突然，實則必然，為什麼大學院當局不滿此事呢？因為大學院與張乃燕的關係一直不洽，深知其中曲折的中央大學教授柳治徵稱：“張與蔡、楊復不協。”上述《申報》文章所言的“得罪與胡最有密切關係之某當局”便是指當時實際負責大學院日常工作的楊杏佛，他與胡刚复關係甚好，同為中國科學社成員，且同屬當年的“倒郭（郭秉文）派”。胡被迫群職，楊便“仗義出手″替他“報仇”。突然被炒，張乃燕可不像郭秉文一樣任人宰割。他一方面以退為進，自辭其職，呈請國民政府要求“大學院新賜遴委新校長正式接替以專責成”，並表示在新校長到任之前他仍負全責，拒絕立刻交出校政大權；另一方面轉守為攻，呈請國民政府，要求對大學院任命行為的合法性進行審查。大學院此次任命本就不合常理，蔡元培自知理虧，向國民政府自請處分，替楊杏佛背了黑鍋。中央大學教育行政處也召開全體會議，列舉張乃燕校長掌校以來的成績，發表宣言，呈請大學院免調張乃燕。同時，新任校長吳稚暉因與張乃燕的叔叔張靜江為鐵桿老友（吳稚暉、張靜江、李石曾三位國民黨元老，在法國時被稱為著名的“三劍客”）

便堅辭不就，不肯頂張靜江侄子的位置。堂堂中央大學群龍無首，不成體統，為避免中央大學校務停頓，大學院只好打自己的臉，對張乃燕“慰留”，稱“該校長任事以來，成績昭著，倚奇正勝所請辭職，業奉政府指令慰留，仰即遵照”。張乃燕借坡下驢，接受"慰留”，至此，張乃燕任上的第一次易長風波宣告平息。

胡昌治在中大是一個喜歡管閒事的人。他在西洋文學系內組織了一個“英語演說會”(English Speaking Association)，擔任主席。那時學生都關心國家大事，經常因對政府的某件事不滿而鬧學潮。最嚴重的一次是為了日本人出兵濟南，當時稱為“五三慘案”(又稱“濟南事件”)。學生們對當時代表國民政府與日軍談判的外交部長王正廷不滿，爬進他公館的圍牆，試圖抓王正廷。王正廷慌亂中坐車外逃，被學生圍住，把車上的玻璃窗打得粉碎。蔣介石大怒，派了軍隊把學生攔住，要他們去軍委聽蔣介石訓話。學生們去了以後，蔣介石發誓說：“我明年不把日本人趕出中國，你們可以來殺我的頭”。學生們聽了這些話，也就買賬地回校了。這件事胡昌治都有參加，并曾如實地將過程記錄下來。

在中大，好管閒事的胡昌治給人的印像是一個各種活動的積極分子，凡是反對國民黨政府的活動他幾乎都參加。有一次有兩個中大的共產黨員被捕，一個叫王家祥，被判了死刑。他在被綁赴雨花台槍決的路上，不斷高喊“共產黨萬歲！共產主義萬歲！”的口號，沿途觀者無不為之動容。

另一個被抓的是理學院的，沒被槍決。胡昌治的同鄉邹毅悄悄告訴他說，國民黨來抓王家祥的消息事先已被洩露，他原本是可以跑掉的。事先得到消息的鄒毅和其他幾個同學在他平時回宿舍的必經之路上守候著，準備看見他就攔住，讓他逃跑。但不幸的是，王家祥那天陰錯陽差居然沒有走他平時回宿舍的路，而是選了一條平常不怎麼走的路回宿舍，因此，錯過了等著通知他的同學們。等他一進宿舍，在裡面等候著的特務們就把他抓走了。

也就是那年暑假，邹毅不知怎的居然從警備司令部得知一個消息，說在一個被監視的學生黑名單上看到胡昌治的名字，通知他立即離校。原本，胡昌治暑假都不回家，而是在學校裡過。胡昌治當時仗著自己並非共產黨，不想回家。但我爺爺生怕他留在學校過暑假會再惹什麼事兒，死活也勸他回崑山老家避避風頭。他們的母親聽說了這事後，嚇得要死，抱著小兒子胡昌治邊哭泣，邊抓住他的手說："孩子，你是媽媽心中的金蝴蝶，無論如何也不能惹事兒啊"。

好在，隨著暑假的過去，風頭過去了，胡昌治重新回到了中大。儘管，胡昌治在學生運動中表現積極，行為反叛，但他在學習方面仍然很用功，學習成績為全班之首，在同學中威望頗高。說也奇怪，儘管學生們在中大的日子如此自由，但大家仍然好學苦讀，學風極好。每天一清早，許多學生就起床溫課。晚飯後，宿舍內都鴉雀無聲，一個個都埋頭學習。非常自覺。

胡昌治每天把鬧鐘撥好，早晨六點鐘一響，立即起身，預習當天功課。課餘時間和晚上，他也用於溫習功課做作業，晚上九點一定入睡。冬季日短時，他也總是準時起身開電燈複習功課。他當時主修三國外文，所以要花大量的時間用來讀、背、默。他副修中國文學系，而中大在這方面絕對保守，不讀白話，不學新文學，全部課文都是古漢語，既要讀先秦文獻，又要學詞賦詩文、元明選曲，又要按古文要求從事寫作。所以學習負擔很重。為了彌補時間的不足，胡昌治星期天也用來學習。他很少出門遊玩，也從不出去看電影。由於中大採用美國大學制度，並無固定的畢業期限，學生只要修完學分就可畢業。為了趕上進度，儘早畢業，胡昌治每逢暑假總是不回家，而是留校進暑期學校 (SummerSchool) 選修學分，這樣他的學分就可以增多。一般，選修本科學位需要四年才能畢業，而胡昌治如此選修，只用了三年半就攢夠學分。一般學生的畢業日期都是在七月份，而他則在 1931 年 1 月就畢業了。中大採用美國大學制度。如果有人經濟情況困難，需要暫停一年半載以便離校工作，解決經濟問題後再來學習，仍可照樣把未修學課程繼續選修，直至讀完學分畢業。因此，中大同學間年齡差距很大。好些已娶妻生子，年齡三十以上的學生與他們這些毛頭小子們同班上課。

胡昌治 1926 年進東南大學學習。1927 年 3 月，東南大學停課，直至 1927 年 9 月再開學，改名為第四中山大學，後又改為中央大學。胡昌治回校後雖然掙夠學分，僅三年半就畢業了，但實際上，他卻花了四年半的時間，因此，他從國立中央大學畢業的時候已經 23 歲了。

中大的三年半學習為胡昌治打下了堅實的基礎，在西洋文學和中文文學上都有建樹。後來，他到中學教書時即教英語又兼教古文。1935 年，二十八歲的胡昌治憑著國立中央大學畢業生的這塊金字招牌擔任了上海正風中學校長，學校校刊上常把他稱為"學貫中西的青年才俊"。

民國時期的國立中央大學，曾位居中國高等教育的頂峰，被譽為當仁不讓的民國第一學府，與著名的清華大學和北京大學並駕齊驅。美國駐華大使司徒雷登，曾在回憶錄中寫道"國立中央大學是第一所現代國立高等大學，在當時也自然是最好的大學"。

(2022 年 3 月於紐約)

代后记

我愛紐約桃花

王渝

我一向喜歡讀傳記。因為傳記能夠透過一個人的經歷，凸顯時代的氛圍，讓我們親近地體會到那個時代的氛圍。

我讀紐約桃花的《浮生上海》，也同樣感受很深，跟隨她的筆觸，恍惚親歷了一段歷史。這本書她是用胡桃的名字寫的，而不是紐約桃花。因為這是他們的家史。書中的婉如和小馬、大杨三人同學，她和小馬是情人，大杨是小馬的好朋友，後來也成了她的好朋友。大杨一直暗戀婉如，卻不曾表露。

他們這麼好的關係，由於內戰受到影響。小馬最先離開，到美國留學。大杨接著去香港。大杨臨走前去看婉如勸她一起走。婉如嚴詞拒絕，表示愛這個國家要留下來。她很看不起那些離去的人。她留下後的經歷就不細說了。總之，三十五年後，大杨從加拿大回國找到她。三十五年前那個愛國，堅決不肯離開國土的她，卻請求大杨回加拿大後設法幫助她的女兒出國留學。呈現的人生這麼諷刺，令人感慨，令人哀傷。

紐約桃花以寫傳記著稱，她的寫作才華卻不僅限於此。她的小說也叫人讀的蕩氣回腸。她有一篇小說叫《向我的青春說道歉》。女主角是個可愛的高中女生，一天一個個性活潑體育非常出色的男同學，遞給她一封表示傾慕的信。她看了不知如何應付。她的高幹父母整天忙，和她親近的就是一位老師。她把信交給老師，說明原委。老師告訴她會替她處理。處理的結果是那個男生受到處罰，還被父親狠揍了一頓。從此這個男生離她遠遠，他們之間再也沒有交往。其他同學也都對她不滿，認為她害慘了那個男同學。一直到了改革開放，他們都大學畢業了，甚至留學了，各個成家立業了。移居美國的她，回國參加同學聚會，她都想到要跟那個男生道歉。等她下定決心的時候，傳來了那位男同學過世的消息。全篇沒有一個惡人，但是在特定時期的社會政策下，用以為是正當的方式傷害了兩個正在成長的少年。女主角當年，對那個男同學毫無惡感，反而是有點喜歡的。她難受的，不僅是對不起那個男同學，而且也對不起自己的青春。這篇小說對社會體制具有非常深刻的批判性，然而卻不落一字盡得風流。

小說是虛構，傳記是實寫。紐約桃花兩樣都好。實在萬分難得。其實她在編輯上也非常精彩。

最後我唸一首詩作為結束。詩的題目是《我愛紐約桃花》。我不只稱“桃花”，而強調“紐約桃花”，那是因為“紐約”這兩個字不可忽視，意味著來到此地的文學家藝術家都懷抱一個目的：完成自我和尋找文化的豐富性。

《我愛紐約桃花》

我愛嘻嘻哈哈杜鵑花
她們踢翻自己的裙子
又踢翻別人的

我愛羞怯的垂櫻花
舞姿輕盈眾多喝采
卻忍不住珠淚漣漣

我愛快樂的鬱金香
向春天舉杯致意
一杯杯滿溢歡喜

我愛紐約桃花
在她揮灑的一行又一行
詩句裡相遇
撿拾起眾多流放者的記憶

(2020 年 10 月 20 日)

www.ingramcontent.com/pod-product-compliance
Lightning Source LLC
Chambersburg PA
CBHW030349200726
48286CB00013B/687

* 9 7 8 1 9 5 3 9 0 3 0 6 8 *